Research on the Mechanism of
Incentive and Restraint for Managers in
Listed Firms of Cultural Industries

文化产业上市公司
经营者激励与约束机制

刘志杰　著

社会科学文献出版社
SOCIAL SCIENCES ACADEMIC PRESS (CHINA)

摘　要

随着文化体制改革的不断深入，文化产业微观运行体制的完善成为保障企业充满活力、富有效率的必要条件，那么，对于文化产业来说，高效率的激励机制与约束机制应该是什么状态，目前文化产业的激励与约束机制又是什么状态呢？这些问题构成了本书研究的主要内容。本书基于博弈论和委托代理理论，以文化产业上市公司为研究对象，对产业经营者的激励与约束机制进行系统研究。

在文化产业转企改制的背景下，了解文化产业经营者激励与约束机制的现状以及建立高效的经营者激励与约束机制对文化产业的发展具有重要意义。在对当前国内外研究现状回顾整理后，本书从激励和约束两个方面分别对激励机制与约束机制进行理论分析和实证检验。

在理论分析中，本书采用规范分析方法，重在说明对于文化产业来说，高效的经营者激励与约束机制应该呈现什么状态。对于激励机制的理论分析，本书首先分析激励问题产生的原因。其次，将激励分为货币激励和非货币激励。在货币激励上，从经营者薪酬激励、股权激励以及薪酬差距三个方面进行分析；在非货币激励上，从职务消费和声誉激励两个方面进行分析。在约束机制的理论分析中，首先解释了约束问题产生的原因；其次，将约束分为内部约束和外部约束。内部约束从股东、董事会、监事会三个方面进行分析，外部约束则从产品市场竞争、经理人市场和资本市场三个方面展开分析。在激励与约束机制理论分析的基础上本书提出了20个研究假设。

在实证检验方面，本书以2011～2013年文化产业上市公司为样本，围绕理论分析提出的研究假设一一进行检验，通过对比检验结果与理论假设的差距，找出文化产业上市公司经营者激励与约束机制可能存在的问题，并提出改进建议。基于实证检验结果，本书的主要结论如下。

第一，就货币激励而言，经营者的货币薪酬与公司绩效不相关，但与公司规模明显正相关；经营者持股可以起到提高公司绩效的作用；适当加大经营者之间的薪酬差距可以提升激励强度，提升公司绩效。

第二，就非货币激励来说，职务消费和经营者薪酬之间存在一定的替代作用，但职务消费对经营者的激励作用有限，而且因为职务消费和公司绩效负相关，所以职务消费更多的是负面的、消极的作用；声誉对经营者存在明显的激励作用。

第三，在内部约束方面，仅仅依靠大股东来约束经营者效果并不好；董事会规模与公司绩效之间呈现负相关关系；独立董事的各项特征与公司绩效之间均无明显相关性，约束作用有待提升；监事会约束作用较为明显，监事会会议次数、成员数量、报酬水平与良好的公司绩效、较低公司代理成本明显相关。

第四，在外部约束方面，提高产品的市场竞争力可以增强经营者薪酬与公司绩效之间的相关性；我国目前还不存在以市场配置为主的经理人市场，培育经理人市场需要国有企业改变行政配置的经营者选聘机制；资本市场具有一定的约束作用，但机构投资者持股比例较低，在约束经营者方面缺乏影响力；债券市场也没有对经营者形成压力。

总之，文化产业上市公司的激励与约束机制尚有诸多不足之处，其中不仅有公司自身的问题，也有我国市场环境不成熟及制度建设不完善的因素。文化产业的经营者激励与约束机制还有很大的改进空间。

关键词：文化产业；经营者；激励与约束机制；委托代理理论；博弈论

Abstract

With the deepening of the reform of the cultural system, the perfection of micro-operation system is necessary for the cultural firms to be full of vigor and with high efficiency. Then, what the effective mechanism of incentive and restraint in cultural industries should be, and what's its situation now? These two problems constitute the main content of this dissertation. Based on Game theory and Principal-agent theory, the dissertation examines the mechanism of incentive and restraint for managers in listed firms of cultural industries.

Under the background of enterprise restructuring in cultural industries, it is significant to develop the cultural industries with understanding the present situation and setting up effective mechanism of incentive and restraint for managers. Both theoretically and empirically, the dissertation researches into the incentive and restraint mechanism according to incentive and restraint.

In the aspect of theoretical analysis, the dissertation applies normative analysis to explain what it should be about the effective mechanism of incentive and restraint in the cultural industries. In terms of the analysis of incentive mechanism, the study analyzes the reason of incentive firstly. After that, the study divides the incentive into monetary incentive and non-monetary incentive. The monetary incentive focus on three points: managers' remuneration, equity incentive and pay differential, meanwhile, the non-monetary emphasize perquisite consumption and reputation incentive. The analysis of restraint starts with the reason that why the managers need to be restricted, and the study on restraint includes internal restraint and external restraint. The study examines the internal restraint with the supervision of shareholders, board of directors and supervisory board. On the other hand, the study investigated external restraints with the competition of production market, managerial labor market and capital market. On the basis

3

of theoretical analysis, the study proposed 20 research hypotheses.

Empirically, the dissertation uses the data of the listed firms of communication and cultural industries during 2011 – 2013 to test the research hypotheses. According to the differences between the test results and the theoretical predictions, the study found the problems of the mechanism of incentive and restraint for managers in the listed firms of communication and cultural industries and proposed some suggestions. Overall, in accordance with the results, the dissertation presents four conclusions as follow:

Firstly, in the aspects of monetary incentive, the result shows that there is no correlation between managerial remuneration and corporate performance, but the managerial remuneration appears to be positively related to corporate size. The result also provides support for the managerial stock ownership can improve corporate performance, and the managerial pay differential does play a major role in influencing incentive.

Secondly, as for non-monetary incentives, managerial perquisite consumption is a substitute for managerial remuneration, but it can only provide limited incentive to manager. Furthermore, there is negative correlation between perquisite consumption and corporate performance, and the perquisite will reduce the corporate performance. Evidence shows that reputation play an important role in motivating manager to make more efficient.

Thirdly, it is shown that monitoring efficiency may be defective if totally depend on large shareholders. The relation between the size of board of directors and firm performance is negative indicating that the firm performance will be worse when the number of board of directors increase. Moreover, the outside directors do not significantly affect the firm performance. But the supervisory board is bringing obvious restraints to managers.

Fourthly, in terms of external restraint, the result indicates that higher level of product market competition increases the positive relation between managerial remuneration and firm performance. Currently, the managerial labor market, which managerial resource allocation responsive to market force, has not formed in China. Fostering managerial labor market needs the state-owned enterprises to change the system of managerial employment arrangements. The capital market has a weaken restriction on managers. Additionally, the proportion of institutional investors' share is low, which leads to their ineffective influence on managers. Similarly, the debt market can not bring the pressure on managers either.

Overall, both the company management and imperfections of market mechanism contribute to the inefficiencies of the mechanism of incentive and restraint of cultural industries listed firms. There is still much room for improvement.

Key words: Cultural industries; Managers; Mechanism of incentive and restraint; Principal-agent; Game theory

目　录

图目录

表目录

第一章　引　论

第一节　研究背景

一　文化体制改革的深化

2002 年 10 月召开的中国共产党第十六次全国代表大会，不仅首次提出"积极发展文化事业和文化产业"，厘清了文化事业与文化产业的关系，而且提出了"根据社会主义精神文明建设的特点和规律，适应社会主义市场经济发展的要求，推进文化体制改革"。此后，文化体制改革的大幕拉开。2003 年 6 月，全国文化体制改革试点工作会议召开，包括深圳在内的 9 个地区和 35 个文化单位成为文化体制改革试点。2005 年底，中共中央、国务院下发《关于深化文化体制改革的若干意见》，要求必须加快文化体制改革步伐，着力推进体制机制创新。2006 年 3 月召开的全国文化体制改革工作会议，再次确定了 89 个地区和 170 个单位作为文化体制改革试点。2007 年 11 月，党的十七大从中国特色社会主义事业"四位一体"总体布局的战略高度，提出掀起社会主义文化建设新高潮、推动社会主义文化大发展大繁荣的战略任务。2009 年初，国家新闻出版总署出台《关于进一步推进新闻出版体制改革的指导意见》，明确提出新闻出版体制改革路线图和时间表，同年 7 月，《文化产业振兴规划》由国务院常务会议审议通过，这是继钢铁、汽车、纺织等十大产业振兴规划后出台的又一项重要产业振兴规划，标志着文化产业已上升为国家战略性产业。2009 年 8 月，中宣部、文化部制定了《关于深化国有文艺演出院团体制改革的若干意见》。2011 年 10 月，党的十七届六中全会审议通过了《中共中央关于深化文化体制改革推动社会主义文化大发展大繁荣若干重大问题的决定》。不能不说，近些年党和政府对文化体制改革的推进是紧锣密鼓的。截至 2011 年上半年，"全国共注销经营性文化事业单位4000多家，核销事业编制18万个以上。出版发行、影视制作等领域改革任务基本完成，应转制的419家地方出版单位已完成402家，应转制的2412家发行单位全面完成改革任务；29家电影制片厂已完成27家，地方362家电影公司已完成327家，460家电影院已完成411家，广电系统内需转制的57家电视剧制作机构已完成52家，38家省级党报党刊发行机构已完成32家。此外，国有文艺院团、非时政类报刊社改革取得积极进展，2118家国有文艺院团中已有590家完成转制，地方3000多家非时政类报刊出版单位已有595家完成转制。"①

但文化体制改革决非转企改制那么简单，《国民经济和社会发展第十二个五年规划纲要》提出了深化文化体制机制改革的内容，要求深入推进经营性文化单位转企改制，建立现代企业制度。可以说，转企改制只是文化体制改革的第一步，正如国家新闻出版总署署长柳斌杰指出的，"转制后的文化企业迅速成长为新型文化市场主体，是文化大发展大繁荣的主力。但在市场经济体制下，落后的体制机制使其无法生存，更谈不上发展，必须通过改革让其焕发青春活力。"② 从《中共中央关于深化文化体制改革推动社会主义文化大发展大繁荣若干重大问题的决定》（以下简称《决定》）中，我们看到中央对文化单位转制后的改革非常重视，《决定》的第七部分明确指出今后的改革方向，"必须牢牢把握正确方向，加快推进文化体制改革，建立健全党委领导、政府管理、行业自律、社会监督、企事业单位依法运营的文化管理体制和富有活力的文化产品生产经营机制，发挥市场在文化资源配置中的积极作用，创新文化'走出去'模式，为文化繁荣发展提供强大动力。"③ 这表明了未来的改革会从四个方面继续深入，一是宏观管理体制改革，二是企业微观运行机制改革，三是市场机制改革，四是实现文化软实力的国际影响力。对于转制后的企业来说，如何建立富有活力的文化产品生产经营机制必将成为今后改革的重点，而经

---

① 李斌、周玮、白瀛等：《千帆竞发景色新——我国文化改革发展综述》，新华网，2011年10月15日。
② 柳斌杰：《进一步深化改革开放 加快构建有利于文化繁荣发展的体制机制》，《人民日报》2011年11月10日第5版。
③ 《中共中央关于深化文化体制改革推动社会主义文化大发展大繁荣若干重大问题的决定》，《人民日报》2011年10月26日第1版。

营者激励与约束机制无疑是其中的重要组成部分。

二 文化产业的发展繁荣

文化产业的发展繁荣与文化体制改革密不可分，伴随着文化体制改革的不断深入，一系列扶持文化产业发展的政策相继出台。2003 年 9 月，文化部制定下发的《关于支持和促进文化产业发展的若干意见》明确提出放宽市场准入政策，向民营资本开放文化产业。2004 年，文化部再次下发《关于鼓励、支持和引导非公有制经济发展文化产业的意见》。2005 年，国务院发布《关于非公有资本进入文化产业的若干决定》。这些政策促进了文化产业形成以公有制为主体，多种所有制共同发展的产业格局。另外，为推动文化产业成为国民经济的支柱性产业，增强文化产业的总体实力，2005 年，财政部、海关总署、国家税务总局联合出台了《关于文化体制改革中经营性文化事业单位转制为企业的若干税收优惠政策的通知》和《关于文化体制改革中支持文化产业发展若干税收政策问题的通知》，对转制的文化企业免征 5 年（2004 年 1 月 1 日至 2008 年 12 月 31 日）企业所得税，文化产品出口享受出口退税政策优惠，对政府鼓励新办的文化企业免征 3 年企业所得税等一系列税收优惠政策。2006 年国务院办公厅先后转发了财政部等部门《关于推动我国动漫产业发展的若干意见》《关于进一步支持文化事业发展的若干经济政策》。2006 年 9 月，中央印发《国家"十一五"时期文化发展规划纲要》，明确了影视制作、出版业等九大重点发展的文化产业门类。2008 年，文化部下发《关于扶持我国动漫产业发展的若干意见》。2009 年 4 月，财政部、海关总署、国家税务总局联合发布《关于文化体制改革中经营性文化事业单位转制为企业的若干税收优惠政策的通知》《关于支持文化企业发展若干税收政策问题的通知》，这些税收优惠政策的出台，为深化文化体制改革、大力扶持文化企业发展提供了新的政策激励。2009 年 10 月，国务院发布《文化产业振兴规划》，提出要加快振兴文化产业，并从准入门槛、政府投入、税收、金融、设立投资基金五个方面明确了相应的政策措施。2010 年 3 月，中宣部等九部委联合发布《关于金融支持文化产业振兴和发展繁荣的指导意见》，细化了金融支持文化产业的方法、途径和手段，完善了相应的配套机制。2011 年，《国民经济和社会发展第十二个五年规划纲要》提出要推动文化产业成为国民经济支柱性产业。2011 年 10 月，中共中央第十七届六中全会通过《中共中央关于深化文化体制改革推动社会主义文化大发展大繁荣若干重大问题的决定》再次提出，到 2020 年文化产业成为国民经济支柱性产业。

一系列文化产业政策的出台极大地推动了文化产业的发展，文化产业的发展繁荣在加快转变经济发展方式中的作用也变得越来越突出，产业规模不断扩大，文化产业增加值占 GDP 的比重稳步提升。2004 年以来，我国文化产业的发展速度迅猛，2004～2008 年，全国文化产业法人单位增加值年平均增长 23.3%；2008～2010 年文化产业法人单位增加值年均增长 24.2%。2010 年我国文化及相关产业（以下简称文化产业）法人单位增加值达到 11052 亿元，占国内生产总值的比重达 2.75%；2011 年，我国文化产业法人单位增加值为 13479 亿元，比 2010 年增长 21.96%，高于同期现价 GDP 年均增长速度 4 个百分点，占当年国内生产总值（GDP）的比重达 2.85%。2012 年，文化产业法人单位实现增加值 18071 亿元，比 2011 年增长 34.07%，比同期 GDP 现价增速高 6.8 个百分点，占 GDP 的比重为 3.48%。2013 年我国文化产业法人单位增加值为 20081 亿元，比上年增加 2010 亿元，增长 11.1%，比同期 GDP 现价增速高 1 个百分点。文化产业的发展固然令人欣喜振奋，但就目前的发展状况而言，它还是一个新兴的产业，而且文化产业作为意识形态领域的企业，与其他产业有很大不同，学术界对于该产业内部管理运行体制和机制的研究还处于探索阶段，需要投入更多的研究才能为该产业的发展提供理论上的指导。

第二节　选题意义

一　理论意义

本书的理论意义主要体现在从经济学的视角，将委托代理理论和博弈论作为理论基础，以文化产业上市公司为研究对象，对该产业经营者的激励与约束机制进行理论分析，从而为文化产业建立高效的经营者激励与约束机制提供科学依据。

激励与约束机制是现代企业理论的核心内容。经济学家对于企业激励与约束问题的研究由来已久，从 20 世纪 30 年代美国经济学家伯利（Berle）和米恩斯（Means）最早提出"所有权与控制权分离"命题以来，对激励与约束机制的研究也不断深入，从产权理论、契约理论、企业理论到委托代理理论，对激励问题的研究成果日益丰富。但从国内已有的文献来看，学者们大多以国有企业为研究对象，而以某一产业为研究对象的成果则多集中在文化产业之外的传统产业，文化产业经营者激励与约束机制的研究非常薄弱。由于文化产业大多脱胎于事业单位，转企改制虽然接近尾声，但是以现代企业为特征的内部运行机制尚处于建设阶段。目前，相对于其他成熟的产业，文化产业的发展尚处于起步阶段，而且刚刚转制的企业中大多数都是国有股东控股，产权结构决定了出资人的缺位，在这种情况下所形成的委托代理关系极为普遍，而委托代理关系的存在必然会产生代理人代理成本、道德风险、逆向选择等问题，这就需要高效的经营者激励与约束机制来缓解这一问题。高效的经营者激励与约束机制，就是要把经营者的收益同公司绩效联系起来，努力程度高，收益就高，努力程度低，收益也相应下降，同时通过内部和外部的约束机制，防止不利于公司所有者利益行为的发生，确保经营者的利益和公司所有者利益的一致，最终实现社会效率的提高。但是，我们必须注意到，文化产业有其独特之处，在建立高效的激励与约束机制时，既不能过分强调其意识形态的属性，将文化产业与文化事业混为一谈，又必须把握社会效益优先的原则。从这一点上来说，本书将激励与约束机制的一般理论与文化产业的运营特点结合起来，对经营者激励与约束机制进行理论分析，为该产业建立高效的激励与约束机制提供了理论上的指导。

二 现实意义

在国家政策的扶持下，文化产业发展也十分迅猛，但是，一个产业要想做大做强，产业政策的优势只是外在的因素，要激发产业的活力，就需要建立起产权清晰、权责明确、政企分开、管理科学的现代企业制度。从国有企业改革的经验来看，企业经营机制的落后往往成为企业活力不足的主要原因，在构造市场经济体制宏观框架时，必须重塑市场经济体制的基础，在微观层面上建设富有活力的文化企业经营机制。目前，文化产业的改革恰如当年国有企业的改革，原有的经营机制与现代企业制度存在矛盾冲突，柳斌杰指出，"无论文化企业还是文化事业单位，都是具体承担文化创造、生产、经营和服务的实体，必须改变体制不顺、机制不灵、管理不善的现状，通过改革创新，形成富有效率、充满活力，人人奋发向上的生产、经营、服务机制"①。

现代企业制度一个突出的特点是企业所有权与经营权的分离，而建立现代企业制度，除了需要建立企业法人产权制度，还要建立高效的企业经营者激励与约束机制，这是提高企业经营效率的关键。② 陆军认为，我国的国有企业始终未能摆脱低效率的困难，一个主要的原因就在于国有企业的所有者未能建立起有效的经营者激励与约束机制。③ 可以说，建立一个有力的激励与约束机制是文化产业体制和机制创新的重要内容，激励与约束机制可以分为两个层面的内容：一是企业所有者对经营者的激励与约束，二是经营者对员工的激励与约束。前者作为激励与约束机制的枢纽，对企业的发展至关重要。从目前的文化产业上市公司来看，这些公司都非常重视经营者的激励与约束问题，特别强调薪酬结构中的绩效薪酬，其中，10 家公司已实施股权激励措施，希望以此将经营者的薪酬同公司绩效联系起来，但绩效薪酬和股权激励措施的效果究竟如何，公司内部和外部的约束是否有力，都需要科学的实证研究，方能得出令人信服的结论。已有的研究成果中，虽然也有对文化产业上市公司激励与约束机制的实证分析，但研究不够系统，未能全面考察该产业的现实状况。此外，由于多数文化产业上市公司上市时间较短，对文化产业上市公司进行研究时往往会受到样本数量的限制，使得研究结果缺乏说服力。2010 年以来，文化产业上市公司数量明显增加，目前，文化产业上市公司基本形成了出版发行企业、广播影视企业、广告与网络文化服务三足鼎立的局面，在新的产业形势下对这些上市公司经营者的激励与约束机制进行全面深入的实证研究，其结论将更具科学性和说服力。本书的研究结果可以让我们更清楚地看到当前文化产业这一机制的运行是否有效，激励强度如何，有哪些不足之处等，对该行业建立高效的激励与约束机制具有重要的借鉴意义。

① 柳斌杰：《进一步深化改革开放　加快构建有利于文化繁荣发展的体制机制》，《人民日报》2011 年 11 月 10 日第 5 版。
② 徐传谌、房延安：《国有企业建立经营者行为激励与约束机制的内容与模式探讨》，《吉林大学社会科学学报》2000 年第 5 期。
③ 陆军：《委托代理理论与我国公司治理结构对策分析》，《商场现代化》2005 年第 24 期。

第三节　研究对象与研究方法

一　研究对象

（一）文化产业上市公司

对文化产业经营者激励与约束机制的研究难免会涉及企业经营者薪酬、企业内部管理等相关数据，必须首先确定将哪些企业作为研究样本，不仅要保证这些企业属于文化产业，而且从这些企业获取的数据要公正、可信，不存在任何争议。从这一点上来讲，上市公司是首选，因为上市公司需要对广大投资者披露经营信息，其披露的数据要比从其他途径获取的信息更为方便可靠。此外，上市公司作为股份制现代企业的代表，其内部制度建设一般要好于未上市公司，对上市公司的研究可以发现该产业普遍存在的问题，尤其是在经营者激励与约束机制方面，发现上市公司存在的问题不仅可以帮助上市公司改进管理，而且能够为未上市公司提供经验教训，使其少走弯路。

中国证监会是以行业的营业收入比重为标准对从事多种产业活动的上市公司法人进行分类，当公司某类业务的营业收入比重大于或等于50%，即将其划入该业务相对应的类别；当公司没有一类业务的营业收入比重大于或等于50%时，如果某类业务营业收入比重比其他业务收入比重均高出30%，则将该公司划入此类业务相对应的行业类别。因此这一分类办法可以作为甄别文化产业的标准，但是，由于本书涉及2011年至2013年的文化产业类上市公司，而中国证监会在2012年修订了《上市公司行业分类指引》，所以本书的分类综合参考了2001年和2012年的两种分类方法。其中，2001年版《上市公司行业分类指引》中的L类传播与文化产业与本书拟研究对象是比较接近的，从现有的文化产业上市公司来看，包括了广播影视业、出版发行业、动漫业、广告印刷业、网络游戏业等，这与国务院发布的《文化产业振兴规划》中的重点文化产业比较吻合，因此，本书将原有的传播与文化产业上市公司纳入文化产业研究的样本中来。2012年版《上市公司行业分类指引》中不再设传播与文化产业，一些原有分类公司主体为文化、体育和娱乐业，其中有些不属于本书所研究的文化产业范畴，故予以删去，另外，原来传播与文化产业中的广告行业被划分至L72

商务服务业，互联网与信息服务的公司被划分至 I 信息传输、软件和信息技术服务业，还有部分动漫、游戏等公司被划分至 C 制造业中，研究中根据需要将其一一选出，具体的选择标准和文化产业上市公司名录在第二章详细说明。

（二）经营者

在研究经营者激励与约束机制时，必须明确经营者的概念，在国外的研究中，经营者通常指的是公司的 CEO。但国内的研究，由于国有企业的特殊性，一直以来学者们都各持己见，归纳起来有以下三种看法。

第一种，经营者指的是董事长，持这种看法的理由是股东大会与董事会之间存在信托关系，股东大会把公司法人财产的经营责任全部委托给了董事会，董事长是公司的法定代表人，董事会只是把部分经营权委托给了经理人员。因此只有董事长是经营者，经理人员只是管理者。

第二种，董事长和经理人员都属于经营者。因为从《公司法》的角度来看，董事会属于决策机构，决定公司的经营计划、投资方案、预决算方案及机构设置等，应该是经营者；经理人员负责公司日常经营管理，也是经营者，因此董事会成员和经理人员都是经营者。但董事会作为一个机构并非所有成员都是经营者，只有董事长才是经营者，经营者包括董事长和经理人员。

第三种，经营者指的是经理人员，因为经理人员在公司中依靠自身专业知识和能力而经营公司，他们身上所具有的经营能力是经营者的主要特征。

在对经营者进行定义时，不少学者倾向于第二种看法，即认为经营者包括董事会成员和经理人员，如朱克江[①]将经营者定义为"掌握企业经营权并直接对企业经营效益负责的企业高级管理人员"。程国平[②]将经营者定义为"从事企业战略性决策并直接对企业经营活动和经济效益负责的高级管理人员"。张冬梅[③]则在两者定义的基础上，认为经营者应该是既掌握企业经营权，对企业做出战略性决策，又对企业的经营活动和经营效益负责的高管人员。从张冬梅的定义来看，实际上承认了公司的经营者是经理

---

① 朱克江:《经营者薪酬激励制度研究》，中国经济出版社，2002，第 11～12 页。
② 程国平:《经营者激励：理论、方案与机制》，经济管理出版社，2002，第 25～26 页。
③ 张冬梅:《企业经营者人力资本及激励方式》，中国经济出版社，2006，第 25 页。

层，因为就企业经营的战略决策而言，股东大会、控股股东也具备这一功能，后者显然不能被认定为经营者。本书无意过多地纠缠经营者的定义问题，但作为企业的经营者，首先应当掌握企业的日常经营权利，其次经营者的利益应与企业经营成果休戚相关。从这个角度来看，虽然董事长拥有公司经营决策权，但公司的日常经营往往是由经理人负责，而且目前还存在很多公司的董事长在股东单位领取薪酬，而不在上市公司领取薪酬的现象，很难说清他们的利益究竟与上市公司的经营成果存在何种关系，研究公司对其进行货币激励也就无从谈起。故此，本书将经营者界定为掌握公司日常经营权利，对公司经营效益负责的高级管理人员，包括公司总经理、副总经理和财务负责人，书中对经营者数据的采集均以此为依据。

二 研究方法

面对文化产业如何才能建立高效的经营者激励与约束机制这一研究命题，需要将文化产业经营者激励与约束机制的现实状况与理想状况进行对比，通过对比分析理论与实践的差距提出改进建议，鉴于此，本书采用规范研究与实证研究相结合的研究方法。

规范研究方法指的是从已有的理论出发，依据一定的理论或价值观念对需要分析的事物和现象做出判断，进而通过理论推理和逻辑分析推断出相应的结论。在运用规范研究时，本书主要以委托代理理论和博弈论为依据进行理论分析，重点解决经营者的激励与约束机制"应该是什么""为什么应该如此"的问题。规范研究的不足之处在于缺乏事实的检验，纯粹的理论推断有时会带有一定的主观性，因此，如果能够辅以实证研究的验证支持，结论将更为科学。

与规范研究不同的是，实证研究可以揭示各个变量之间可能存在的因果关系，通过数据或其他依据来验证理论认识是否符合客观实际，实证研究方法重点解决当前的现实状况"是什么"，主要利用统计和计量分析方法，对研究对象数据进行量化分析，考察研究对象各相关因素的相互影响及其影响方式，运用这一研究方法的目的是为了了解事物的实际面貌。在实证研究方面，本书通过采集文化产业上市公司样本数据，针对各部分研究内容需要，综合运用了回归分析法、相关分析法、主成分分析法等统计分析方法，检验文化产业经营者激励与约束机制的现实运行状况。

第四节 经营者激励与约束机制研究综述

一 国内研究综述

（一）对经营者激励与约束机制理论研究发端的梳理

国内较早提出经营者激励与约束问题的是杨继绳[1]，他认为激励就是激发直接生产者和各级管理者的积极性，创造各种条件，使他们的才能得以充分施展。激励可以分为物质激励和精神激励，两者要同时运用，在运用激励的同时还要注意均衡。因为这一时期市场经济尚未确立，所以对激励与约束的研究尚不够重视，对于激励与约束机制的深入研究是随着市场经济的确立和国有企业改革逐渐发展起来的。关于激励与约束机制的理论，有两种主张：一是产权理论，强调产权的激励和约束，以张维迎为代表；二是竞争理论，主张以公平竞争的市场环境来确保激励约束的有效性，以刘小玄和林毅夫为代表。

张维迎[2]较早地把国外对于现代企业激励与约束方面的理论引入国内，在《企业的企业家》一书中，他从决策能力和决策责任两方面来说明具有企业家能力的管理者能够占有全部剩余价值并成为剩余价值索取者，即使在考虑监督的情况下，那些难以监督或者监督成本极高的人，仍然可能分享企业的剩余价值，要通过各种机制保留、运用和激励企业家的人力资本，使企业家更好地运用手中的权力。钱颖一[3]对激励问题的关注也比较早，他从产权的角度谈到公司治理中要注意经理人的代理问题，并特别指出中国的代理问题因为产权和制度的原因，要比西方复杂，因此要安排好经理人的控制权，做好激励与监督约束。张维迎[4]在研究企业兼并无效和重复建设时进一步指出，缺乏对经营者产权的安排，使其很难获得企业的剩余索取权，这对于企业的发展壮大是十分不利的。何浚[5]认为国有企业

---

[1] 杨继绳：《均衡和激励》，《经济研究》1984 年第 8 期。

[2] 张维迎：《企业的企业家》，上海人民出版社，1995，第 44 ~ 46 页。

[3] 钱颖一：《企业的治理结构改革和融资结构改革》，《经济研究》1995 年第 1 期。

[4] 张维迎：《控制权损失的不可补偿性与国有企业兼并中的产权障碍》，《经济研究》1998 年第 7 期。

[5] 何浚：《上市公司治理结构的实证分析》，《经济研究》1998 年第 5 期。

的产权问题对经理人员具有双向刺激作用,一方面,经理人员利用政府在企业产权上的超弱控制,形成事实上的内部人控制,追求个人利益,使投资者的利益受损;另一方面,经理人员会利用政府行政上的超强控制推脱责任,转嫁自己的风险。以上的分析都表明对经理人员的产权安排是激励与约束机制的关键。但是,仅仅从产权角度来看激励与约束机制,研究者往往会认为目前的关键问题是对经营者的激励不足,只有让经理人取得产权才能激发其内在的积极性。这种认识的偏颇在于过分强调经营者人力资本的重要性,尤其是在以国有资产为主的情况下,将产权激励视为解决之道,一味地私有化可能会造成国有资产的流失。

刘小玄[1]较早注意到产权激励存在的问题,她认为产权事实上可以分为资本的名义产权和实际的经营产权,产权的分离必然要求经营者获得部分的剩余价值,但需要市场竞争才能促进有效率的产权制度的形成,并以此确定合理的决定产权要素报酬的机制。林毅夫[2]认为,激励与约束的问题实际上是委托代理的问题,这种问题不仅在我国出现,西方国家也大量存在,在不存在竞争市场的前提下,越是扩大企业自主权,实施所谓的产权改革,经营者与所有者之间激励不相容的问题就越突出。杨瑞龙和周业安[3]也认为,单纯依靠放权让利很难优化国有企业的激励约束机制,必须通过企业控制权的竞争来硬化约束机制。从竞争的角度来看激励与约束机制,这一理论更加偏重于对经营者的约束,也就是说,不仅要让经营者在报酬上与自身努力所形成的企业绩效相关,而且要重视外部市场竞争环境的建设,使经营者时时都有忧患意识。

通过以上的分析,我们看到,无论是产权理论还是竞争理论,其共同点在于都是为了解决委托代理中存在的经营者同所有者目标不一致的问题,只是采用的具体手段不同,前者更多地关注对经营者的激励,认为只要激励手段得当,约束效应也自然产生;后者则认为,没有外部竞争市场的约束,仅靠激励是难以解决问题的,只有在强有力的约束前提下,激励才是有效的。从理论上讲,对经营者的激励有两个前提条件,一是两权分离,二是信息不对称且难以监督。产权激励可以减轻两权分离带来的问

① 刘小玄:《论产权结构及其激励机制——对现代企业制度的若干理论探讨》,《改革》1994 年第 4 期。
② 林毅夫、李周:《现代企业制度的内涵与国有企业改革方向》,《经济研究》1997 年第 3 期。
③ 杨瑞龙、周业安:《相机治理与国有企业监控》,《中国社会科学》1998 年第 3 期。

题，竞争则可以暴露出更多的信息，减轻信息不对称的程度，所以两者本身就是互补的。但是，竞争的市场不是一蹴而就的，我们也不可能等到竞争市场形成再来安排激励，当前的情况下，必须一方面给予经营者适当的激励；另一方面逐步建立公平竞争的市场环境。此外，激励约束机制的设计，还需要结合具体的行业和产业特征，因为不同的行业，其竞争程度也不相同，激励与约束机制也会有很大差别。而当前对激励与约束机制的研究成果大多是以所有行业为研究对象，对具体行业或产业的研究还不够深入。

（二）以所有行业为研究对象的激励与约束机制研究

以所有行业为研究对象的研究成果比较丰富，无论是货币激励还是非货币激励，内部约束还是外部约束，都有理论上的阐述和实证上的研究。但是，一个明显的特点是，不同的学者对同一问题的研究结果往往相互抵触，争议很大，未能达成共识。

1. 货币激励

对于货币激励的研究可以分为两个方面：一是经营者薪酬与公司绩效的关系，二是股权激励与公司绩效的关系。对于经营者薪酬与公司绩效的关系，虽然在理论上普遍认为目前经营者的薪酬结构不合理，薪酬与公司绩效不相关，存在着激励不足的问题，但实证研究却一直未能显示统一的结论。如魏刚[①]、李增泉[②]等的实证研究结果虽然表明高管人员的薪酬与公司业绩之间不存在正相关关系，但是，宋增基和张宗益[③]、陈志广[④]等的研究结果却支持相反的结论，认为高管人员薪酬与公司业绩存在显著正相关关系。对于股权激励与企业绩效的关系，研究结论也莫衷一是，于东智等[⑤]的研究认为两者之间无相关关系，但高雷等[⑥]的研究认为两者呈正相关

① 魏刚：《高级管理层激励与上市公司经营绩效》，《经济研究》2000 年第 3 期。

② 李增泉：《激励机制与企业绩效——一项基于上市公司的实证研究》，《会计研究》2000 年第 1 期。

③ 宋增基、张宗益：《上市公司经营者报酬与公司绩效实证研究》，《重庆大学学报》（自然科学版）2002 年第 11 期。

④ 陈志广：《高级管理人员报酬的实证研究》，《当代经济科学》2002 年第 5 期。

⑤ 于东智、谷立日：《上市公司管理层持股的激励效用及影响因素》，《经济理论与经济管理》2001 年第 9 期。

⑥ 高雷、宋顺林：《高管人员持股与企业绩效——基于上市公司 2000~2004 年面板数据的经验证据》，《财经研究》2007 年第 3 期。

关系，吴淑琨①、张宗益等②的研究则认为两者呈倒 U 型关系。

在经营者薪酬差距与公司绩效的关系上，基于行为理论的研究认为薪酬差距加大可能会挫伤经营者的积极性，从而影响其努力程度，与公司绩效负相关，而基于锦标赛理论（Tournament Theory）的研究则认为薪酬差距的加大能够刺激经营者更加努力，从而提高公司绩效。实证研究结论也各有说法，林浚清等③、陈震和张鸣④等的研究表明两者正相关，支持锦标赛理论。而王永乐⑤、张正堂⑥的研究则支持行为理论，张正堂认为无论从薪酬的绝对差距还是相对差距来讲，都与公司绩效负相关。王永乐认为同一层级内的薪酬差距与企业绩效负相关。

对于国内实证研究结论各不相同的原因，多数学者认为主要是样本的选择和变量指标设计的原因，事实上一个重要的问题在于，这些研究都是以上市公司为研究对象，而经营者薪酬与所在行业密切相关，不同行业的经营者薪酬差异显著，很难进行合理公正的比较。在研究经营者货币激励时，不分行业的研究，其结论难免失于偏颇。别外，这些结论对于处在具体行业中的企业来说可能并不适用，要真正说明问题，就必须将各个企业放在自己所在的行业或产业里进行研究。

2. 非货币激励

对于经营者的非货币激励研究可以分为两个方面：一是控制权激励，二是声誉激励。所谓的控制权激励，指的是经营者获得对公司的控制权后，伴随而来的权力和地位对经营者的激励。对于控制权激励，由于对于经营者非货币激励研究多集中于国有企业经营者，多数学者认为晋升激励是当前对经营者最为有效的激励方式。如宋德舜⑦的研究发现，因为晋升

① 吴淑琨：《股权结构与公司绩效的 U 型关系研究——1997～2000 年上市公司的实证研究》，《中国工业经济》2002 年第 1 期。
② 张宗益、宋增基：《上市公司经理持股与公司绩效实证研究》，《重庆大学学报》（社会科学版）2002 年第 6 期。
③ 林浚清、黄祖辉、孙永祥：《高管团队内薪酬差距、公司绩效和治理结构》，《经济研究》2003 年第 4 期。
④ 陈震、张鸣：《高管层内部的级差报酬研究》，《中国会计评论》2006 年第 1 期。
⑤ 王永乐、吴继忠：《中华文化背景下薪酬差距对我国企业绩效的影响》，《当代财经》2010 年第 9 期。
⑥ 张正堂、李欣：《高层管理团队核心成员薪酬差距与企业绩效的关系》，《经济管理》2007 年第 2 期。
⑦ 宋德舜：《国有控股、最高决策者激励与公司绩效》，《中国工业经济》2004 年第 3 期。

激励附带的财富效应很高，所以除政治激励能显著改善绩效外，经营者的货币激励、股权性质、两职合一、债权人治理等都和绩效没有显著关系。张维迎[1]认为，经营者更看重控制权收益，因为对货币收益的占有依赖于控制权收益，失去了控制权，也就失去了货币收益。王珺[2]认为，由于国有企业的经营者与行政组织之间存在多次博弈机会，而经营者与企业之间却只是一次性博弈，所以他们更看重的是组织的晋升激励。姚先国[3]认为，职位在劳动关系中作用很大，不仅因为职位高薪酬高，而且较高的职位意味着较高的地位、更多的权力和荣誉，这些也会为经营者带来很强的满足感。

除了晋升激励，职务消费也是经营者通过控制权获得额外效用的一种途径。权小锋等[4]的研究认为，国有企业高管的权力越大，他们通过权力获取的私有收益就会越高，国有企业中的地方企业高管喜好货币收益，央企高管则更偏好隐性的非货币性私有收益。在职务消费的问题上，学术界主要有两种观点：一种观点认为职务消费是一种代理成本，将损害股东利益。如，夏冬林和李晓强[5]认为职务消费是一种代理成本，要通过改善公司的监督机制和激励机制来遏制企业管理层的在职消费，从而降低公司的代理成本。杨淑君等[6]认为现阶段在推行国有企业经营者多元化的年薪报酬制度的同时，必须控制经营者过度"在职消费"之类的隐性收入。罗宏等[7]的实证研究结果显示经营绩效和职务消费存在负相关关系，即经营绩效越低，职务消费越高。另一种观点则认为职务消费在一定程度上也能够产生激励作用，只要在合理水平之内，就可以提升经理人员的工作效率，

---

① 张维迎：《控制权损失的不可补偿性与国有企业兼并中的产权障碍》，《经济研究》1998年第7期。

② 王珺：《企业经理角色转换中的激励制度研究：兼论国有企业"官员型"经理向企业家型经理的转变》，广东人民出版社，2002，第184～191页。

③ 姚先国、郭东杰：《改制企业劳动关系的实证分析》，《管理世界》2004年第5期。

④ 权小锋、吴世农、文芳：《管理层权力、私有收益与薪酬操纵》，《经济研究》2010年第11期。

⑤ 夏冬林、李晓强：《在职消费与公司治理机制》，中国会计学会第六届理事会第二次会议暨2004年学术年会论文，陕西西安，2004。

⑥ 杨淑君、王丽静、黄群慧：《建立有效的国有企业经营者激励约束机制》，《中国软科学》2000年第6期。

⑦ 罗宏、黄文华：《国企分红、在职消费与公司业绩》，《管理世界》2008年第9期。

进而提高公司业绩。如，陈冬华等①认为职务消费本身是有其存在的合理性的，作为公司正常经营的需要以及契约不完备性的产物，职务消费会对经理人产生自我激励的作用。但现在的问题是，很多国有企业职务消费远远超过应有水平，因此这种激励成本就显得有些高昂，而且对公司业绩形成了负面影响。杨洁②也认为职务消费是企业家向社会展示身份的一种需要，因此也是一种激励手段。但是，目前的职务消费在我国存在着失控的问题，可以考虑对职务消费进行定额或者将职务消费货币化。

对于声誉激励的研究，张维迎③对不对称信息状况下经营者行为的动态博弈进行分析后认为，声誉激励机制之所以起作用，是因为经营者现期的努力对产出的影响改变了市场对经营者能力的判断。黄群慧④认为具备开拓创新精神的经营者，声誉对其的影响尤为重要，声誉甚至可以替代报酬之类的显性激励，而且声誉激励注重长期以来企业家的一贯行为，有利于企业的长远发展，可能是经营者自我激励的最好方式之一。虽然学者们普遍认为对于经营者的声誉激励是十分必要的，但良好的声誉激励机制建立需要相应的条件。张嫘⑤、李春琦⑥等都认为建立经营者的声誉激励机制，必须保证经营者具有长远预期，培育充分竞争的经理市场，具有良好的外部环境，如社会法律环境、规章制度的完善和正确的道德伦理、意识形态的形成等。苏歌⑦认为经营者声誉激励机制要发挥作用必须有两个前提：一是经营者要建立良好的声誉只能通过提升企业价值来实现；二是良好的声誉能够带来良好的经济效益，不好的声誉带来较差的经济效益。而这两个前提，目前还不具备。陈幸⑧考察了声誉激励与高管薪酬的关系发现，两者的正相关关系并不显著。这些研究说明了声誉激励在当前的环境

① 陈冬华、陈信元、万华林：《国有企业中的薪酬管制与在职消费》，《经济研究》2005 年第 2 期。
② 杨洁：《非对称信息条件下企业家激励与约束机制的构建》，《决策咨询通讯》2009 年第 5 期。
③ 张维迎：《博弈论与信息经济学》，上海人民出版社，2004，第 267～271 页。
④ 黄群慧：《企业家激励与约束机制与国有企业改革》，中国人民大学出版社，2000，第 172～176 页。
⑤ 张嫘：《建立国有企业经营者行为声誉激励机制》，《辽宁经济》2001 年第 8 期。
⑥ 李春琦：《国有企业经营者的声誉激励问题研究》，《财经研究》2002 年第 12 期。
⑦ 苏歌：《高管薪酬激励与约束机制对策探析》，《现代商业》2008 年第 9 期。
⑧ 陈幸：《我国上市公司高管声誉激励效果研究》，西南财经大学硕士学位论文，2010，第 55～58 页。

下还不能真正发挥作用。

3. 内部约束

在内部约束的研究上，可以分为三个层面，分别是股东的约束、董事会的约束、监事会的约束。作为资本的所有者，股东应该具有自发的监督动力，从而约束经营者的机会主义行为，正如赵许明所言："股东是诸监督力量中最基本、最重要、最持久的力量和因素。"[①] 但事实上，由于股东们所持股份各不相同，往往造成大股东和中、小股东在监督约束经营者方面采取完全不同的做法。曹玉贵等[②]通过对大股东和中、小股东的监督行为进行理论分析，认为虽然中、小股东在监督经营者经营管理方面的最优策略是"搭便车"，大股东只能选择监督，但大股东在主动承担对经营者监督责任时，又容易造成对中、小股东利益的侵占。宋敏等[③]的实证研究证实了控股股东的监督和"隧道效应"是并存的。这一结果说明了股东在约束经营者行为方面本身还存在着利益冲突。在如何提高股东对经营者监督效果、解决股东利益冲突方面，学者们有两种建议：一种是从完善制度方面入手。如徐国强[④]等认为要完善股东质询制度、股东提案制度及股东诉讼制度等，从而保护中、小股东的利益。刘茂平[⑤]等认为要对大股东的监督努力给予合理的补偿，同时要利用法律等治理机制强化对投资者的保护，降低大股东侵害程度。另一种是从改变股权结构入手。欧阳志刚[⑥]、吴永明等[⑦]认为股东的监督效率受制于股权结构，通过建立既适当集中，又没有控股股东的权力结构，有利于解决股东监督中存在的小股东"搭便车"、大股东"寻租"的问题。

在董事会对经营者的约束方面，研究成果主要集中于董事会特征与公司绩效及经营者薪酬的相关性方面。董事会特征主要包括四个方面：董

---

① 赵许明、张义忠：《我国公司治理中的股东监督制度构造与创新》，《经济问题》2004 年第 9 期。
② 曹玉贵、杨忠直：《公司治理中股东监督行为的博弈分析》，《西北农林科技大学学报》（社会科学版）2005 年第 1 期。
③ 宋敏、张俊喜、李春涛：《股权结构的陷阱》，《南开管理评论》2004 年第 1 期。
④ 徐国强：《论股份有限公司股东监督机制的完善》，《江西社会科学》2002 年第 11 期。
⑤ 刘茂平、曾令泰：《大股东监督、小股东"搭便车"及其利益保护》，《经济经纬》2010 年第 3 期。
⑥ 欧阳志刚：《上市公司股东监督行为分析》，《经济师》2004 年第 2 期。
⑦ 吴永明、袁春生：《股东监督效率及其依存性》，《经济学动态》2009 年第 3 期。

事会规模、董事会会议次数、独立董事的比例、董事长和总经理是否两职合一。在董事会规模方面，多数研究结果比较认可较小的董事会规模有利于提高公司业绩，如孙永祥[1]的实证研究结果认为，公司的董事会规模与公司绩效之间具有显著的负相关关系。沈艺峰和张俊生[2]在对上市公司中PT公司（连续三年亏损被暂停上市交易的公司）、ST公司（出现财务状况或其他状况异常的）以及非ST公司的董事会规模进行对比后发现，PT公司董事会规模最大，ST次之，非ST公司董事会规模最小。但与此同时，也有学者提出，董事会规模过小或过大均不利于工作效率的提高。如于东智和池国华[3]等的实证研究结果就认为，董事会规模与公司绩效指标之间存在着倒U型的曲线关系。

关于独立董事在董事会中所占比例，有的学者认为独立董事比例提高有助于公司业绩的提高，如王跃堂等[4]认为公司业绩与独立董事比例正相关。还有一些学者却认为独立董事没能发挥监督的作用，如谭劲松[5]等人认为我国上市公司独立董事比例与公司业绩没有显著的相关关系。李常青和赖建清[6]甚至认为独立董事比例与公司业绩负相关。

关于董事长与总经理是否两职分离，理论上有两种不同的见解：一种认为董事长与总经理兼任，可以有效地减少监督成本；另一种看法则认为，董事长与总经理兼任，会使经营者缺乏监督，加重"内部人控制问题"，导致代理成本增加进而影响公司绩效。吴淑琨等[7]对中国上市公司的两职分离与合一做了实证分析，认为两职是否合一与其绩效之间并没有显

---

① 孙永祥：《公司治理结构——理论与实证研究》，上海人民出版社，2002，第278~290页。

② 沈艺峰、张俊生：《ST公司董事会治理失败若干成因分析》，《证券市场导报》2002年第3期。

③ 于东智、池国华：《董事会规模、稳定性与公司绩效：理论与经验分析》，《经济研究》2004年第4期。

④ 王跃堂、赵子夜、魏晓雁：《董事会的独立性是否影响公司绩效？》，《经济研究》2006年第5期。

⑤ 谭劲松：《独立董事与公司治理：基于我国上市公司的研究》，中国财政经济出版社，2003，第291页。

⑥ 李常青、赖建清：《董事会特征影响公司绩效吗？》，《金融研究》2004年第5期。

⑦ 吴淑琨、柏杰、席酉民：《董事长与总经理两职的分离与合一——中国上市公司实证分析》，《经济研究》1998年第8期。

著的联系。而陈军等①的研究则认为董事长和总经理两职分离时公司绩效较好，董事长与总经理的两职分设有助于制衡效率的提升。在董事会的会议次数方面，一种看法认为董事会会议多则表明了董事会比较勤勉负责，对经营者的约束力较强，因此董事会会议次数与公司绩效正相关。与之相反的看法是，公司只有在遇到较多问题时才会召开董事会，所以董事会会议次数与低效率的董事会工作效率和较差的公司绩效相关。杨清香等②从财务舞弊的视角来研究董事会会议频度对财务舞弊的影响，发现其抑制作用在逐步加强。但总的来看，实证结果更倾向于支持后一种结论，如胡晓阳等③的实证结果都表明公司业绩与董事会会议次数显著负相关。

在监事会对经营者的约束方面，研究结果普遍认为当前监事会的约束力度不够，主要问题在于制度设计上存在缺陷，使监事会不能很好地履行职责，如马荣伟④等就认为监事会不具有实质性权力，现实制度上的缺陷导致公司运作实践中监事会徒有虚名、监督无力，无法有效地承担起监督经营管理层的职责。2005年，新的公司法对于监事会的会议议事机制和表决程序做了规定，对监事会的职权扩张也做了详细的规定，但监事会监督不力的现象依然没有得到改善。石水平⑤等的实证研究表明，监事会治理对公司绩效没有显著的影响。在这种情况下，一些学者不断质疑监事会的有效性，有的学者如谢志华⑥等甚至提出要取消监事会（制度），设立审计委员会来取代监事会。

与上述观点不同的是，另一些学者认为，监事会在内部监督中应处于主导地位，监事会监督软弱是因为在实施的过程中还存在独立性不强等问题，应加强监事会的监督职能。甘立志等⑦认为中国目前阶段不应废弃监

① 陈军、刘莉：《上市公司董事会特征与公司业绩关系研究》，《中国软科学》2006年第11期。
② 杨清香、俞麟、陈娜：《董事会特征与财务舞弊——来自中国上市公司的经验证据》，《会计研究》2009年第7期。
③ 胡晓阳、李少斌、冯科：《我国上市公司董事会行为与公司绩效变化的实证分析》，《中国软科学》2005年第6期。
④ 马荣伟：《上市公司内部监督制度重构》，《证券市场导报》2001年第4期。
⑤ 石水平、林斌：《上市公司监事会特征及其经营绩效实证分析》，《贵州财经学院学报》2007年第4期。
⑥ 谢志华：《关于审计的若干理论思考》，《审计研究》2003年第4期。
⑦ 甘立志、谢娟：《增强我国公司监事会监督有效性的几点建议》，《商业经济与管理》2003年第10期。

事会制度，相反应加强其监督职能。卿石松[①]等的研究发现对监事薪酬或持股的提高可以促进公司内部规范运作，从而提高公司绩效，因此应当加强监事会力量。此外，因为监事会和独立董事同时具备监督职能，一些学者也指出要妥善解决两者可能存在的冲突问题。如孙敬水[②]等认为要避免独立董事在监督问题上与监事会的监督职能重叠。朱慈蕴[③]等认为监事会制度和独立董事制度之间存在冲突，也降低了监事会对经营者的约束效力，所以必须确认一元监督的原则，摒弃同一公司同时设置监事会和独立董事的做法，提高监督效率。

4. 外部约束

对于外部约束的研究，可以分为三个方面，即产品市场竞争的约束、经理人市场约束和资本市场的约束。外部市场约束的有效性主要源于竞争对经营者构成的压力，钟胜和汪贤裕[④]认为，利用经理市场、资本市场、产品市场的竞争，建立竞争机制，一方面对代理人形成必要压力有利于提高代理人队伍的整体水平；另一方面，能通过竞争减轻信息不对称程度，从而提高代理人行为的透明度，有利于对代理人的监督、约束，有利于委托代理问题和内部人控制问题的解决。由此可以看出，无论是产品市场、经理人市场还是资本市场，竞争的强弱以及经营者面临的压力很可能会反映出约束力的大小。从现实的情况来看，一方面，不同的竞争程度下经营者压力不同；另一方面，即使竞争程度相同，不同的股权结构和股权性质下的经营者也面临着不同的压力。因此，对于影响外部市场约束效果的研究，大多都是从这两点出发的。

在产品市场竞争程度的研究方面，蒋荣和陈丽蓉[⑤]从 CEO 变更的角度来研究竞争的约束效果，结果发现在低竞争行业中，竞争强度的增加会增加约束效应，CEO 变更对公司业绩变化敏感，在高竞争行业中，CEO 变更

---

① 卿石松：《监事会特征与公司绩效关系实证分析》，《首都经济贸易大学学报》2008 年第 3 期。

② 孙敬水：《论我国独立董事与监事会的关系架构》，《江西社会科学》2002 年第 9 期。

③ 朱慈蕴等：《公司内部监督机制》，法律出版社，2007，第 341 页。

④ 钟胜、汪贤裕：《企业的内部治理机制与外部治理机制》，《软科学》2000 年第 2 期。

⑤ 蒋荣、陈丽蓉：《产品市场竞争治理效应的实证研究：基于 CEO 变更视角》，《经济科学》2007 年第 2 期。

则对相对业绩变化敏感。这一结论和谭云清[①]的研究非常相似，他发现若企业未达到平均市场份额，则产品市场竞争程度越高，需要的监督水平就越低，激烈的产品市场竞争可以起到监督经理人的作用；若企业达到了平均市场份额，则产品市场竞争程度越高，需要的监督水平也越高。这些研究结果说明产品市场的外部约束效果不仅会受企业竞争程度的影响，还会受企业在市场中的地位影响，因为企业在市场中地位越高，产品竞争带来的压力就会越小，其约束效应也会变小。

在产品市场竞争与股权结构的相互关系上，施东晖[②]认为市场竞争只有在股权较为分散和股权高度集中的企业中才能发挥正面影响。牛建波和李维安[③]以制造业为样本发现适度集中的所有权与产品市场竞争对企业产出的影响存在互补性关系，较为分散的股权结构与产品市场竞争之间也存在这种互补性作用。姚佳和陈国进[④]以制造业为样本研究发现，在股权结构适度集中的公司中，市场竞争更能提高企业绩效，竞争与高度集中的股权结构对公司绩效的提高存在着替代关系，即在股权结构高度集中的公司里，竞争能够对这种股权结构的不利影响形成一种制约作用。

在经理人市场的研究方面，一些研究者如霍爱玲[⑤]等认为，由于经理人缺乏，经理人市场尚未形成，所以应该首先培育职业经理人。而另一些学者则认为经理人市场之所以未能形成，是因为市场环境尚未形成。如丁富国[⑥]认为"经营者才能"还没有完全成为真正意义上的商品进入流通领域。徐林[⑦]认为要构建职业经理人市场所必需的制度，建立职业经理人市

---

① 谭云清、朱荣林：《产品市场竞争、监督与公司治理的有效性》，《上海交通大学学报》2007 年第 7 期。

② 施东晖：《中国上市公司的所有权和控制权研究》，上海交通大学博士学位论文，2004，第 76 页。

③ 牛建波、李维安：《产品市场竞争和公司治理的交互关系研究——基于中国制造业上市公司 1998～2003 年数据的实证分析》，《南大商学评论》2007 年第 1 期。

④ 姚佳、陈国进：《公司治理、产品市场竞争和企业绩效的交互关系——基于中国制造业上市公司的实证研究》，《当代财经》2009 年第 8 期。

⑤ 霍爱玲：《我国职业经理人存在的问题及改进措施》，《陕西经贸学院学报》2002 年第 2 期。

⑥ 丁富国：《我国经理人市场的九大问题》，《企业活力》2003 年第 1 期。

⑦ 徐林：《中国职业经理人市场的理论与实证研究》，浙江大学博士学位论文，2004，第 119～121 页。

场进入退出机制，健全经理人市场竞争规则。严建苗和万建军①认为完善
的经理人市场需要引入声誉机制等。

在经理人市场的约束效果上，研究者普遍认为当前的经理人市场并不
能够起到应有的约束作用。由于行政任命经营者缺乏以市场为导向的竞争
机制，从而使职业经理人市场很难发挥作用，目前，首先应当做好经理人
的选任机制，形成以市场为导向的竞争的经理人市场。如杨伟文②就认为
竞争性市场的形成是职业经理人市场化的关键，应当建立以市场为导向的
经理人选聘机制。叶迎③认为在经理人行政化配置的状况下，经营者感受
不到经理人市场的压力，只能感受到职位更换的压力。柏培文④认为当前
经营者更迭机制是无效的。实证研究结果也证明了当前经理人市场约束效
力很弱，如高愈湘等⑤的研究结果发现，公司控制权市场对公司高管人员
总体上无明显的更替作用，"二元经理人市场"仍居于主导地位。控制权
转移后，企业更处于超强的内部人控制状态，公司控制权市场未能发挥相
应的公司治理效应。刘嫣⑥的研究也认为，以经理人市场为主要来源的外
部继任者在总经理发生变动后的两年内对业绩的改善并没有起到积极的作
用，反而可能会导致业绩的下滑；在公司内有工作经历的内部继任者对总
经理变动后的业绩不会产生显著影响。由此看来，市场环境的不成熟使经
理人市场很难发挥作用，而经理人市场的低效率也反过来阻碍了市场环境
趋向成熟。

对资本市场的约束效果研究，可以分为两个方面：一是证券市场的约
束效果，二是债权市场的约束效果。对于前者的研究，赵昌文等⑦认为当

① 严建苗、万建军：《国有企业间经理人市场的声誉机制分析》，《数量经济技术经济研究》2002 年第 3 期。
② 杨伟文、刘梦雨：《经理市场的隐性激励约束效应分析及对策》，《中南工业大学学报》（社会科学版）2001 年第 4 期。
③ 叶迎：《经理人市场隐性激励问题研究》，首都经济贸易大学出版社，2009，第 177 页。
④ 柏培文：《我国上市公司经营者参与企业收益分配问题研究》，厦门大学出版社，2008，第 222 页。
⑤ 高愈湘、张秋生、杨航、张金鑫：《中国上市公司控制权市场公司治理效应的实证分析》，《北京交通大学学报》（社会科学版）2004 年第 2 期。
⑥ 刘嫣：《上市公司总经理变动与经营业绩关系的实证研究》，浙江工商大学硕士学位论文，2008，第 52 页。
⑦ 赵昌文、蒲自立：《资本市场对公司治理的作用机理及若干实证检验》，《中国工业经济》2002 年第 9 期。

前我国的资本市场还存在许多缺陷，证券市场传递信息的无效性，使其还不能对上市公司起到积极的约束作用。但也有不少学者认为，证券市场中的机构投资者对上市公司的经营监督较为有效，要大力发展机构投资者，发挥机构投资者对经营者的约束作用，如郎唯群①、罗栋梁②等的实证研究也证实了机构投资者持股与公司绩效存在一定的正相关关系。在债权市场的研究方面，多数研究者支持银行作为债权人参与公司治理，用债权监督的形式来约束经营者的不利行为。卓敏③等认为商业银行可以采用渐进的方式参与公司治理，从债权治理到股权治理。苗春健④认为应该允许银行债权人通过同公司自由约定的方式进入公司监事会，并且允许银企双方约定赋予银行监事更为广泛的监督职权，以达到对公司经营层的强力制衡。但也有学者如沈红波⑤、孙婷婷⑥等认为，由于制度的原因，当前银行的约束效果非常有限。

以上对经营者激励与约束机制的研究是以全部上市公司为研究对象的，其研究结果虽然可以反映当前中国上市公司激励与约束机制存在的问题，但对于处在具体行业中的企业而言，由于不同行业之间的差异较大，研究结果缺乏针对性，应用价值并不大。此外，不分行业的研究，可能会使得行业之间的差异互相中和，导致结论不科学甚至相互矛盾。

（三）以具体行业为研究对象的经营者激励与约束机制研究

1. 经营者激励机制研究

以具体行业作为研究对象，克服了不同产业或行业之间企业经营者薪酬存在的差距问题，而且相同产业的企业面临着相同的竞争环境，其结论更具科学性。如胡婉丽等⑦以生物医药行业高管薪酬数据进行研究，结果

---

① 郎唯群：《机构投资者与公司治理》，华东师范大学博士学位论文，2003，第 174 ~ 177 页。
② 罗栋梁：《我国机构投资者与上市公司治理的实证研究》，西南财经大学博士学位论文，2007，第 150 ~ 152 页。
③ 卓敏：《资本市场作用机制下的公司治理研究》，《经济问题》，2008 年第 2 期。
④ 苗春健：《债权人参与公司治理问题研究》，西南政法大学硕士学位论文，2008，第 35 ~ 42 页。
⑤ 沈红波：《我国上市公司债权人治理弱化及其对策》，《金融理论与实践》2005 年第 10 期。
⑥ 孙婷婷：《债权人参与公司治理法律问题探析》，华东政法大学硕士学位论文，2008，第 58 ~ 62 页。
⑦ 胡婉丽、汤书昆、肖向兵：《上市公司高管薪酬和企业业绩关系研究》，《运筹与管理》2004 年第 6 期。

表明，公司高管薪酬水平与企业业绩显著正相关。陈俊[①]对高新技术行业和医药生物行业的高管薪酬与公司业绩的实证研究结果表明二者之间存在正相关关系，杨敬儒[②]对房地产行业高管薪酬与公司业绩的实证研究也表明了高管年薪与会计收益指标存在显著的正相关关系。郑芳芳[③]对房地产行业的研究显示，高管薪酬与加权平均净资产收益率及基本每股收益呈显著正相关，与净利润无关。宋增基等[④]的实证研究认为银行业 CEO 报酬与公司相对业绩没有明显关系。从上面的研究结果我们看出，当我们以具体的产业作为研究对象时，对同一行业的重复研究结果大多会表现出一致性。此外，高明华[⑤]采用上市公司前三位高管薪酬与营业收入额的比例来衡量高管薪酬指数，首先分行业找出基准值，然后将各行业基准值平均得出上市公司整体基准值，最后将各公司薪酬指标与基准值相比就得到各上市公司薪酬指数。通过按数值大小排名对不同行业的比较发现，行业高管薪酬激励过度的公司比重最低的是采掘业，仅为 3%，而行业激励过度比重最高的是传播与文化产业，高达 67%，并且认为造成这一差距的主要原因是行业的特殊性。方谋耶和潘佳佳[⑥]对不同行业的高管薪酬与公司业绩相关性的研究认为，建筑业、电力、煤气及水的生产和供应业、信息技术业和制造业高管薪酬与公司绩效正相关，其余行业的高管薪酬与公司绩效并无显著相关性。在高管薪酬差距与企业绩效的相关性研究方面，曾思琦[⑦]在考察了行业因素的影响后发现，薪酬差距在农业、制造业和房地产业中表现极为显著，刘静怡[⑧]的研究结果也证实了影响高管薪酬的因素很

---

① 陈俊：《高新技术上市公司高管薪酬影响因素的实证分析》，首都经济贸易大学硕士学位论文，2008，第 38~40 页。

② 杨敬儒：《房地产上市公司高管薪酬与公司业绩的实证研究》，《西部金融》2009 年第 3 期。

③ 郑芳芳：《上市公司高管薪酬与公司经营绩效——基于中国上市房地产公司的实证分析》，《中国商界》（下半月）2010 年第 10 期。

④ 宋增基、卢溢洪、杨柳：《银行高管薪酬与绩效关系的实证研究》，《重庆大学学报》（社会科学版）2009 年第 15 期。

⑤ 高明华等：《中国上市公司高管薪酬指数报告》，经济科学出版社，2010，第 3 页。

⑥ 方谋耶、潘佳佳：《中国上市公司高管薪酬与公司绩效的相关性实证研究》，《市场周刊》（理论研究）2008 年第 4 期。

⑦ 曾思琦：《高管薪酬差距影响因素的实证研究》，暨南大学硕士学位论文，2007，第 57~60 页。

⑧ 刘静怡：《高管薪酬差距及其影响因素的实证研究》，东北财经大学硕士学位论文，2010，第 39~41 页。

多，行业因素是其中一个重要的因素。

以上的研究结果告诉我们，正是因为行业的因素起很大作用，所以当我们把全部行业纳入研究时，就容易出现选择样本的标准不同，加上变量指标的不同，自然就会面对同一研究对象而得出完全不同的结论。

2. 经营者约束机制研究

在约束机制的研究方面，徐源[①]选取制造业为样本，研究董事会的监督效果，认为董事会规模与公司绩效之间呈倒 U 型的关系，独立董事比例与公司绩效没有明显的相关关系，董事会年度会议次数与公司绩效之间没有确定的相关关系。杨怡[②]对垄断产业的研究则表明，独立董事比例、董事长与总经理两职合一与垄断行业上市公司企业绩效之间存在明显的正相关关系，其他如董事会规模、会议次数与公司绩效并无相关性。在外部约束方面，牛建波和李维安[③]对 1998～2003 年制造业上市公司的研究发现，适度集中和较为分散的股权结构与产品市场竞争对企业产出的影响存在互补性关系，此外，董事会治理与产品市场竞争之间也存在着替代性关系。杨蕙馨和王胡峰[④]发现，所属行业的竞争性越强，前三名高层管理人员年度报酬、高管持股比例对企业绩效的影响越大，在垄断性行业，前三名高管报酬总额对企业绩效没有显著影响。李红坤等[⑤]对保险公司的研究表明保险公司的公司治理与保险产品市场竞争具有显著的替代性。这些研究成果进一步证实了分行业研究的重要性。

虽然已经有不少学者开始从不同的行业或产业着手来研究经营者激励与约束机制的有效性，但目前存在的一个问题是，对于各个行业经营者激励与约束机制的研究多集中在激励机制或约束机制的某一方面，将激励与约束机制同时纳入研究视野、针对某一行业进行深入系统研究的成果并不

---

① 徐源：《董事会特征与公司绩效关系研究——基于制造业上市公司的经验数据》，西南财经大学硕士学位论文，2008，第 59～62 页。

② 杨怡：《我国垄断行业上市公司董事会特征与综合业绩的相关性研究》，西南财经大学硕士学位论文，2008，第 57～61 页。

③ 牛建波、李维安：《产品市场竞争和公司治理的交互关系研究——基于中国制造业上市公司 1998～2003 年数据的实证分析》，《南大商学评论》2007 年第 1 期。

④ 杨蕙馨、王胡峰：《国有企业高层管理人员激励与企业绩效实证研究》，《南开经济研究》2006 年第 4 期。

⑤ 李红坤、张笑玎：《保险产品市场竞争、公司治理与绩效实证研究》，《金融发展研究》2010 年第 6 期。

多见。此外，由于行业分类标准较多，如果在研究当中不按照科学的分类标准，对样本的选择就很容易受主观性和随意性支配，如制造业、高科技等行业的说法，在概念上就比较模糊。因此，本书认为在对各个行业进行研究时，必须要有科学的行业分类标准。中国证监会的《上市公司行业分类指引》按照行业的营业收入比重对从事多种产业活动的上市公司法人进行分类，是一个很好的参照标准，以此作为分类方式，既便捷高效，又具有客观性和说服力。

（四）文化产业经营者激励与约束机制研究

在经营者激励与约束机制研究方面，完全按照中国证监会《上市公司行业分类指引》的分类把文化产业作为研究对象的成果还极为少见，现有的研究大多集中在其产业分类中的传媒业和出版业。同时，这些研究成果中对员工的激励与约束讨论偏多，对经营者激励与约束的研究相对较少。

1. 货币激励

在文化产业经营者货币激励研究方面，多数观点倾向于认为当前该产业对于经营者激励不足，薪酬与业绩未能挂钩，报酬相对较低。如范敏[①]认为我国出版业经营者激励不足，存在着激励方式单一，注重短期激励忽视长期激励的问题。常永新[②]认为激励不足是当前传媒集团管理者面临的主要问题之一，具体表现为管理者报酬没有与业绩挂钩，报酬相对较低，报酬结构缺乏风险收入和长期激励部分。在股权激励方面，一种观点认为股权激励是有效的，可以推行。如朱静雯[③]认为股权激励在解决出版企业经营者关心企业长期利益方面是一个很好的方案，让经营者在一定时期内持有相当数量的股票，享受股权增值收益，同时也承担相应风险，可以有效避免其短期行为。彭斌[④]、傅华文[⑤]等也支持出版企业实行股权激励。邱京忠[⑥]等认为在解决媒体高级管理层中的委托代理问题上，传媒产业可以

---

① 范敏：《谈国有图书发行企业高效激励机制的建立》，《华东经济管理》2005 年第 9 期。
② 常永新：《中国传媒集团激励机制探索》，《新闻传播》2007 年第 7 期。
③ 朱静雯：《中国出版集团股权制度研究》，《出版发行研究》2001 年第 6 期。
④ 彭斌：《建立有中国特色的现代出版企业制度》，对外经济贸易大学硕士学位论文，2004，第 28～33 页。
⑤ 傅华文：《出版单位要建立科学的激励机制》，《科技与出版》2005 年第 6 期。
⑥ 邱京忠：《国有传媒企业的委托－代理关系研究》，华东师范大学硕士学位论文，2008，第 32 页。

尝试股票期权的激励方式。李松林等①在对比了中美上市传媒公司的激励机制后认为，中国上市传媒公司过于注重短期薪酬，应加强对管理人员的长期激励，但在实施股权激励时要防止出现市场操纵、股价与公司业绩的背离等问题。与此相反，另一种观点则认为目前的市场条件还不够成熟，不宜引入股权激励措施。如常风②就认为出版业比较特殊，在其他行业没有成熟经验可供借鉴的情况下，不宜贸然引入这一激励机制。魏继新③也表示传媒属性决定了媒体不能完全实行股权激励，从法律角度讲，我国绝大多数传媒尚不具备实施股权激励的条件。在实证研究方面，石群峰④以2000年至2001年5家传媒上市公司和2002年至2004年9家传媒上市公司的年度数据为基础，总计包含37组面板数据，对传媒业激励与约束机制进行研究，结果显示，传媒上市公司的高管薪酬还应进一步提高，高管平均持股量与公司业绩间没有明显的相关关系。季宸东⑤以2007年沪深股市中10家传媒类上市公司为样本，研究结果认为传媒公司对经营者的激励效应较弱，经营者的报酬偏低，传媒上市公司的经营者持股比例与公司的平均价值显著正相关。经营者持股比例越高，企业的平均价值也随之越高。这里我们看到，虽然季宸东和石群峰的研究都认为对经营者激励不足，但对于股权激励的研究结论却不同。造成这一问题的主要原因可能是样本采集时间不同和变量指标选取的问题。首先，时间不同造成了两个问题，一是研究的对象有差别，二是持股量也有差别。其次，两个人在公司绩效上所使用的变量指标也不同，季宸东以托宾Q值和净资产收益率来衡量公司绩效，而石群峰则选取主营业务利润、加权平均每股收益和加权平均净资产收益率来衡量公司绩效。

2. 非货币激励

在非货币激励方面，目前的研究成果比较认可的非货币激励包括控制

---

① 李松林、赵曙光：《透析中美上市媒介的激励机制设计》，《传媒观察》2003年第4期。

② 常风：《激励：一个出版社必须高度重视的问题》，《中国出版》2003年第11期。

③ 魏继新：《传媒如何实施虚拟股票期权激励》，《青年记者》2006年第6期。

④ 石群峰：《沪深两市传媒上市公司公司治理研究》，北京工业大学硕士学位论文，2006，第19~41页。

⑤ 季宸东：《传媒上市公司经营者激励与约束机制研究》，华东师范大学硕士学位论文，2009，第44~58页。

权和声誉两个方面。如邵昀波等①认为货币激励、声誉和控制权三者是构成企业良性运行的重要因素，传媒企业管理激励模式的发展趋势应是将三者融合起来，对经理人能产生更大作用的激励应是经理的权力、事业和声誉等隐性激励。李阳②也认为出版企业高层的激励分为物质激励和精神激励两个方面，其中精神激励包括权力、事业和声誉。在非货币激励效果的研究上，常永新③认为控制权作为一种激励因素远未发挥作用，声誉机制没有建立，企业经营好坏与经营者的职业前途没有必然联系。马瑞洁④认为出版企业的问题在于没有把声誉激励与物质报酬结合起来，要加强经营者退休后的声誉预期。放宽出版社经营者的年龄限制，遏制59岁现象。对于职务消费，多数持批判的态度，也就是说，职务消费不是一种合理的激励方式。如曾庆宾⑤指出必须控制"在职消费"之类的隐性收入。刘友芝等⑥认为当现有激励下所获得的显性收入不如隐性收入时，经营者就极有可能利用职务之便，采取各种手段为自己牟取私利，如成立关联企业、进行大量职务消费和转移上市公司资产等，这将损害公司利益。邱京忠⑦认为职务消费在国有传媒企业中更为严重。我国国有传媒企业垄断性很强，即使内部有竞争，竞争也不是很充分。但是，我们必须承认，对于经营者而言，职务消费是不可避免的，合理的职务消费不仅可以激励经营者提高工作效率，而且是企业经营必须承担的成本，因此，需要通过其他激励方式来引导职务消费的合理化。如傅华文⑧就提出可以通过职务消费货币化来节约这方面的支出。

3. 内部约束

在内部约束的研究方面，多数研究认为传媒业和出版业还存在着较为

---

① 邵昀波，邵昀涓：《基于契约视角的传媒经理人激励刍议》，《技术经济与管理研究》2006年第1期。
② 李阳：《以人为本的出版企业激励机制研究》，湖南师范大学出版社，2007，第166~180页。
③ 常永新：《中国传媒集团激励机制探索》，《新闻传播》2007年第7期。
④ 马瑞洁：《不应忽视声誉机制——浅析对出版社经营者的精神激励》，《出版参考》2003年Z3期。
⑤ 曾庆宾：《中国出版企业家的激励和约束机制研究》，《学术研究》2004年第2期。
⑥ 刘友芝、陈岱、朱江波：《我国传媒上市公司内部人控制问题研究》，《湖南大众传媒职业技术学院学报》2011年第1期。
⑦ 邱京忠：《国有传媒企业的委托-代理关系研究》，华东师范大学硕士学位论文，2008，第23~24页。
⑧ 傅华文：《出版单位要建立科学的激励机制》，《科技与出版》2005年第6期。

严重的内部人控制现象，尤其是出版业，因为刚刚转制，很多公司股权结构高度集中，董事会、监事会、经营层高度重合，公司治理还很不规范，内部监督往往流于形式，很难真正发挥作用。周百义和肖新兵[1]认为目前的出版集团党委会、董事会、监事会、经营管理层高度重合。从某种意义上说，很多出版集团公司设立董事会、监事会只是为了满足工商登记和法律形式上的需要。因此，公司的内部监督往往形同虚设。在提高内部约束方面，他们认为要强化董事会监督机制建设，注意外部独立董事的选派与结构比例。另外，他们经过调查发现，监事会主席一般由纪委书记兼任，而这种下级监督上级的格局是从党政机关复制而来，其效果可想而知。因此在公司治理中还必须加强监事会的建设。张美娟和张海莲[2]认为，对于监事会的设立，要采用内外结合的机制，外部监事由政府部门指派人员或专业人士来担任，内部监事则从职工中选择，他们能从内部观察经营者的行为。与此同时，监事会中的所有成员都不应在出版企业中担任任何行政职务，如此，才能保证其监管的公正性。胡誉耀[3]也认为当前大多数出版集团与经营班子高度重合，独立董事被架空，监事会作用不大，有的出版集团弃而不建，有的十分不规范，要通过发展职工监事和外部监事来提高我国出版集团监事会的独立性。对于传媒业的研究，李维安和常永新[4]等认为"产权残缺"导致委托人的缺位进而使传媒业内部监督机制弱化。这一认识与石群峰和季宸东的实证研究相吻合，他们的实证研究表明，传媒公司内部人控制导致约束机制弱化，独立董事的监督作用非常有限。

4. 外部约束

在外部市场约束研究方面，由于文化产业转企改制起步比较晚，很多法律、制度等还有待于进一步完善，有效的竞争市场还没有形成，因此当前文化产业外部市场约束力还非常弱。在产品竞争方面，传媒业和出版业目前还存在比较高的政策门槛，还不能够自由地进入和退出，加上区域壁垒和条块分割的存在，使得该产业与其他产业相比显得竞争不够充分。如

① 周百义、肖新兵：《出版集团公司治理现状分析及对策研究，《出版发行研究》2010 年第 1 期。

② 张美娟、张海莲：《关于我国出版上市企业发展的思考》，《出版科学》2008 年第 4 期。

③ 胡誉耀：《我国出版集团公司治理研究》，武汉大学博士学位论文，2010，第 64 页。

④ 李维安、常永新：《中国传媒集团公司治理模式探析》，《天津社会科学》2003 年第 1 期。

曹鹏①认为，在我国还没有真正意义上的传媒企业，也就是完全多元化、享有自由进入与退出权利的企业。牛雯雯②认为，当前的传媒市场实际上是各种行政力量综合反映的结果，表面上看起来是一种垄断竞争，实际是政治力量保护下的寡头垄断。此外，张小灵③认为传媒业还存在严重的地区壁垒。对于我国出版业的竞争状况，李岩④等认为出版行业受到国家政策性保护，进入门槛比较高，因此我国的出版业并不是一个充分竞争的市场。韩琳⑤认为我国已组建出版集团的省、直辖市基本形成了寡头垄断竞争市场，而从全国范围来说，图书出版市场又是政府保护下的有限竞争，市场集中度低。

常永新⑥认为传媒产品市场存在着垄断和不公平竞争的问题，传媒资本市场还存在着许多不规范的行为，作为社会资源配置机制的功能远未发挥，至于经理人市场，则仅仅处在发育阶段，传媒职业经理人人力资本的配置还没有市场化。关于经理人市场的研究，备受学者关注的就是经营者的选拔和任命机制，因为目前文化产业中大多数企业都存在着经营者还是由政府组织来任命的情况，所以研究者们纷纷提出要建立竞争性的职业经理人市场。在这一问题上，有的学者认为当前经理人市场机制失灵，主要是因为政府任命主导制的存在阻碍了市场机制发挥作用，由此导致物质报酬偏低，缺乏相应人才，所以需要从改变制度入手来培育职业经理人。孙晓丹⑦、向志强等⑧都持这一观点，他们认为，传媒业的核心领导都是由行政权力或政府组织直接选拔和任命，很多经营者本身还带有行政级别，这样不仅不会存在外部的竞争压力，而且内部的制约和监管也会相对弱化。在出版业方面，周百义认为，"目前中国书业还没有形成职业经理人成长的土壤，出版企业的管理团队，特别是主要经营者，还是由上级任命。一是出版企业自身的意识形态属性决定了很多地方并不敢将一个出版企业交

① 曹鹏：《传媒业：让市场培养企业家》，《青年记者》2011年第16期。
② 牛雯雯：《垄断竞争——我国传媒集团化的趋势》，《新闻知识》2005年第1期。
③ 张小灵：《中国传媒业发展途径研究》，西南财经大学硕士学位论文，2007，第26页。
④ 李岩：《出版单位之间的竞争战略选择》，《出版广角》2002年第11期。
⑤ 韩琳：《我国图书出版产业组织研究》，西北大学硕士学位论文，2007，第31页。
⑥ 常永新：《中国传媒集团激励机制探索》，《新闻传播》2007年第7期。
⑦ 孙晓丹：《浅析中国媒体职业经理人的激励问题》，《新闻知识》2007年第3期。
⑧ 向志强、彭祝斌：《传媒领导双重博弈中的激励与行为——对我国传媒业同质化现象的一种解释》，《现代传播》2008年第5期。

到一个流动的职业经理人手上。二是干部选拔的规定和原则,决定了有级别的出版企业不会通过猎头公司寻找职业经理人。三是国有企业的所有者缺位,导致无人敢承担政治风险和经济风险聘用职业经理人。"① 高树军②等也都认为我国还没有真正意义上的出版职业经理人,要培育出版企业经理阶层,形成出版企业经理人市场。对于资本市场约束的研究方面,曾庆宾③认为要重视银行的债务约束,建立公平竞争环境。通过监事会、内部职工的制衡作用加强对控制权的约束。胡誉耀④认为当前机构投资者对于出版集团的外部治理效能作用不太明显。周百义和肖新兵⑤认为由于国有资本处于绝对控股地位,从二级市场上购买了股票的小股民,由于信息不对称,对公司情况了解有限,尽管有"用脚投票"的权力,实际上仍然左右不了公司的日常经营。

从以上的研究成果我们看到,对于文化产业经营者激励与约束机制的研究还处于探索阶段,多数以理论探讨为主,实证的研究还比较欠缺,尤其是对非货币激励和外部约束的实证研究极为匮乏。对于该产业货币激励和内部约束的实证研究,以石群峰和季宸东为主要代表。但是他们的研究在研究方法上或多或少地存在一些问题,比如石群峰的问题在于研究中没有采用统计分析的方法,只是将数据列举出来目测对比,在高管薪酬与公司绩效相关性研究方面,公司业绩指标只采用了加权每股收益作为检验指标,还不够全面,也缺乏说服力。季宸东的研究存在着样本选取量少的问题,只有10家公司,对于公司绩效的指标设计也比较单一,以净资产收益率(ROE)来衡量当前公司价值,以托宾Q值用来衡量传媒上市公司的价值成长能力。这两个指标能否真正衡量公司绩效还有待商榷。因为众所周知,我国的股市价格在反映公司价值方面信息效率并不高,加上传媒业上市公司限售流通股所占份额比较大,托宾Q值在衡量上市公司价值方面就显得缺乏可信性。在数据分析方面,作者既没有使用回归分析,也未采用

① 梁萍:《市场化必然带来对出版职业经理人的思考——专访长江出版传媒集团副总裁周百义》,《出版广角》2010年第10期。
② 高树军:《职业经理人制度是出版产业繁荣发展的必由之路》,《出版广角》2010年第10期。
③ 曾庆宾:《中国出版企业家的激励和约束机制研究》,《学术研究》2004年第2期。
④ 胡誉耀:《我国出版集团公司治理研究》,武汉大学博士学位论文,2010,第129页。
⑤ 周百义、肖新兵:《出版集团公司治理现状分析及对策研究》,《出版发行研究》2010年第1期。

相关性分析，只是列出了均值、标准差和方差，从中很难看到统计数据和经营者激励与约束机制之间的关系或结论，仅从百分比高低上来判断传媒上市公司的经营者持股比例与公司的平均价值显著正相关，结论就显得有些牵强。

总的来看，目前对于文化产业经营者激励与约束机制的研究还相当零散，具体表现为以部分企业为研究对象的成果多，以整个产业为研究对象的成果少；对激励与约束机制中某一"点"的研究成果多，把激励和约束机制作为系统进行"面"的研究成果少；理论研究成果多，实证研究成果少。

二　国外研究综述

激励与约束机制在国外的研究发端于现代企业所有权和经营权的分离。1932 年，伯利和米恩斯在《现代公司与私有财产》一书中提到了经营权和所有权的分离问题，由此引发了对激励与约束问题的关注，随后，激励与约束的问题在产权、契约、信息经济、博弈、委托代理等理论研究过程中不断丰富，在解释和解决激励与约束机制的问题方面逐渐深入。

（一）货币激励

国外研究者对于企业经营者货币激励的研究，理论上是没有争议的，在一个典型的激励问题下，委托人与代理人之间存在信息不对称的情况，所以无法确切了解代理人的努力程度，在监督成本过高的情况下，如果想让代理人从委托人角度出发来采取最优行动，就必须根据代理人的产出情况来实施激励。但是实证结果却一直未能明显地支持这一认识。如 Rappaport[①] 的研究就认为薪酬与绩效之间即使存在相关关系，这种关系也非常微弱。Demsetz 和 Lehn[②] 以 1980 年 511 家公司为样本，采用会计收益率指标对公司内部人持股比率变量进行回归分析，结果发现二者之间并不存在显著的相关关系。Jensen 和 Murphy[③]1990 年的研究认为经营者报酬与企业业绩的相关性并不大，他们发现 CEO 的薪酬业绩敏感度很低，股东的财富

---

① Rappaport A. "Executive Incentives vs. Corporate Growth", [J]. *Harvard Business Review*, 1978, 56 (4): 81 – 88.

② Demsetz H, Lehn K. "The Structure of Corporate Ownership: Causes and Consequences", [J]. The *Journal of Political Economy*, 1985, 93 (6): 1155 – 1177.

③ Jensen M C, Murphy K J. "Performance Pay and Top-Management Incentives", [J]. *The Journal of Political Economy*, 1990, 98 (2): 225 – 264.

每变动 1000 美元，CEO 仅变动 3.25 美元。这一看法和 Tosi 等[1]的研究结果相吻合，Tosi 的研究检验了公司规模、公司绩效同 CEO 报酬之间的关系，结果显示公司规模在解释 CEO 总体报酬上超过 40% 的方差，而公司绩效不足 5%。Duffhues[2] 等对荷兰上市公司的研究并没有发现经理人员的薪酬和绩效之间有相关关系。Marin[3] 通过对 2006～2007 年汽车行业上市公司的数据分析发现，CEO 的薪酬只是和公司规模正相关，和每股收益、股东权益、资产报酬率及净资产收益率均不相关，也就是说，汽车行业的 CEO 薪酬和公司业绩并无关系。

经营者与公司绩效之间不存在相关性的研究结果引起了学者们极大的兴趣，很多学者试图发现其中存在的问题，努力寻找两者相关的证据。如 Murphy[4] 认为之前的截面研究忽略了某些重要的变量从而影响了结果，他使用管理层个人多时期的数据发现，管理层薪酬和公司绩效明显正相关。Mehran[5] 对 1979～1980 年随机选取的 153 家制造业公司的管理层薪酬结构考察后发现，薪酬的形式而不是薪酬的水平激励管理者增加公司价值。公司价值同管理者持有股权的百分比以及薪酬中基于股票报酬的百分比正相关。Hall 和 Liebman[6] 的研究也表明管理者的报酬与公司业绩显著相关。Bruce[7]、Emanuel 等[8]的研究也都认为对经营者的股票期权能够有效推动公司业绩的增长。

---

① Tosi H L, Werner S, Katz J P, et al. "How Much Does Performance Matter? A Meta-Analysis of CEO Pay Studies", [J]. *Journal of Management*, 2000, 26 (2): 301 – 339.

② Duffhues P, Kabir R. "Is the Pay-performance Relationship Always Positive?: Evidence from the Netherlands", [J]. *Journal of Multinational Financial Management*, 2008, 18 (1): 45 – 60.

③ Marin M. "CEO Compensation And Company Performance A Case Study of The U. S. Automative Sector", [D]. Capella University, 2010.

④ Murphy K J. "Corporate Performance and Managerial Remuneration: An Empirical Analysis", [J]. *Journal of Accounting and Economics*, 1985, 7 (1 – 3): 11 – 42.

⑤ Mehran H. "Executive Compensation Structure, Ownership, and Firm Performance", [J]. *Journal of Financial Economics*, 1995, 38 (2): 163 – 184.

⑥ Hall B J, Liebman J B. "Are CEOS Really Paid Like Bureaucrats?" [J]. *Quarterly Journal of Economics*, 1998, 113 (3): 653 – 691.

⑦ Main B G M, Bruce A, Buck T. "Total Board Remuneration and Company Performance", [J]. *The Economic Journal*, 1996, 106 (439): 1627 – 1644.

⑧ Sun J, Cahan S F, Emanuel D. "Compensation Committee Governance Quality, Chief Executive Officer Stock Option Grants, and Future Firm Performance", [J]. *Journal of Banking & Finance*, 2009, 33 (8): 1507 – 1519.

对于经营者薪酬差距与公司绩效的问题，Lazear 和 Rosen[1] 认为，当薪酬差距加大时，对参与者提高自身能力的激励强度也在增大，公司可以通过增大薪酬差距来提高员工的生产效率，他们认为这种激励模式更类似于体育中的网球比赛，因此这一理论被称为锦标赛理论（Tournament Theory）。从目前的研究成果来看，大多数结论是支持锦标赛理论的。如 Kale 等[2]以 CEO 和副总裁的薪酬差距与公司绩效的关系来考察锦标赛激励效果，发现 CEO 和副总裁之间的薪酬差距和公司绩效明显正相关。Ehrenberg 和 Bognanno[3]、Becker[4]、Knoeber[5] 等分别考察了职业高尔夫比赛、汽车比赛、养殖烤鸡业报酬合同，结果均支持锦标赛理论。但 Charles 两次检验锦标赛理论，结果却呈现出完全相反的结论。他在 1988 年使用财富 500 强公司中的 105 家公司数据，通过对高管层和低层级管理人员薪酬的对比来检验锦标赛模型，控制了潜在的经济决定因素后，发现结果并不支持锦标赛理论[6]。1993 年，Main 等[7]又一次随机选取了 200 多个公司，调查超过2000 个经理人员 5 年的数据来检验锦标赛理论，研究结果支持锦标赛理论。

对于经营者货币激励与公司绩效的相关性研究之所以会出现截然不同的两种结论，Hall 和 Liebman[8] 认为是时间问题，他们认为之所以研究结论和之前的研究不同，是因为 1980 年以来更多公司采取的期权激励大大提高了经营者报酬与公司绩效之间的敏感度。如果说仅仅是时间问题的话，那

① EP Lazear, S Rosen. "Rank-Order Tournaments as Optimum Labor Contracts", [J]. *Journal of Political Economy*, 1981, 89 (5): 841 – 864.
② Kale J R, Reis E, Anand V. "Rank-Order Tournaments and Incentive Alignment: The Effect on Firm Performance", [J]. *The Journal of Finance*, 2009, 64 (3): 1479 – 1512.
③ Ehrenberg R G, Bognanno M L. "Do Tournaments Have Incentive Effects?", [J]. *Journal of Political Economy*, 1990, 98 (6): 1307 – 1324.
④ Becker B E, Huselid M A. "The Incentive Effects of Tournament Compensation Systems", [J]. *Administrative Science Quarterly*, 1992, 37 (2): 336 – 350.
⑤ Knoeber C R, "Thurman W N. Testing the Theory of Tournaments: An Empirical Analysis of Broiler Production", [J]. *Journal of Labor Economics*, 1994, 12 (2): 155 – 179.
⑥ III C A O, Main B G, Crystal G S. "CEO Compensation as Tournament and Social Comparison: A Tale of Two Theories", [J]. *Administrative Science Quarterly*, 1988, 33 (2): 257 – 274.
⑦ Main B G M, III C A O, Wade J. "Top Executive Pay: Tournament or Teamwork?", [J]. *Journal of Labor Economics*, 1993, 11 (4): 606 – 628.
⑧ Hall B J, Liebman J B. "Are CEOS Really Paid Like Bureaucrats?", [J]. *Quarterly Journal of Economics*, 1998, 113 (3): 653 – 691.

么国外最近的研究结果仍然相互矛盾又做何解释呢？笔者认为，其中一个关键的因素是研究对象的问题。虽然同样是研究货币激励与公司绩效的相关性，但研究者所用的研究对象却并不相同，有的选取的是某一行业公司，有的随机选取了福布斯前 500 强中的企业，有的选取的是全部上市公司，这样就造成了研究对象的差异。事实上，不同行业的公司在高管报酬激励方面存在很大的差异，如 Mayers[①] 的研究就发现互助保险的经理薪酬比股票保险经理薪酬低，前者对公司绩效就不如后者敏感。Wade[②] 等挑选了 280 个同行业成员单位分析研究后发现，董事会通常会和同类产业进行对比，包括本公司和同行业公司绩效的对比，公司表现好，CEO 会有较高的报酬。Anderson[③] 等发现 IT 行业在期权激励手段的使用上明显比其他行业要强。他们认为，不管是奖金、股权还是工资水平都会显著影响公司业绩。这些研究结果说明，在研究经营者激励与约束机制方面，如果研究对象所属行业不同，研究结果也往往会各不相同，很难在研究结果上对比谁是谁非。

（二）非货币激励

在非货币性激励研究方面，因为欧美许多国家的经理人市场相对于我国来讲比较成熟，CEO 作为经营者已经是处于企业的最高层，所以对于他们很少有晋升的激励，这方面的研究成果也就比较少，对晋升激励的研究更多的集中于 CEO 以下的高层，而这种晋升往往带来的是货币收益的增加，这方面的研究以锦标赛理论为主，侧重于研究高管薪酬差距的激励效果，前面已有叙述，这里不再重复。需要补充的是 Jensen 对于晋升激励与货币激励替代效果的研究，Jensen[④] 认为晋升激励的一个主要问题是晋升职务的数量太少，一旦有人胜出，其他人就不再受到激励，由此他指出对于高级管理人员来说，更应该注意奖金的激励，因为他们的晋升机会越来越少。此外，产业越是不景气，企业成长和晋升激励运用空间也越少，此时就应该加大货币激励。

---

① Mayers D, Smith C W. "Executive Compensation in the Life Insurance Industry", [J]. *The Journal of Business*, 1992, 65 (1): 51 - 74.

② Porac J F, Wade J B, Pollock T G. "Industry Categories and the Politics of the Comparable Firm in CEO Compensation", [J]. *Administrative Science Quarterly*, 1999, 44 (1): 112 - 144.

③ Anderson M C, Banker R D, Ravindran S. "Executive Compensation in the Information Technology Industry", [J]. *Management Science*, 2000, 46 (4): 530 - 547.

④ Jensen M C. "Agency Costs of Free Cash Flow, Corporate Finance, and Takeovers", [J]. *The American Economic Review*, 1986, 76 (2): 323 - 329.

在职务消费方面，学者有两种看法，一种认为职务消费对公司价值不利，如 Jensen 和 Meckling[①]、Grossman 和 Hart[②] 都认为职务消费是管理者挪用公司剩余的一种主要方式。Jensen[③] 认为这是经理通过消耗股东支出实现对公司资源的转移，是一种代理成本。他还认为具有高现金流而成长机会少的公司更倾向于代理冲突，因为经理们手上有更多的现金却没有很好的投资机会。职务消费有可能是因为公司的治理太弱而不能限制经理使用公司的财产，他认为有两个变量影响职务消费，一是个人品质，二是对经理监督的困难度。Hart[④] 认为职务消费对管理层是有吸引力的，但对股东没有利益，它会减少公司价值。另一种看法是职务消费是代替货币激励的手段。如 Fama[⑤] 就认为职务消费可以激励管理层努力工作，如果公司通过职务消费产生的激励效果比额外报酬成本更低，那么职务消费是一个平衡经理激励和股东价值的很好的方法。Bennardo[⑥] 支持这一看法，他认为职务消费或津贴是最优激励合同的一部分，即使它对代理人的效率提高没有任何影响。理性的公司愿意提供职务津贴和职务消费，因为这样做减少了直接提供激励报酬的成本。他们认为，经理们对闲暇的渴望超出了对金钱的渴望，职务津贴可以看成对闲暇的补偿。Angela Andrews 等[⑦]的研究认为，并非所有的职务消费都能归结于代理问题，大公司为了吸引高质量的人才，会加大这方面的支出。

职务消费的量化比较困难，主要是因为职务消费的数据不易获取，因此，研究者们常常会选用比较有代表性的指标来衡量职务消费，如 Yer-

---

① Jensen M C, Meckling W H. "Theory of the firm: Managerial behavior, agency costs and ownership structure", [J]. *Journal of Financial Economics*, 1976, 3 (4): 305 – 360.

② Grossman S J, Hart O D. "Takeover Bids, The Free-Rider Problem, and the Theory of the Corporation", [J]. *The Bell Journal of Economics*, 1980, 11 (1): 42 – 64.

③ Jensen M C. "Agency Costs of Free Cash Flow, Corporate Finance, and Takeovers", [J]. *The American Economic Review*, 1986, 76 (2): 323 – 329.

④ Hart O. "Financial contracting", [J]. *Journal of Economic Literature*, 2001, 39: 1079 – 1100.

⑤ Fama E F. "Agency Problems and the Theory of the Firm", [J]. *The Journal of Political Economy*, 1980, 88 (2): 288 – 307.

⑥ Alberto Bennardo P C A J. "Perks as Second Best Optimal Compensations", [Z]. Centre for Studies in Economics and Finance (CSEF), University of Naples, Italy: 2010.

⑦ Andrews A B, Linn S C, Yi H. "Corporate Governance and Executive Perquisites: Evidence from the New SEC Disclosure Rules: AAA 2009 Financial Accounting and Reporting Section (FARS) Paper", 2009 [C].

mack 以 CEO 个人对公司飞机的使用来衡量，Yermack[1] 对美国 237 家大公司 1993 ~ 2002 年的数据进行研究发现，当 CEO 个人使用飞机首次暴露给股东时，公司股票下跌 1.1%，个人飞机的使用和 CEO 薪酬、所有者、监督变量等并无相关关系，却和 CEO 个人的特点密切相关。Yehuda[2] 的研究也表明职务消费同公司的成长机会显著负相关，同公司的自由现金流显著正相关。他们的研究结果都支持了 Jensen 的看法。而 Rajan 和 Wulf[3] 利用翰威特（Hewitt）调查数据，对 1986 ~ 1999 年 300 多家上市公司高管层的职务消费和职务津贴进行研究后发现，公司治理和职务消费之间没有直接的关系。Adithipyangkul 等[4]从 1999 ~ 2004 年中国上市公司年报中手工采集高管层在餐饮、旅游、汽车使用、通信、社会活动及娱乐等方面的支出，重点关注餐饮、旅游和娱乐，以此两项支出作为研究职务消费的变量，结果发现职务消费和当前及未来的资产回报率正相关，他们认为职务消费可以提高公司收益率，职务消费对经理人有激励作用。对于职务消费的研究，笔者认为，职务消费的指标选取常常是影响研究结果的主要因素。

在声誉激励方面，国外的研究和经理人市场的研究联系在一起，如 Fama[5] 的研究认为即使没有显性激励的合同，经理也会有积极性努力工作，因为这样做可以改进自己在经理市场上的声誉，从而提高未来的收入。但这只是在职业生涯的早期有效，当经营者接近退休，预期到最后一次博弈，往往会采取短期行为，这些研究表明声誉激励与经营者对未来的预期有关。

（三）内部约束

在内部约束机制的研究方面，Grossman 和 Hart[6] 认为，如果公司股权

① Yermack D. "Flights of Fancy: Corporate Jets, CEO Perquisites, and Inferior Shareholder Returns", [J]. *Journal of Financial Economics*, 2006, 80 (1): 211 – 242.

② Yehuda Y G D W. "Perks and Excess: Evidence from the New Executive Compensation Disclosure Rules", [J]. Working Paper, 2008.

③ Rajan R, J W. "Are Perks Purely Managerial Excess?", [J]. *Journal of Financial Economics*, 2006, 79 (1): 1 – 33.

④ Adithipyangkul P, Alon I, Zhang T. "Executive Perks: Compensation and Corporate Performance in China", [J]. *Asia Pacific Journal of Management*, 2011, 28 (2): 401 – 425.

⑤ Fama E F. "Agency Problems and the Theory of the Firm", [J]. *The Journal of Political Economy*, 1980, 88 (2): 288 – 307.

⑥ Grossman S J, Hart O D. "Takeover Bids, The Free-Rider Problem, and the Theory of the Corporation", [J]. *The Bell Journal of Economics*, 1980, 11 (1): 42 – 64.

结构过于分散，小股东的监督收益低于其成本，众多的小股东就没有受到足够的激励去监督经营者，监督者权力的弱化扩大了经营者的权力，进而影响到绩效。在董事会特征上，研究结果比较支持小的董事会有较好的公司业绩，如 Yermack[1] 和 Eisenberg[2] 等分别利用美国和芬兰的数据研究证实，董事会规模越大，公司绩效越差。Jensen[3] 认为如果董事会人数超过 7 人，则董事会不可能很好地发挥作用，有可能受到 CEO 的操纵。Lorsch[4] 认为董事会规模最好为 8～9 人，最多 10 人。

对于独立董事的研究，目前还存在争议，有的认为独立董事在约束经营者方面比较有效，有利于提高公司业绩，如 Fama 和 Jensen[5] 认为独立董事通常有资格选择、监督、考核、奖励和惩罚公司的经理层，并能通过减少经理人和股东之间的冲突来提高公司效益。Byrd[6] 的研究表明，董事会中独立董事的比例与公司绩效正相关。与以上研究结果不同的是，Agrawal 和 Knoeber[7] 研究发现，独立董事制度与反映公司绩效的托宾 Q 值具有负相关关系。Kumar 和 Sivaramakrishnan[8] 的研究也认为，当董事对 CEO 的依赖减少时，他们的监督效率就会下降，因此，董事会中更多的独立董事可能会使公司的监督约束更为不力。

① David Yermack. "Higher Market Valuation of Companies with a Small Board of Directors", [J]. *Journal of Financial Economics*, 1996, 40 (2): 185 – 211.

② Eisenberg T, Sundgren S, Wells M T. "Larger Board Size and Decreasing Firm Value in Small Firms", [J]. *Journal of Financial Economics*, 1998, 48 (1): 35 – 54.

③ Jensen M C. "The Modern Industrial Revolution, Exit, and the Failure of Internal Control Systems", [J]. *The Journal of Finance*, 1993, 48 (3): 831 – 880.

④ M L, Lorsch J. "A Modest Proposal for Improved Corporate Governance", [J]. *Business Lawyer*, 1992.

⑤ Fama E F, Jensen M C. "Agency Problems and Residual Claims", [J]. *Journal of Law and Economics*, 1983, 26 (2): 327 – 349.

⑥ Byrd J W, "Hickman K A. Do Outside Directors Monitor Managers?: Evidence from Tender Offer Bids", [J]. *Journal of Financial Economics*, 1992, 32 (2): 195 – 221.

⑦ Agrawal A, Knoeber C R. "Firm Performance and Mechanisms to Control Agency Problems between Managers and Shareholders", [J]. *The Journal of Financial and Quantitative Analysis*, 1996, 31 (3): 377 – 397.

⑧ Kumar P, Sivaramakrishnan K. "Who Monitors the Monitor? The Effect of Board Independence on Executive Compensation and Firm Value", [J]. *The Review of Financial Studies*, 2008, 21 (3): 1371 – 1401.

对于独立董事是否有效这一问题，Duchin 等①认为，并不能绝对地说独立董事有效或者无效，应当考虑独立董事在获取企业运营信息时的成本问题。他们的实证研究发现当企业运营信息获取成本低时，增加外部董事可以提升绩效，反之，增加外部董事会使企业绩效更差。

在监事会的研究方面，实行监事会制度的国家主要在德国和中国，研究成果以德国的居多。Svejnar②对德国煤炭业和钢铁业的研究发现，监事会在生产效率的提高上没有什么明显的效果。Gorton 等③的研究发现监事会虽然不能提高生产效率，却提高了企业的利润率。但 FitzRoy 和 Kraft④的结论却与 Gorton 的完全相反，认为监事会可以提高生产效率，但会使利润率下降。Velte⑤对比了澳大利亚和德国的监事会后发现，无论是澳大利亚还是德国，监事会的独立报告同公司绩效呈正相关关系。

对于德国监事会在公司绩效方面的研究并没有公认的结论，一方面和研究方法有关，另一方面则和变量指标的设计有关。对于中国监事会的研究，Dahya 等⑥认为中国的监事会是缺乏效率的。他们通过对中国 16 个上市公司高管的调查发现，缺乏合法的权力、独立性、专业才能，以及地位低下、信息短缺、缺乏激励是监事会的主要问题。

（四）外部约束

与我国不同，欧美国家的市场化程度较高，对外部约束的研究成果也比较丰富。在产品竞争和经理人市场研究方面，早期的理论研究如 Nalebuff 和

---

① Duchin R, Matsusaka J G, Ozbas O. "When are Outside Directors Effective?", [J]. *Journal of Financial Economics*, 2010, 96 (2): 195 – 214.

② Svejnar J. '*Codetermination and Productivity: Empirical Evidence from the Federal Republic of Germany*' in JonesD. C. and SvejnarJ. (eds.) *Participatory and Self-managed Firms: Evaluating Economic Performance*, [M]. Lexington: Lexington Books, 1982.

③ Gorton G, Schmid F A. Capital, Labor, and the Firm: A Study of German Codetermination [J]. *Journal of the European Economic Association*, 2004, 2 (5): 863 – 905.

④ FitzRoy F, Kraft K. "Co-determination, Efficiency and Productivity", [J]. *British Journal of Industrial Relations*, 2005, 43: 233 – 248.

⑤ Velte P. "The Link between Supervisory Board Reporting and Firm Performance in Germany and Austria", [J]. *European Journal of Law and Economics*, 2010, 29 (3): 295 – 331.

⑥ Dahya J, Karbhari Y, Xiao J Z. "The Supervisory Board in Chinese Listed Companies: Problems, Causes, Consequences and Remedies", [J]. *Asia Pacific Business Review*, 2002, 9 (2): 118 – 137.

Stiglitz[1] 认为，市场竞争越激烈，越有利于所有者了解市场信息，可以减少信息不对称和道德风险的发生，由此可以增加经理人的努力程度。Hart[2] 从经理人偷懒的角度出发，认为市场竞争的压力，可以减少经理人偷懒的空间。Vicente[3]、Guadalupe[4] 等都支持这一看法，认为高水平的产品市场竞争，增加了经理人员薪酬与绩效之间的敏感性。

但 Scharfstein[5] 的研究却认为竞争可能恶化激励问题，竞争的激励效果并不是十分明确的，而是依赖于经理人的个人偏好。对于竞争与经理人的激励的问题，Schmidt[6] 的研究比较切中实质，他考虑了竞争程度的问题，指出一方面产品竞争可以激励经理人使其更加努力，另一方面竞争加剧会减少公司利润，从而降低对经理人的激励水平，因此产品竞争对经理人的激励并非线性关系，他的实证研究结果显示，在自然环境下，增加竞争强度可以减少经理人的偷懒行为，产品市场竞争程度越高，经理人越努力，然而当竞争过分剧烈时，又会导致经理人的努力减少。这一结论得到了 Stefan Beiner[7] 等人的支持，他们的实证研究结果也认为产品市场竞争对经理人的正向激励存在度的问题，超过一定水平就会对公司价值不利。

在经理人市场约束研究方面，Fama[8] 提出经理人市场会对经理人行为起到较强的约束作用，他认为在一个竞争的经理人市场上，经理人的薪酬取决于其历史的经营业绩。长期来看，出于对职业前途或者未来收入的考

① Nalebuff B J, Stiglitz J E. "Information, Competition, and Markets", [J]. *The American Economic Review*, 1983, 73 (2): 278 – 283.

② Hart O D. "The Market Mechanism as an Incentive Scheme", [J]. *The Bell Journal of Economics*, 1983, 14 (2): 366 – 382.

③ Cuñat V, Guadalupe M. "How Does Product Market Competition Shape Incentive Contracts?", [J]. *Journal of the European Economic Association*, 2005, 3 (5): 1058 – 1082.

④ Guadalupe. "Product Market Competition, Returns to Skill and Wage Inequality", [J]. *Journal of Labor Economics*, 2007, 25: 439 – 474.

⑤ Scharfstein D. "Product-Market Competition and Managerial Slack", [J]. *The RAND Journal of Economics*, 1988, 19 (1): 147 – 155.

⑥ Schmidt K M. "Managerial Incentives and Product Market Competition", [J]. *Review of Economic Studies*, 1997, 64 (2): 191 – 213.

⑦ Stefan B, Markus M. Schmid, Gabrielle W. "Product Market Competition, Managerial Incentives and Firm Valuation", [J]. *European Financial Management*, 2011, 17 (2): 331 – 366.

⑧ Fama E F. "Agency Problems and the Theory of the Firm", [J]. *The Journal of Political Economy*, 1980, 88 (2): 288 – 307.

虑，经理人需要在市场上赢得认同，会对自己的行为负责。Holmstrom① 通过代理人—声誉模型证明了出于职业生涯的考虑，声誉会约束经理人的利己行为，同时，该研究也发现经理人的风险态度和贴现的因素对声誉机制的有效性影响比较大。

在资本市场的研究方面，Manne② 提出了公司控制权市场理论，他认为在市场上存在着公司控制权的交易，如果股东无法直接控制管理层，是可以通过将股票出售给公司外部收购者从而更换那些效率低下的公司经营者。Harris 和 Raviv③ 建立了有关投票与剩余索取权相匹配的模型，认为证券是一种有效的公司控制手段。Fama④ 也认为单独的证券所有人没有兴趣直接监督某个公司的管理，但他对资本市场公司证券的价格很关注，有效的资本市场通过证券价格来反映公司管理层在人力资本上的价格。Harry⑤等认为资本市场的接管威胁对公司经理人的约束力很强，大多数公司被接管后将更换经营者，经营者一旦被解聘，不但失去现有工作，还会影响其未来的就业前景和收入。Martin⑥ 等研究发现，接管前公司业绩低于同行业其他公司的话，接管后高层管理者很快会被更换，由此他们认为外部市场接管在约束高层管理者方面起重要作用。

总体来看，国外的研究成果比较丰富，一方面，理论上的研究比较系统深入；另一方面，他们也特别注重实证研究，尤其是对前人提出的理论思考，会有学者用实证研究来验证其观点并不断使其完善丰富。但是经济学有很多假设条件，尤其是国外学者的研究所面对的市场环境、法律制度等与我国有很大不同，有些结论即使经过多次验证也不表示其可以应用于我国的企业当中。以市场竞争而言，中国的文化产业因为政策壁垒的存在

---

① Holmstrom B. "Moral Hazard in Teams"，[J]．*The Bell Journal of Economics*，1982，13（2）：324 - 340.

② Manne H G. "Mergers and the Market for Corporate Control"，[J]．*Journal of Political Economy*，1965，73（2）：110 - 120.

③ Harris M，Raviv A. "Corporate Governance：Voting Rights and Majority Rules"，[J]．*Journal of Financial Economics*，20（0）：203 - 235.

④ Fama E F. "Agency Problems and the Theory of the Firm"，[J]．The Journal of Political Economy，1980，88（2）：288 - 307.

⑤ DeAngelo H，DeAngelo L. "Proxy Contests and the Governance of Publicly Held Corporations"，[J]．Journal of Financial Economics，1989，23（1）：29 - 59.

⑥ Martin K J，McConnell J J. "Corporate Performance，Corporate Takeovers，and Management Turnover"，[J]．*The Journal of Finance*，1991，46（2）：671 - 687.

有其特殊性，而在欧美国家，文化产业与其他产业并没有多大区别，也正是这个原因，国外专门针对这一产业的研究成果非常少见。

第五节 研究思路与本书结构

一 研究思路

首先，本书对经营者激励与约束机制研究的相关文献进行回顾和评析，指出要发现经营者激励与约束机制的不足，必须以企业所在行业为研究对象，其结论才具备应用价值，从而引出研究文化产业经营者激励与约束机制的重要性和必要性。

其次，本书综合运用博弈论、委托代理理论等对上市公司经营者的激励与约束机制进行理论分析，结合文化产业的特点提出有关研究假设。

再次，本书以2011~2013年文化传播产业上市公司为样本，在剔除部分数据异常和缺失的样本公司后获得96组面板数据，通过统计分析方法对理论分析提出的研究假设进行检验。

最后，本书将检验结果与理论分析进行对比，找出文化传播产业上市公司经营者激励与约束机制的不足之处，提出改进建议。

二 本书结构

全书结构安排如图1-1所示。

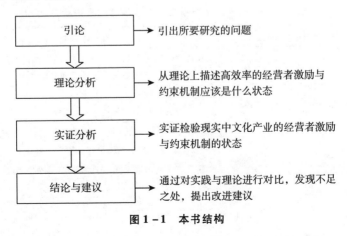

图 1-1 本书结构

第二章　文化产业上市公司现状

第一节　文化产业上市公司选择标准

"文化产业"（Cultural Industries）概念最早于 20 世纪 40 年代由德国法兰克福学派学者霍克海默和阿多诺提出，当时被称为"文化工业"。但是，文化产业长期以来并没有一个统一的概念，在各个国家都有不同的理解，在这种情况下，联合国教科文组织最早建立了文化产业分类标准，制定了统计框架，并于 1993 年做了进一步修正。联合国教科文组织的统计框架把文化产业定义为以艺术创造表达形式和遗产古迹为基础而引起的各种活动和产出，具体包括文化遗产、出版印刷、音乐、表演艺术、视觉艺术、音频媒体、视听媒体、社会文化活动、体育和游戏、环境和自然十大类。这一概念和分类标准成为规范各国文化产业统计工作的指导性文件，不同国家和组织文化产业的名称及内容分类如表 2-1 所示。

表 2-1　不同国家和组织文化产业的名称及内容分类

国家或组织	名称	内容与分类
联合国教科文组织	文化产业	文化遗产、出版印刷、音乐、表演艺术、视觉艺术、社会文化活动、体育和游戏、环境和自然等十大类
美国	版权产业	文化艺术业（表演艺术、艺术博物馆）、影视业、图书报刊、出版业等
加拿大	文化创意产业	信息和文化产业（影视、互联网、信息业）、娱乐和消遣（演艺、体育、古迹遗产机构、游乐、娱乐业）
澳大利亚	创意产业	自然遗产、艺术（文学和印刷、音乐创作和出版、广告设计、广播和电影）和其他文化娱乐等
法国	文化产业	文化建设、文化设施管理、图书出版、电影、旅游业
德国	文化创意产业	音乐、图书、艺术和电影、广播、表演艺术、设计等

续表

国家或组织	名称	内容与分类
英国	创意产业	影视、音乐、出版、互动休闲软件、软件等十三类
日本	娱乐观光业	电影、音乐、游戏软件、观光旅游、艺术设计等
韩国	文化内容产业	影视、广播、动漫、游戏、卡通形象、演出、文物等
印度	娱乐和媒介产业	电视业、电影业、广播业、唱片业和出版业

　　文化产业的概念直接影响着文化产业的发展状况，我国在 2004 年制定了《文化及相关产业分类》，将文化及相关产业概念界定为：为社会公众提供文化、娱乐产品和服务的活动，以及与这些活动有关联的活动集合。根据这一概念，文化产业分为三个层面：核心层、外围层、相关层。其中核心层包括新闻服务、出版发行和版权服务、广播电视电影服务、文化艺术服务四个行业大类；外围层包括网络文化服务、文化休闲娱乐服务、其他文化服务三个行业大类；相关层包括文化用品设备及相关文化产品的生产、文化用品设备及相关文化产品的销售两个行业大类。文化产业核心层和外围层是文化产业的主体，相关层是文化产业的补充。《文化及相关产业分类》虽然对文化产业的概念做了界定，并对产业进行初步分类，但由于概念比较模糊宽泛，导致文化产业所属门类众多，企业之间差别很大，尤其是相关层把文化产品和文化设备制造业也纳入进来，这样的企业实际上亦可归入制造业。在《文化及相关产业分类》基础上，《国家"十一五"时期文化发展规划纲要》（以下简称《纲要》）将影视制作业、出版业、发行业、印刷复制业、广告业、演艺业、娱乐业、文化会展业、数字内容和动漫产业列为九个重点发展的文化产业门类。《纲要》确立了文化产业所包括的主要行业，这些行业成为文化产业的主要构成部分。

　　从上市公司的层面来说，中国证监会 2001 年出台的《上市公司行业分类指引》中，L 类为传播与文化产业，包括了出版业、声像业、广播电影电视业、艺术业、信息传播服务业、其他传播文化产业等，这个分类与国家统计局《文化及相关产业分类》中所指的文化产业是比较接近的。2012 年 10 月，中国证监会修订的《上市公司行业分类指引》中，不再出现传播与文化产业一项，新出现了 R 文化、体育和娱乐业，其中包括新闻和出版业、广播、电视、电影和影视录音制作业、文化艺术业、体育、娱乐等。同时信息传播业归入 I 信息传输、软件和信息技术服务业，广告业则归入 L 租赁和商务服务业。对于文化产品与设备制造的企业，证监会将其归入文教、工美、体育和娱乐用品制造业。由于证监会的分类方法是以上市公司营业收入等财务数据为主要分类标准和依据，因此，在分类当中，会出现与其他统计口径不一致的问题。

本书在文化产业上市公司选择标准上，综合考虑了国家统计局《文化及相关产业分类》和中国证监会《上市公司行业分类指引》，同时为了避免文化产业概念宽泛所带来的"泛文化产业"问题，本书将只限于对文化产业的核心层和文化产业的重点门类，即新闻、出版、广播电视、广告、网络文化服务等行业进行研究。对于文化产业相关层和部分外围层公司，如珠江钢琴、姚记扑克、齐心文具等文化产品生产类上市公司，暂不列入本书研究范围。经过对上市公司的主营业务分析，本书选择表 2 - 2 中的36 个文化产业公司①为研究对象。

表 2 - 2　文化产业上市公司

公司名称	股票简称	所属行业
北京赛迪传媒投资股份有限公司	ST 传媒	新闻出版业
成都博瑞传播股份有限公司	博瑞传播	新闻出版业
北方联合出版传媒（集团）股份有限公司	出版传媒	新闻出版业
中原大地传媒股份有限公司	大地传媒	新闻出版业
凤凰出版传媒股份有限公司	凤凰传媒	新闻出版业
华闻传媒投资集团股份有限公司	华闻传媒	新闻出版业
时代出版传媒股份有限公司	时代出版	新闻出版业
天舟文化股份有限公司	天舟文化	新闻出版业
安徽新华传媒股份有限公司	皖新传媒	新闻出版业
上海新华传媒股份有限公司	新华传媒	新闻出版业
长江出版传媒股份有限公司	长江传媒	新闻出版业
浙报传媒集团股份有限公司	浙报传媒	新闻出版业
中南出版传媒集团股份有限公司	中南传媒	新闻出版业
中文天地出版传媒股份有限公司	中文传媒	新闻出版业
广东广州日报传媒股份有限公司	粤传媒	新闻出版业

---

① 由于上市公司年报所限，本书剔除 2014 年以后上市的公司。

公司名称	股票简称	所属行业
吉视传媒股份有限公司	吉视传媒	广播影视业
北京华录百纳影视股份有限公司	华录百纳	广播影视业
华数传媒控股股份有限公司	华数传媒	广播影视业
湖南电广传媒股份有限公司	电广传媒	广播影视业
华谊兄弟传媒股份有限公司	华谊兄弟	广播影视业
中视传媒股份有限公司	中视传媒	广播影视业
深圳市天威视讯股份有限公司	天威视讯	广播影视业
北京歌华有线电视网络股份有限公司	歌华有线	广播影视业
北京光线传媒股份有限公司	光线传媒	广播影视业
陕西广电网络传媒（集团）股份有限公司	广电网络	广播影视业
湖北省广播电视信息网络股份有限公司	湖北广电	广播影视业
浙江华策影视股份有限公司	华策影视	广播影视业
上海新文化传媒集团股份有限公司	新文化	广播影视业
北京蓝色光标品牌管理顾问股份有限公司	蓝色光标	广告与网络文化服务
广东省广告股份有限公司	省广股份	广告与网络文化服务
北京华谊嘉信整合营销顾问集团股份有限公司	华谊嘉信	广告与网络文化服务
广东奥飞动漫文化股份有限公司	奥飞动漫	广告与网络文化服务
深圳中青宝互动网络股份有限公司	中青宝	广告与网络文化服务
百视通新媒体股份有限公司	百视通	广告与网络文化服务
乐视网信息技术（北京）股份有限公司	乐视网	广告与网络文化服务
人民网股份有限公司	人民网	广告与网络文化服务

第二节　文化产业上市公司概况

一　新闻出版业上市公司

1. 北京赛迪传媒投资股份有限公司

北京赛迪传媒投资股份有限公司的前身是海南一家房地产公司，该公司是在1988年11月成立的海南国际房地产发展有限公司的基础上进行改组创立的股份有限公司。1992年12月8日，公司A股股票在深圳证券交易所挂牌交易，股票简称"港澳实业"，主营业务为房地产业。2000 年 9 月 27 日，工业和信息化部计算机与微电子发展研究中心受让国邦集团有限公司持有的"港澳实业"的法人股，成为公司第一大股东。于同年将公司更名为北京赛迪传媒投资股份有限公司，主营业务由房地产变更为资讯科技、信息媒体产业。2006 年 10 月，由于公司未完成股改被冠以"ST 赛迪"。2010 年 4 月，公司因 2008 年、2009 年连续两年净利润为负，被深圳证券交易所实行退市风险警示特别处理，改为"*ST 传媒"。2011 年 5 月，因 2010 年公司经营状况改善，实施其他特别处理改为"ST 传媒"，2013 年再次被实行退市风险警示"*ST 传媒"。公司当前业务主要为平面媒体业务和会议活动业务，以《中国计算机报》《数字时代》《和谐之旅》等媒体为依托，重点发展跨媒体、跨领域的增值服务业务，同时积极利用网络、微信、微博等新媒体渠道，加强与客户、读者的互动，提升对受众服务水平与品牌影响力，加强向互联网、新媒体业务的探索与转型。目前，公司正处于转型探索期，在稳定平面媒体业务的基础上，开始涉足影视剧市场，实现从平面媒体集团向综合性传媒集团的转型，另外，通过加强资本运作，实现从单一产品经营向产品经营与资本经营相结合的模式转型。

2. 成都博瑞传播股份有限公司

成都博瑞传播股份有限公司原名"四川电器股份有限公司"，1995 年 11 月 15 日，公司流通股在上海证券交易所正式挂牌上市。1999 年 7 月 28 日，成都博瑞投资控股集团有限公司受让原成都市国有资产管理局持有的本公司股份中 27.65% 的股份，成为本公司的第一大股东。2000 年 1 月 21 日，四川电器更名为"成都博瑞传播股份有限公司"。成都博瑞投资控股集团有限公司入主四川电器后，进行了一系列资产重组，1999 年 9 月，博瑞传播收购成都商报发行投递广告有限公司 93% 的股份，成为其控股股东。2001 年 8 月，博瑞传播投资组建四川博瑞广播电视广告传播有限公司，随后，通过资产置换获得成都博瑞广告有限公司 80% 的股权，控股博瑞广告。2001 年 11 月，博瑞传播进行重大资产置换，将成都博瑞印务有限公司 100% 的股权划归博瑞传播。一系列的资产重组后，四川电器的主营业务逐步由原电器生产与销售业务转向广告、印刷、发行及投递、配送业务及信息传播相关业务。2006 年，公司确立了"传统媒体运营服务商、新兴媒体内容提供商、文化产业战略投资者"的发展战略，并在此基础上，坚持"发展产业链上的项目优先投资、优先整合，既能产品经营又能资本经营的项目优先投资、优先整合，有优秀经营团队的项目优先投资、优先整合"的三个优先原则，充分利用公司在传媒产业方面所具有的品牌优势、人才优势、资源优势，有效运用资本市场的再融资功能，通过兼并、控股、参股等资本运营手段，迅速将公司建设成为跨媒体、跨地区发展的实力雄厚、管理一流、国内领先的大型媒体经营集团。目前博瑞传播旗下有 30 家子（分）公司及多家参股公司，在西部地区是最大的广告代理商、最大的报刊印刷企业、最具实力的投递零售网络及配送平台，也是西部地区著名的游戏开发运营商。公司在传统媒体领域已经开发出完整的经营服务价值链。随着新媒体业务进一步拓展，公司由传统媒体向新媒体领域的升级转型正在稳步推进，并重点向互联网游戏领域加速发展。

3. 北方联合出版传媒（集团）股份有限公司

北方联合出版传媒（集团）股份有限公司，原名"辽宁出版传媒股份有限公司"，成立于 2006 年 8 月 29 日，是由辽宁出版集团有限公司、辽宁电视台广告传播中心作为发起人，以发起方式设立的股份有限公司。2007 年 12 月 21 日在上海证券交易所上市，是国内第一家实现编辑业务和经营业务整体上市的出版企业，公司股票简称"出版传媒"。2009 年 1 月，公司由"辽宁出版传媒股份有限公司"变更为"北方联合出版传媒（集团）股份有限公司"。公司主营业务涵盖图书、期刊、电子出版物、音像制品、其他印刷品等文化传媒产品的编辑、出版、发行和市场运作，经营范围还包括印刷物资购销、版权贸易和对外出版、发行、印刷贸易，互联网出版、发行、广告、会展、文化服务，境内外投资、资产管理与经营等业务。所属企业在全国同行业均具有很强实力和很高知名度。近些年，公司充分发挥在资本市场上取得的先机，开拓创新，稳健经营，规范运作，科学管理，使资本和产业发展形成良性互动，不断增强核心竞争力，实现由产业经营向资本运营的跨越。公司以资本运作方式，跨地区、跨媒体对相关出版媒体和业务，以及其他有效出版资源和文化产业资源进行整合、重组、收购与兼并等，投入开发数字出版的有关项目，实现由单一纸介质传媒向跨地区、跨行业的综合媒体转变；由以书养书的原始积累增长方式向战略投资者转变；由内生性增长向内生性增长与外延性扩张相结合的发展方式转变。

4. 中原大地传媒股份有限公司

中原大地传媒股份有限公司前身是河南出版集团，2007 年 12 月，河南出版集团整体进行事转企改制，成立国有独资公司——中原出版传媒投资控股集团有限公司，河南省国资委行使出资人的权利。2010 年将传媒业务注入上市公司 ST 鑫安，2011 年成功登陆深圳证券交易所。中原大地传媒股份有限公司是河南省唯一的文化上市企业，也是河南省最大的文化产业集团。公司所属企业积累了丰富的资源储备及品牌优势，大象出版社的文献集成，中州古籍出版社的古籍整理、方志出版，河南文艺出版社的长篇历史小说出版，河南美术出版社的书法美术出版，海燕出版社的少儿出版，河南科技出版社的生物科学、休闲手工出版等在全国出版界都有较强影响力。

公司主要业务：从事对新闻、出版、教育、文化、广播、电影、电视节目等进行互联网信息服务；国内广告策划、代理、制作、发布；媒体运营策划、平面设计制作；电子网络工程；对图书、期刊、报纸、电子出版物、音像制品、网络出版物、新兴媒体、框架媒体和其他媒介产品的编辑、印制、发行进行经营管理；对版权贸易，中小学教材出版租赁、印刷发行，大中专教材研发进行经营管理；资产管理、资本运营、实业投资；文化创意、策划；技术服务；承办展览展销。

5. 凤凰出版传媒股份有限公司

凤凰出版传媒股份有限公司的前身为江苏省新华书店集团有限公司，集团公司成立于 1999 年 4 月 2 日，并于 2009 年 6 月 30 日采取整体变更方式设立江苏凤凰新华书业股份有限公司。2010 年江苏凤凰出版传媒集团有限公司以出版主业资产的方式向江苏凤凰新华书业股份有限公司增资。2010 年 12 月 28 日，公司更名为"江苏凤凰出版传媒股份有限公司"，主营业务为图书出版物及音像制品的出版、发行及文化用品销售。凤凰传媒辖全资子公司 85 家、控股子公司 26 家、参股公司 11 家，拥有销售网点 856 个，网点规模和数量居全国同行第一；所属出版机构有 6 家出版社进入中国百佳出版社行列，被评为国家一级出版社；拥有技术先进、规模巨大、全国一流的物流配送中心。公司控股方凤凰出版传媒集团是我国规模最大、实力最强的文化产业集团之一，总体经济规模和综合实力评估连续多年保持全国第一。2012 年公司被评为全国文化体制改革先进单位，并连续 5 年入选"全国文化企业 30 强"，主要经济指标位列 30 强之首。被国际出版咨询公司评为"全球出版业 50 强"，排名第 23 位。

6. 华闻传媒投资集团股份有限公司

华闻传媒投资集团股份有限公司的前身是海南石化煤气公司。1997年7月29日在深圳证券交易所上市，公司名称为"海口管道燃气股份有限公司"。1998年7月，公司更名为"海南民生燃气（集团）股份有限公司"。2006年，公司实施战略重组，相继收购了深圳证券时报传媒有限公司84%的股权和陕西华商传媒集团有限责任公司61.25%的股权，将公司业务从单一的燃气领域向传媒领域进行了拓展，使公司成为一家大型报业上市公司。2006年11月1日，公司名称由"海南民生燃气（集团）股份有限公司"变更为"华闻传媒投资股份有限公司"。2008年2月20日，公司名称由"华闻传媒投资股份有限公司"变更为"华闻传媒投资集团股份有限公司"。2011年以来，公司增资国广东方网络（北京）有限公司44.18%的股权，收购北京国广光荣广告有限公司100%的股权，购买陕西华商传媒集团有限责任公司38.75%的股权及其8家附属公司的少数股东权益和北京澄怀科技有限公司100%的股权，收购国视通讯（上海）有限公司100%的股权，购买天津掌视亿通信息技术有限公司100%的股权、上海精视文化传播有限公司60%的股权、广州市邦富软件有限公司100%的股权、广州漫友文化科技发展有限公司85.61%的股权。公司主营业务包括报刊经营、广播广告、留学服务、手机视频、漫画动漫、楼宇广告、舆情监测、燃气经营等业务。公司通过近两年的重组，基本实现"全媒体、大文化"的战略定位，形成了一个覆盖用户主要生活和工作场景的立体多样、融合发展的现代传播体系。

7. 时代出版传媒股份有限公司

时代出版传媒股份有限公司的前身是科大创新股份有限公司，成立于1999年12月12日，2002年科大创新在上海证券交易所挂牌上市。2008年9月18日，经中国证监会正式批复核准，安徽出版集团以其所持有的出版、印刷等文化传媒类资产，认购科大创新定向发行股份，成为上市公司第一大股东，在全国率先以出版业务整体上市。科大创新的主营业务由电子信息、光电一体化、环保化工等转变为出版传媒、印刷复制以及与其密切相关的高新科技研发与成果转化，公司更名为"时代出版传媒股份有限公司"，主要从事教材教辅、图书、期刊的出版、发行、印刷和光盘复制等出版传媒业务以及电子信息工程等高科技业务，并积极向数字出版、网络出版、影视出版等新媒体出版形态拓展。目前，公司拥有全资或控股子公司 18 家，分别为安徽人民出版社、安徽科学技术出版社、安徽教育出版社、安徽文艺出版社、安徽少年儿童出版社、安徽美术出版社、黄山书社、时代新媒体出版社、北京时代华文书局、安徽画报社、安徽旭日光盘有限公司、安徽新华印刷股份有限公司、安徽省出版印刷物资有限公司、安徽时代出版发行有限公司、安徽时代创新科技发展有限公司、时代出版传媒投资研发中心（上海）有限公司、时代国际出版传媒（上海）有限公司、合肥时代教育职业培训学校。

8. 天舟文化股份有限公司

天舟文化股份有限公司 2003 年创立于湖南长沙，原名为"湖南天舟科教文化拓展有限公司"，公司完成股份制改造后更名为"湖南天舟文化股份有限公司"，2010 年在深圳证券交易所创业板上市，股票简称"天舟文化"，是我国出版发行业第一家民营上市公司，被誉为"中国民营出版传媒第一股"。2011 年 9 月，公司正式更名为"天舟文化股份有限公司"。天舟文化股份有限公司创立期主营业务为青少年图书的策划发行、教育信息化产品等，2014 年上半年以 12.54 亿元成功并购重组知名手机游戏企业——北京神奇时代网络有限公司，使公司由一家传统出版发行企业华丽转身为横跨不同文化业态、致力打造"线上游戏、线下图书"新模式的综合性文化企业。截至 2014 年 9 月，公司拥有总资产 18.08 亿元，净资产 17.08 亿元。经营范围包括图书、报纸、期刊、电子出版物总发行；文化用品、办公用品、文教科研仪器、工艺品、文化艺术品销售；电化教学仪器智能化综合布线；设计、制作、发布户外广告；文化项目策划；书刊项目的设计、策划；著作权代理；教育、教学软件及信息系统开发；教育咨询等。

9. 安徽新华传媒股份有限公司

安徽新华传媒股份有限公司的前身为安徽省新华书店，成立于 1952 年。2002 年 9 月，经中共安徽省委、安徽省人民政府同意和中宣部、新闻出版总署批准，在原安徽省新华书店、安徽省外文书店基础上成立安徽新华发行集团有限公司；2008 年 2 月 24 日，原安徽新华发行集团有限公司整体改制为安徽新华传媒股份有限公司。2010 年 1 月 18 日，安徽新华传媒股份有限公司在上海证券交易所上市，股票简称"皖新传媒"，成为全国出版发行业主板首发上市"第一股"。公司注册资本 9.1 亿元，主要从事出版物发行、文化消费、教育服务、音像出版、广告传媒等，积极拓展现代物流、数字发行、股权投资等新兴行业，拥有安徽新华教育服务总公司、安徽新华图书音像连锁有限公司、皖新网络科技有限公司、安徽皖新物流股份有限公司、安徽皖新金智教育科技有限公司、安徽新华电子音像出版社、安徽华仑新媒体传播有限公司、江苏大众书局图书文化有限公司8个专业子公司和安徽省16个省辖市子公司及其所属63个县（市、区）分公司，形成了覆盖全省城乡、完整的出版物分销体系。根据2013年7月国家新闻出版广电总局发布的《新闻出版产业分析报告》，皖新传媒总市值位居26家内地上市的出版发行和印刷公司第四，居4家发行上市公司第一。

10. 上海新华传媒股份有限公司

上海新华传媒股份有限公司的前身为上海时装股份有限公司、华联超市股份有限公司。1993年10月，上海时装股份有限公司向社会公众公开发行普通股股票2000万股，公司股票于1994年2月4日在上海证券交易所上市交易，股票简称"时装股份"，股票代码为600825。2000年7月，公司原控股股东华联（集团）有限公司将其所持有的本公司51425082股国家股转让给上海华联商厦股份有限公司，并受让其所持有的上海华联超市公司100%的股权，公司更名为"华联超市股份有限公司"。2006年9月，上海新华发行集团有限公司受让本公司股份118345834股（占总股本的45.06%），成为公司第一大股东，经过资产置换，公司主营业务由原来的经营连锁超市变更为经营文化传媒，公司名称变更为"上海新华传媒股份有限公司"。2008年1月，公司完成定向增发，解放日报报业集团、上海中润广告有限公司分别以其传媒类经营资产认购公司124367268股股份。定向增发后，新华传媒在以图书发行业务为主业的基础上，增加报刊经营、报刊发行、报刊广告代理等业务，打造完整的平面媒体经营产业链，进一步提高了新华传媒在平面媒体经营领域的竞争实力，实现在平面媒体经营领域的发展战略。

上海新华传媒股份有限公司目前已形成图书发行、报刊经营、广告代理、电子商务及传媒投资等业务板块。其中，公司所属的新华连锁是上海地区唯一使用"新华书店"集体商标的企业，在全市拥有大型书城、中小型新华书店门市等大、中、小不同类型的直营网点近150家，拥有中小学教材的发行权，图书零售总量占上海零售总量的65%以上；公司拥有《新闻晚报》《申江服务导报》《房地产时报》《人才市场报》《I时代报》《上海学生英文报》等多家知名报纸的独家经营权；公司下属的上海中润解放传媒有限公司是《解放日报》《新闻晨报》《申江服务导报》等报纸的广告总代理商，在业界被誉为"媒体品牌管家"。

11. 长江出版传媒股份有限公司

长江出版传媒股份有限公司是湖北长江出版集团有限公司的控股子公司，于 2012 年借壳上海华源企业发展股份有限公司上市。上海华源企业发展股份有限公司于 1996 年 10 月 3 日在上海证券交易所上市。后因公司无力清偿到期债务，债权人上海香榭里家用纺织品有限公司于 2010 年 7 月 12 日向上海市第二中级人民法院申请对公司进行破产重整。2010 年 11 月 1 日，上海青云阁拍卖有限责任公司对中国华源集团有限公司和上海华源投资发展（集团）有限公司持有限售流通股进行附条件的整体拍卖。买受人湖北长江出版传媒集团有限公司以总价 987.8 万元取得 ST 源发 1.93 亿股限售股，成为第一大股东。公司于 2011 年 12 月底前完成了重大资产重组及资产交割工作，控股股东由中国华源集团有限公司变更为湖北长江出版传媒集团有限公司。2012 年 1 月，上海华源企业发展有限公司更名为"长江出版传媒股份有限公司"，公司主营业务由纺织业转型为出版传媒业。2012 年 3 月 26 日，公司股票简称由"ST 源发"变更为"长江传媒"，标志着长江出版传媒股份有限公司正式登陆资本市场，成为湖北文化传媒"第一股"。目前，长江出版传媒股份有限公司拥有 15 家全资子公司，拥有书、报、刊、网、音像、电子等多介质出版业务，拥有出版、印制、发行、版权贸易全流程业务，并逐步向影视、动漫、网游、文化服务、地产物业等领域拓展。

12. 浙报传媒集团股份有限公司

浙报传媒集团股份有限公司系借壳上市公司，于 2011 年 9 月完成对上海白猫股份有限公司的借壳重组。2011 年 9 月 22 日，公司名称变更为"浙报传媒集团股份有限公司"，主营业务由牙膏产品销售、精细化工原料销售、复合管销售、配制香精销售、口腔护理变更为设计、制作、代理、发布国内各类广告，实业投资，新媒体技术开发，经营进出口业务，工艺美术品、文化用品、办公用品的销售，企业管理咨询，会展服务。浙报传媒集团股份有限公司是中国第一家媒体经营性资产整体上市的报业集团，也是浙江省第一家上市的国有文化企业，公司实际控制人为浙江日报报业集团，主要从事代理浙报集团旗下《浙江日报》《钱江晚报》等一系列报纸、杂志的广告、发行、印刷及媒体业务。2013 年，公司实施了对杭州边锋和上海浩方的跨媒体、跨业态收购，快速切入新媒体领域，整合传统媒体和新媒体在用户、渠道、广告客户等方面的资源优势，通过协同效应，实现公司由传统媒体经营向跨媒体、跨业态经营的快速转型和跨越式发展，积极打造全媒体产业价值链，向互联网时代的枢纽型传媒集团转型升级。

13. 中南出版传媒集团股份有限公司

中南出版传媒集团股份有限公司原名"湖南天闻出版传媒股份有限公司"，是由湖南出版投资控股集团重组改制并联合旗下全资子公司湖南盛力投资有限责任公司共同发起设立的股份有限公司，成立于 2008 年 12 月 25 日，现有注册资本 17.96 亿元。2010 年 10 月 28 日，中南传媒在上海证券交易所挂牌上市，成为我国第一只全产业链整体上市的出版传媒股。中南传媒经营业务涵盖图书、报纸、期刊、音像、电子、网络、动漫、电视、手机媒体、框架媒体等多种媒介，集编辑、印刷、发行各环节于一体，是典型的多介质、全流程、综合性出版传媒集团，形成了出版、印刷、发行、报刊、新媒体五大产业格局。中南出版传媒集团股份有限公司按照"国际化视野、产业化目标、专业化水准"的战略思路，近年来推动"走出去"工作"从争形象到做市场、从争数量到争质量"的转变，国际化运营程度逐步提高，参与国际竞争能力不断增强。公司目前下辖 20 家子公司，以"全流程、多介质"为特色，拥有编、印、发、供完整的出版产业链条，涵盖图书、报纸、期刊、网站、手机媒体、框架媒体、电台等多介质媒体，综合实力排名居全国出版集团第二，全国文化企业前三。2013 年公司增资控股中央级出版社——民主与建设出版社。2014 年成立湖南出版投资控股集团财务公司，成为中国文化行业首家财务公司。未来，中南传媒将大力实施传播数字化、业态市场化、品牌集群化、经营国际化、运营资本化、管理标准化六大战略，努力打造成为世界知名的信息服务和传播解决方案提供商、华文全媒介内容运营商、重要的文化产业战略投资者。

14. 中文天地出版传媒股份有限公司

中文天地出版传媒股份有限公司系借壳江西鑫新实业股份有限公司重组上市的。江西鑫新实业股份有限公司于 2002 年在上海证券交易所上市，公司主营业务为客车制造、铜材加工等产品的生产与销售。2010 年 8 月，江西信江实业有限公司出售 4000 万股份给江西省出版集团公司，鑫新股份控股股东由信江实业变更为江西省出版集团公司，持股 21.33%。2010 年 12 月 21 日，鑫新股份通过非公开发行股票的方式向江西省出版集团购买其出版文化传媒类主营业务资产及其下属企业股权，发行后江西省出版集团持股比例为 74%。2010 年 12 月 7 日，公司名称由"江西鑫新实业股份有限公司"更名为"中文天地出版传媒股份有限公司"。中文天地出版传媒股份有限公司是江西省出版集团控股、以主营业务整体借壳上市的多媒介全产业链的大型出版传媒公司。公司主营业务涵盖图书编辑出版、报刊传媒、印刷发行、现代物流、新媒体和互联网出版、影视剧生产、国际贸易、艺术品经营和文化综合体等业态。公司高度重视出版主业，拥有 7 家全资出版社，控股中国和平出版社，参股江西高校出版社。公司积极进军新媒体、数字出版领域，在组建江西新媒体出版有限公司的同时，并购重组了江西中文传媒手机台有限公司、北京百分在线信息技术有限公司等，加快数字出版运营和销售渠道的布局。未来，公司将按照"创新发展、优质发展、加快发展，打造全国领先的现代文化产业集团"的发展战略，大力推进管理升级、机制体制创新和转型升级，加快并购重组步伐。通过夯实经营质地，重构商业模式，形成价值链条，使传统出版发行主业得到巩固提高，稳健提升。

15. 广东广州日报传媒股份有限公司

广东广州日报传媒股份有限公司的前身是清远建北大厦股份有限公司，成立于 1992 年 12 月。2000 年，广州日报社全资子公司广州大洋文化传讯有限公司受让公司 36.79% 的股权，成为公司第一大股东。2005 年，公司名称变更为"广东九州阳光传媒股份有限公司"。2007 年 11 月，公司成功登陆深圳证券交易所，股票名称简称"粤传媒"。2012 年 7 月，广州日报优质经营性资产整体注入公司完成重组，广东九州阳光传媒股份有限公司名称变更为"广东广州日报传媒股份有限公司"，成为广东省唯一的报业传媒集团整体上市公司。

公司是首家获得中宣部和国家新闻出版总署批准并在中小板上市的报业传媒公司。公司旗下拥有 31 家子公司，4 家分公司，16 家报纸、刊物及 15 家网站，业务涉及广告运营、发行物流、报刊出版、印刷包装，同时重点培育游戏、彩票、电子商务等新媒体业务。公司拥有目前世界上最先进的印刷生产线及亚洲最大的新闻印刷生产规模，并同时具备报纸印刷、商业印刷、包装印刷能力。此外，公司拥有珠三角地区大规模的、高效的、覆盖率高的发行物流网络，2013 年公司开展电商物流配送业务以来，妥投率快速提升至全国前列。借助《广州日报》的品牌价值和上市公司的资本平台，公司坚持"产业化、平台化、移动化、大数据"的"三化一大"发展战略，强调"协同、分享、利他"的企业理念，加快媒体转型、融合的步伐，构筑了一个广告运营、发行物流、报刊出版、印刷包装、互动娱乐、电子商务等多个文化传媒业务板块共生、互生、再生的新型综合传媒集团。

二　广播影视业上市公司

1. 吉视传媒股份有限公司

吉视传媒股份有限公司系由吉林广电网络集团依法整体变更为股份有限公司而设立的。2001 年 4 月，吉林省广播电视信息网部等 35 家单位以货币方式出资 2321 万元，组建了吉林广播电视网络有限责任公司。2009 年 12 月，公司完成股份制改造。2010 年 1 月，吉视传媒股份有限公司成立。2012 年 2 月 23 日，公司登陆上海证券交易所。主营业务包括有线电视业务；广播电视节目传输服务业务；专业频道、付费频道、多媒体数据广播、视音频点播服务业务；电子政务、电子商务、电视购物、远程教育、远程医疗方面的信息及网络传输服务业务；网络广告、网上通信、数据传输、专用通道出租服务业务；广播电视网络、计算机网络等。在全国的省级广电网络整合大潮中，吉视传媒股份有限公司取得先发优势，在东北地区率先实现全省一张网，使吉林省成为有线电视网络整合领先的省份之一，在全省范围内施行统一标准、统一业务、统一经营、统一管理。目前公司依托已有的交互式多媒体服务平台，打造了广播电视基本业务、数字电视增值业务、宽带双向交互业务、集团客户专网业务等主营业务，形成了业务种类丰富、覆盖范围广、服务层次全面的业务体系。目前，公司在北京和吉林省设立了 4 个控股子公司，50 个分公司。建成了覆盖全省的智能光缆网络，总长度为 59082.86 皮长公里，其中国家光缆干线网络 400 皮长公里，省级光缆干线网 7400 皮长公里，分配网光缆长度为 51282.86 皮长公里，全省电缆分配网总长度为 144544.66 皮长公里。

2. 北京华录百纳影视股份有限公司

北京华录百纳影视股份有限公司的前身系北京华录百纳影视有限公司，公司成立于 2002 年。2010 年 8 月，由原北京华录百纳影视有限公司股东华录文化产业有限公司、上海睿信投资管理有限公司、上海尚理投资有限公司、刘德宏、邹安琳、吴忠福、陈亚涛作为发起人，依照《公司法》的规定整体变更设立北京华录百纳影视股份有限公司，公司实际控制人是中国华录集团有限公司。中国华录集团是专业从事数字音视频领域技术研究、软硬件应用开发和信息文化产业，是中央企业中唯一主业涵盖文化产业的大型企业集团。北京华录百纳影视股份有限公司主要从事影视制作、内容营销、媒介代理等业务，公司于2012年2月9日在深圳证券交易所正式挂牌上市，股票简称"华录百纳"。华录百纳秉承资源整合与锐意创新并重的运营理念，致力于影视机构联合策划、投资、制作、发行及艺员经纪方面的开拓，着力打造具有深厚文化内涵和强大影响力的影视作品。公司拥有良好的制作、媒体和客户资源，已经形成以电视媒体为核心、电影业务为突破点和战略方向、兼顾新媒体等多种媒体形式的传媒产业链综合布局。上市几年来，华录百纳已聚集了大量高端强势的行业资源，出品了一系列具有较高美誉度和商业价值的影视作品。目前，华录百纳不仅着眼于以规模化占据市场份额，更力图以影响力强大的作品引领市场发展。

3. 华数传媒控股股份有限公司

华数传媒控股股份有限公司是华数数字电视传媒集团有限公司旗下专业从事数字电视网络运营与新媒体发展的运营企业。2012年8月，华数传媒的股东以其所持100%的股权价值认购了上市公司浙江嘉瑞联合新材料集团股份有限公司的定向增发股份，将华数传媒整体注入上市公司。2012年10月10日，浙江嘉瑞联合新材料集团股份有限公司名称变更为"华数传媒控股股份有限公司"，于2012年10月19日正式登陆深圳证券交易所主板市场，证券简称"华数传媒"，是国内证券市场上第一个兼具有线电视网络运营和新媒体全业务运营的公司。

华数传媒控股股份有限公司主营杭州地区八区五县（市）有线电视网络节目内容传输业务及包括互动电视、互联网电视、手机电视和互联网视听等在内的新媒体、新业态业务。作为杭州地区有线电视传输运营公司，华数传媒的有线电视业务以及互动电视业务具有一定的垄断性、稳定性特点，具备突出的地域垄断优势，为公司发展提供了稳定收益；而全国范围内的互动电视、手机电视以及互联网电视业务具有广阔的发展空间。

华数传媒积累了丰富的网络资源、内容资源和应用资源，积极探索在

"新媒体、新通信、新信息化应用"领域的跨越式发展。华数传媒将"家庭信息化的终端、城市信息化的综合平台"作为数字电视发展的定位，在技术、应用、服务等方面不断创新，努力将数字电视打造成"娱乐电视、信息电视、通信电视、商务电视"。同时，华数传媒积极推进"电视媒体、网络媒体、移动媒体"全媒体发展，不断拓展"数字电视广播与交互的融合、数字电视与互联网的融合、广播式服务与用户间交换式服务的融合"，将数字电视推向了"下一代广播电视网络（NGB）"的崭新发展阶段。目前华数传媒拥有3G手机电视、互联网电视的全国集成运营牌照或许可授权，是全国最大的互动电视、3G手机电视和互联网电视等综合数字化内容的运营商和综合服务提供商之一，位居全国新媒体和三网融合产业发展的第一阵营。

4. 湖南电广传媒股份有限公司

湖南电广传媒股份有限公司原名为"湖南电广实业股份有限公司"，湖南电广实业股份有限公司由湖南广播电视产业中心作为主发起人，于1998年12月联合湖南星光实业发展公司、湖南省金帆经济发展公司、湖南省金环进出口总公司、湖南金海林建设装饰有限公司4家企业共同发起成立，控股股东为湖南广播电视产业中心。公司于1999年3月25日在深圳证券交易所上市，被誉为"中国传媒第一股"，在全国树立了广电事业产业化运作的典范。1999年11月，公司更名为"湖南电广传媒股份有限公司"，目前已形成"传媒＋投资"的发展战略，经营范围覆盖有线电视网络运营、创业投资、影视节目内容、广告、旅游酒店等产业，拥有国家级重点实验室和博士后科研流动工作站。公司辖广告、节目、网络三大分公司，依托湖南电视台七大媒体的资源优势，拥有中国数亿的电视受众群体和湖南省200多万户有线电视用户，形成了公司的核心竞争力。公司拥有40多家控股、参股公司，形成了以长沙、北京、上海和深圳为区域中心，辐射全国的业务网络，使公司业务得以持续、健康地发展，经过资本扩张，湖南电广传媒正向跨媒体、跨地域、综合性国际传媒产业集团发展。公司持续寻求资本市场对传媒产业发展的强力支撑，促进公司规模扩张，壮大实力。着力打造完整的产业链，创造核心竞争优势。吸纳、整合传媒产业相关资源，将湖南电广传媒发展成为跨电视媒体、纸质媒体、网络媒体及其他文化传播业、相关产业的大型综合性传媒产业集团。

5. 华谊兄弟传媒股份有限公司

华谊兄弟传媒股份有限公司原名为"浙江华谊兄弟影视文化有限公司",于 2004 年 11 月 19 日正式成立。2006 年 8 月 14 日,公司名称由"浙江华谊兄弟影视文化有限公司"变更为"华谊兄弟传媒有限公司"。2009 年 9 月 29 日,公司向社会公开发行人民币普通股(A 股)4200 万股,公司股票于 2009 年 10 月 30 日在深圳证券交易所正式挂牌交易。王中军、王中磊兄弟是公司的实际控制人。华谊兄弟传媒股份有限公司以及下属控股子公司主要从事电影制作、发行及衍生业务;电视剧制作、发行及衍生业务;艺人经纪服务及相关服务业务;影院投资管理运营业务。公司电影业务形成的主要产品为电影产品,公司电视剧业务形成的产品主要是电视剧作品。艺人经纪及相关服务主要是依托于自身丰富的影视资源和专业管理经验,为影视演艺人才提供专业化的经纪代理服务或者为企业客户提供包含活动策划、艺人聘请、活动组织运作等企业客户所需的以艺人为主体的各类商业活动服务。影院业务主要是进行影院的投资开发、运营和管理等。公司目前已经培养和聚集了一批优秀的影视业人才,打造了较为完善的集影视业及艺人经纪业为一体的产业链,建立了一套行之有效的运营管理机制,积累了一批长期稳定的战略合作伙伴,从而确立了公司在产业链完整性、运营机制完善性、"华谊兄弟"企业品牌、专业人才的培养和储备以及合作伙伴资源丰富性等方面的全方位竞争优势。

6. 中视传媒股份有限公司

中视传媒股份有限公司原名为"无锡中视影视基地股份有限公司",于 1997 年由中央电视台无锡太湖影视城、北京荧屏汽车租赁有限公司、北京中电高科技电视发展公司、北京未来广告有限公司、中国国际电视总公司 5 家法人单位共同发起设立的股份有限公司。公司股票于 1997 年 6 月在上海证券交易所挂牌交易。2001 年 8 月,公司正式更名为"中视传媒股份有限公司"。作为最早一批进入资本市场的国有文化传媒企业,中视传媒经过多年的发展,已逐步形成了影视、旅游、广告三大主营业务齐头并进、协调发展的局面。目前,公司主要从事影视基地开发、经营,旅游,影视拍摄、电视剧节目制作,各类广告经营业务等。近年来,公司在影视剧制作方面坚持精品战略、特色战略,进一步强化影视业务的品牌地位,投资制作实力进一步增强,市场影响力不断扩大,战略转型已初见成效。公司拥有国际一流的全套先进的影视前后期制作设备、雄厚的技术力量和专业的制作团队，是集策划、拍摄、制作、包装于一体的高端专业影视制作公司，全面支持影视节目的前后期全流程业务以及高清数字电影及超高清节目的制作及运营。公司开展影视文化旅游业务由来已久，无锡影视基地是国内建成最早的影视拍摄基地和影视文化主题公园，每年吸引国内外大批游客，是首家获评国家 5A 级旅游景区的影视文化旅游景区、首批国家影视指定拍摄基地和首批全国低碳旅游实验区。在广告业务方面，则通过精心策划新产品、进一步开拓新业务资源等措施，不断谋求新发展。

7. 深圳市天威视讯股份有限公司

深圳市天威视讯股份有限公司于 1995 年 7 月 18 日由深圳有线广播电视台、深圳市鸿波通讯投资开发公司、中国工商银行深圳市信托投资有限公司、深圳深大电话有限公司、深圳市通讯工业股份有限公司及深圳中金实业股份有限公司共同发起设立。2008 年 5 月 26 日，公司在深圳证券交易所挂牌上市。公司主营业务包括有线电视传输、宽带接入业务、区域高速数据互联、数字电视传输及广告等。作为深圳文化产业"第一股"，深圳市天威视讯股份有限公司主要负责深圳地区有线广播电视网络建设、开发、经营和管理，以及有线电视节目的收转和传送，已逐步形成了以传输视频信息和开展网上多功能服务为主，向产业链的上下游渗透，多业务并举的文化产业发展模式。公司拥有多项专利，开发建设了多业务融合平台，通过具有 Wi-Fi 功能的机顶盒或无线 CM，为用户 PC、Pad、手机等多种智能终端提供多屏的电视服务，该平台还将对机顶盒业务与消费电子终端业务进行融合，形成全新的一体化视频服务体系，使用户随时随地可以使用无处不在的视频服务，同时利用业务融合平台开放底层能力资源和认证计费体系，引入各类内容供应商和服务供应商，不断丰富机顶盒的增值业务。此外，公司的高清互动电视业务在全国范围内快速发展，公司控股的天华世纪传媒凭借其拥有的内容资源，进一步巩固其在内容及运营服务上的优势。从未来发展看，天威视讯正以"视音频服务专家"为立足点，向多业务、全业务方向发展，为客户提供高端前沿的视频产品和丰富多彩的融合业务。

8. 北京歌华有线电视网络股份有限公司

1999 年 9 月，北京歌华有线电视网络股份有限公司经北京市人民政府批准成立，由北京歌华文化发展集团、北京青年报业总公司、北京有线全天电视购物有限责任公司、北京广播发展总公司及北京出版社 5 家股东共同发起设立，2001 年 2 月公司在上海证券交易所上市。歌华有线是国内有线网络首家上市公司、国内第一批"三网融合"广电试点企业、北京市第一批文化体制改革试点单位、北京市高新技术企业，目前公司拥有24个部门、15个分公司、6个控股子公司。

北京歌华有线电视网络股份有限公司负责北京市有线广播电视网络的建设开发、经营管理和维护，业务包括广播电视节目收转传送；视频点播；网络信息服务；基于有线电视网的互联网接入服务；互联网数据传送增值业务；国内IP电话和有线电视广告设计、制作、发布等。公司积极推进有线电视向数字化、双向化、高清化发展，致力于将电视机变成家庭多媒体信息终端，全力将高清交互数字电视打造成集政府信息平台、文化共享平台、行业应用平台、便民服务平台、用户娱乐平台于一体的新媒体旗舰。在"三网融合"和"智慧北京"的大背景下，歌华有线充分发挥有线电视网络优势，通过科技创新、业态创新和服务创新，积极发展视频、数据、语音等多种业务，大力推动高清交互、集团数据、个人宽带、歌华飞视、IP电话、多屏融合等多种业务和应用，已经成为首都信息化建设和公共文化服务的重要支撑平台，并逐步实现由单一有线电视传输商向全业务综合服务提供商、传统媒介向新型媒体的战略转型。

9. 北京光线传媒股份有限公司

北京光线传媒股份有限公司是由北京光线传媒有限公司（原名"北京光线广告有限公司"）依法整体变更设立的股份有限公司。北京光线广告有限公司成立于2000年4月24日；2003年4月10日，公司名称由"北京光线广告有限公司"变更为"北京光线传媒有限公司"；2009年8月7日，北京光线传媒有限公司依法整体变更为股份有限公司，公司更名为"北京光线传媒股份有限公司"。2011年8月3日，公司成功在深圳证券交易所创业板挂牌上市。北京光线传媒股份有限公司的主营业务为电视节目制作、发行；影视剧的投资制作、发行；演艺活动及相关服务业务。公司经过10余年的发展，已经成为以规模化娱乐内容生产为主体、以电视节目联供网内容运营为核心、以广告整合营销为手段的国内最大的民营节目制作及运营商之一，电影发行业务跻身国内电影公司的前列，民营电影公司的前三位。公司实现了电视节目、影视剧和演艺活动等娱乐内容资源与广泛的节目发行网络等媒介渠道的良性互动和资源整合。公司的标志"e"成为传媒娱乐界知名的品牌标志，建立了业内颇具影响力的娱乐信息传播平台。公司将通过外部股权收购等方式拓展新媒体渠道，通过股权关系与新媒体建立更为紧密的合作关系，进行产业链延伸。同时，公司还凭借雄厚的品牌优势、管理优势和资源整合能力，为客户提供"一揽子"整合营销方案，提高节目影响力和市场价值，努力发展成为国内一流的电视节目制作和集成运营商。

10. 陕西广电网络传媒（集团）股份有限公司

陕西广电网络传媒（集团）股份有限公司的前身是黄河机电股份有限公司，黄河机电股份有限公司于1994年2月在上海证券交易所上市。2001年，国营黄河机器制造厂将其持有的本公司国有法人股（占总股本的51%）无偿划转给陕西省广播电视信息网络有限责任公司，2001年12月26日，公司更名为"陕西广电网络传媒（集团）股份有限公司"，公司控股股东为陕西广电网络产业集团有限公司，实际控制人为陕西省广播电影电视局。公司是全国首家实现全省广电网络统一规划、统一建设、统一管理、统一运营的省级广电网络公司。经过10多年的创新发展，陕西广电网络传媒集团的业务范围已从原来单一的有线电视传输服务，逐步拓展为包含视音频、信息服务、集团专网、互联网接入、节目运营、股权投资在内的全媒体、多网络、综合性业务。公司拥有"国家广电总局有线数字电视应用技术实验室"和"数字电视终端统一方案联合实验室"两个优秀的新技术新产品孵化平台，吸引了20多个研发机构、生产单位加盟，成功研发了统一方案数字电视终端机顶盒、高清互动数字电视终端机顶盒、NGB接入网综合网管系统、机房动力环境及视频集中监控系统、基于数字电视终端的物联网智能家居管控技术等一批新产品、新技术，科技创新能力在业内处于领先地位。

11. 湖北省广播电视信息网络股份有限公司

湖北省广播电视信息网络股份有限公司系借壳武汉塑料工业集团股份有限公司上市，武汉塑料工业集团股份有限公司于1996年12月10日在深圳证券交易所挂牌上市。2012年11月，公司完成了重大资产重组，正式更名为"湖北省广播电视信息网络股份有限公司"，2012年12月，公司成功借壳上市。公司主营业务包括有线数字电视产业的投资及运营管理；有线数字电视技术的开发及应用；有线数字电视相关产品的研发、生产和销售；设计、制作、代理发布国内各类广告；影视剧、动画片、影视广告、影视专题片的策划、制作等。公司坚持做大做强主业，以数字家庭建设为核心，不断推出满足用户需求的新业务，大力发展增值业务和拓展业务，创造新的盈利增长点。公司拥有覆盖湖北全省的广播电视信息网络，经过近年来的双向化改造，已能承载数字家庭全媒体业务运营，是公司最核心的基础性技术平台。网内可综合开展互联网接入、数据广播、视频点播、数字电视、网络商务、远程教育、远程医疗、网上银行、电视购物等数字家庭综合业务。作为国家"三网融合"试点和下一代广播电视网（NGB）建设试点企业，公司扎实推进"三网融合"试点建设，积极布局下一代广播电视网（NGB）建设，大力推进数字家庭示范小区建设；创新拓展社会综合管理信息平台、平安城市网络项目等政务信息化业务，开发阅读、信息、支付、游戏、购物等基于数字家庭的"三网融合"新业态。

12. 浙江华策影视股份有限公司

浙江华策影视股份有限公司前身为浙江华策影视有限公司，公司成立于 2005 年 10 月。2009 年 3 月，公司名称变更为"浙江华策影视股份有限公司"，公司股票于 2010 年 10 月 26 日在深圳证券交易所挂牌交易，被誉为"中国电视剧第一股"。浙江华策影视股份有限公司是一家以投资、制作、发行影视剧为主营业务的综合性影视传媒集团，经过多年的发展，公司围绕影视剧核心业务，逐步形成了涵盖电影投资制作、影城院线、新媒体、广告开发、艺人经纪、网络游戏及影视基地建设等在内的全产业布局。公司在北京、深圳、香港、台湾 4 地设立办事处，并在国内外拥有金球影业、金溪影视、华策影视国际传媒有限公司等数十家子公司。在产业布局上，公司一方面向上下游或横向延伸自身的产业链，朝全产业链方向发展；另一方面搭建服务影视企业的全产业链型平台，服务于影视产业的资源整合。目前，公司正在积极筹建中国（浙江）影视产业国际合作实验区，它是目前中国唯一一个以影视产业国际交流为导向的国家级影视产业园区，将实施政府主导、企业主体和全球市场配置的全新运作模式，打造涵盖文化研究、创意创作、企业孵化、影视产品传播交易、国际化影视人才培养以及产业投融资及配套服务等在内的六大平台体系，与世界同行共同建设一个类似于好莱坞的影视产业国际化集聚、交流与合作的平台。

13. 上海新文化传媒集团股份有限公司

上海新文化传媒集团股份有限公司是由上海新文化传媒投资集团有限公司整体变更设立的股份公司，上海新文化传媒投资集团有限公司的前身系上海新文化传媒投资有限公司，成立于 2004 年 12 月 30 日，2006 年 9 月公司名称变更为"上海新文化传媒投资集团有限公司"，2010 年 4 月整体变更为股份有限公司。2012 年 7 月公司在深圳证券交易所上市。

公司主要从事影视剧的投资、制作、发行及衍生业务。截至 2014 年初，公司共拥有 8 家子公司及 2 家参股公司。公司定位于精品内容制作和发行，并通过对电视剧、电影的制作，在内容产品的数量上实现了进一步的扩张，通过产业投资实现与内容的有效协同。目前旗下有凯羿影视、上海新文化影业有限公司以及北京分公司，负责电影产品的生产和发行。在产业方面，公司拥有"兰馨·悦立方"影院、惊幻科技发展（上海）有限公司、基于 4K、3D 影视制作的高技术影视特效实验基地。在新媒体发展方面，新文化投资参股移动互联网端的新兴媒体公司哇棒传媒，目前已在全国中小企业股份转让系统板块挂牌。为满足纵横向产业链拓展的资本需要，集团已与赛领资本成立股权投资基金，侧重配合公司进行战略投资、产业链整合。随着高科技的不断创新发展，公司作为内容制作方，以领先的技术为基点，吸收海外先进影视技术，制作国际化文化内容产品，增强了企业的核心竞争力。同时，通过产业链整合及外延扩张，将不同企业之间的内容、渠道、平台进行融合，促进公司在电视剧、电影、高科技技术、延伸产品等各种不同内容形态上的交叉渗透，在内容产业的数量上实现了进一步的扩张，完善了产业链布局。

三　广告与网络文化服务上市公司

1. 北京蓝色光标品牌管理顾问股份有限公司

北京蓝色光标品牌管理顾问股份有限公司的前身是北京蓝色光标数码科技有限公司，成立于 2002 年 11 月。2008 年 1 月，公司名称变更为"北京蓝色光标品牌管理顾问股份有限公司"。2010 年 2 月，公司在深圳证券交易所上市。公司主营业务为公共关系服务及广告服务，其核心业务是为企业提供品牌管理服务，包括广告策划及代理、品牌传播、产品推广、危机管理、活动管理、数字媒体营销、企业社会责任等一体化的链条式服务。作为中国公共关系行业的领军企业，近年来，公司坚持内生性增长和外延式发展并举的业务发展战略，尤其是外延式增长取得较大成绩。公司通过收购兼并的手段，继续完善自身在营销传播产业链的布局，扩大业务规模，已经成功将业务领域拓宽至互联网广告、广告策划、微博营销、财经公关、地产全案策划及会展服务等领域，成功布局广告业务；初步形成了包括广告、公共关系服务和活动管理等增值服务在内的营销传播服务链，实现了公司在营销传播服务行业的战略布局。

2. 广东省广告股份有限公司

广东省广告股份有限公司的前身是广东省广告公司，成立于 1981 年 5 月。2002 年，广告公司实施整体改制更名为"广东省广告有限公司"。2008 年 1 月公司更名为"广东省广告股份有限公司"。2010 年 5 月 6 日，公司在深圳证券交易所挂牌上市，是国内第一家上市的中国广告公司，被称为"中国广告第一股"。公司的主营业务是为客户提供整合营销传播服务，具体包括品牌管理、媒介代理和自有媒体三大类业务。公司作为国内领先的整合营销传播集团，注重产业链上下游的整合，着力提高各业务之间的互融与对接，从而增强客户黏性，提升服务溢价。面对大数据时代的到来，公司研发的"广告数字化运营系统"建设了覆盖 7 大行业、25 个品类，三年样本量超过 20 万个的数据库。数据库作为全作业环节一体化的工具，一方面统一了公司内部的专业语境，提升了工作效率和作业标准；另一方面，公司借助该系统可以最大可能地提高市场竞争力和溢价力，增加客户认可度，进一步挖掘服务价值。公司全面整合与延伸营销传播服务的价值链，坚持"横向补充盈利模式，纵向拓展产业链"的外延式发展战略，先后收购了青岛先锋广告股份有限公司、上海窗之外广告有限公司、合众盛世（北京）国际传媒广告有限公司，投资设立了广东赛铂互动传媒广告有限公司、广州指标品牌管理咨询有限公司，将公司现有的产业链上游竞争优势向下游进一步延伸。

3. 北京华谊嘉信整合营销顾问集团股份有限公司

北京华谊嘉信整合营销顾问集团股份有限公司的前身是北京华谊嘉信整合营销顾问有限公司，成立于 2003 年 1 月。2009 年 5 月，公司整体变更为北京华谊嘉信整合营销顾问股份有限公司。2010 年 4 月 21 日，公司在深圳证券交易所创业板挂牌上市。2011 年 8 月，公司更名为"北京华谊嘉信整合营销顾问集团股份有限公司"。华谊嘉信是本土最大的线下整合营销服务机构之一，也是业内少数具有整合营销传播服务能力的领军企业。通过整合各种营销服务手段，为客户提供从营销策略、创意策划到活动执行的"一站式"营销服务。公司主营业务包括终端营销服务、活动营销服务、媒体传播服务和促销业务等。公司致力于成为"集终端营销、活动营销、互联网营销、促销品营销、广告代理、市场研究于一身的领先的整合营销传播服务集团"，注重行业资源整合，利用资本市场手段，通过兼并、收购等方式开拓新的业务领域和业务模式，打通营销传播全产业链，逐步由线下营销转变为线下线上营销同时进行，开展新媒体、娱乐营销战略布局，实现公司业务的全面发展。公司拥有十几家子公司，在北京、上海、广州、深圳等22个城市设有42个分公司或办事处，通过这些分支机构，公司形成了覆盖全国主要城市的线下营销服务平台，是国内少数具有在全国范围内同时提供线下营销活动的营销服务机构。

4. 广东奥飞动漫文化股份有限公司

广东奥飞动漫文化股份有限公司的前身是澄海奥迪玩具实业有限公司，1997年7月，公司更名为广东奥迪玩具实业有限公司。2007年6月，在原广东奥迪玩具实业有限公司基础上，公司进行整体股份制改造，正式成立了广东奥飞动漫文化股份有限公司。2009年9月，公司股票在深圳证券交易所公开上市。广东奥飞动漫文化股份有限公司的主营业务是动漫影视片制作、发行、授权以及动漫玩具和非动漫玩具的开发、生产与销售、媒体广告的经营，动漫品牌在数量、知名度等方面均排名国内前列。公司坚持"以IP版权内容为核心的，泛娱乐、大文化战略"，打造符合全年龄段需求的产业链，目前已经搭建起大动漫娱乐产业的全产业链运营模式。公司通过并购、参股等方式进入电视、互联网领域，依靠这些媒介资源，公司构建了包括内容推广媒介与营销渠道相结合的产品媒体推广平台，形成了以核心目标受众为中心的立体营销平台，实现了对目标受众的完整覆盖，从而有效地提高了内容产品对目标受众的吸引力，进而转化为相关衍生品的购买力。奥飞动漫通过动漫衍生产品的盈利反哺动漫内容的成长，支持动漫卡通品牌的持续投入，不断打造出深入人心的动漫形象，形成了良性互动的产业结构。

5. 深圳中青宝互动网络股份有限公司

深圳中青宝互动网络股份有限公司的前身为宝德网络，系由宝德科技和信鼎通公司共同投资组建的有限责任公司，公司成立于2003年7月。2008年5月，公司整体变更，设立深圳市中青宝网网络科技股份有限公司。2010年2月11日，公司股票在深圳证券交易所挂牌交易。2010年6月，公司名称变更为"深圳中青宝互动网络股份有限公司"。深圳中青宝互动网络股份有限公司是一家具有自主研发、运营、代理能力的专业化网络游戏公司。公司的主营业务为网络游戏的开发及运营，目前公司网络游戏全部采用主流的FTP盈利模式，该模式下公司的收益来自在网络游戏中向游戏玩家销售虚拟道具。公司运营模式包括公司自主运营、与游戏平台联合运营和分服运营三种。其中，公司自主运营为公司主要运营模式，主要运用 MMO 游戏、网页游戏以及新增的手机游戏。公司根据自身发展情况以及市场环境，制定了"四横一纵"的发展战略，即"客户端游戏业务线""网页游戏业务线""手机游戏业务线""社交平台业务线"，归结为四条平衡的业务体系，称为"四横"。海外业务线则为一条纵向业务线，贯穿于上述"四横"业务线。"四横一纵"的战略布局，是对公司内部资源的整合，强调运营基础模块搭建的长远战略。此外，公司推进"聚宝计划"以及独立品牌的第三方支付服务平台等项目，逐步完善以及优化自身的运营模式，加强公司品牌业务包容力度，构建全产业链的综合服务体系。

6. 百视通新媒体股份有限公司

百视通新媒体股份有限公司的前身系上海广播电视（集团）公司，建立于 1990 年 6 月，由国家一级企业上海电视一厂、上海无线电四厂、上海无线电十八厂，以及国家二级企业上海录音器材厂等 7 个单位组成。1992 年 6 月 1 日改制为上海广电股份有限公司，公司股票于 1993 年 3 月 16 日在上海证券交易所上市交易。2001 年 6 月 28 日，公司更名为"上海广电信息产业股份有限公司"。2011 年，公司实施了重大资产出售、现金及发行股份购买资产暨关联交易。交易完成后，公司更名为"百视通新媒体股份有限公司"，是中国 A 股首家新媒体上市企业。公司的主营业务为网络视听、互联网、游戏等新兴业务，在做大"四屏"（电视、PC、手机、Pad）新媒体业务的同时，公司大力拓展智能电视与互联网产业链，进入家庭游戏娱乐新领域，实现业务崭新布局，目前，公司在 IPTV、家庭游戏娱乐、互联网电视、智能电视机顶盒（OTT）、网络视频电视、手机电视、移动互联网、多媒体舞美与制作、数字媒体平台研发与建设等多个领域开展新媒体全业务运营，在国内率先建设全球领先的"家庭娱乐"产业生态。在内容资源方面，依托上海东方传媒集团（SMG）的资源，百视通拥有领先视频新媒体行业的频道资源优势，通过整合外购优质版权、资源、创意集成，实施"模块化"产品运营战略。百视通目前拥有的体育赛事版权总量位居亚太地区第一，其中每年播出英超、NBA 等赛事超过 2000 场。

7. 乐视网信息技术（北京）股份有限公司

乐视网信息技术（北京）股份有限公司的前身为北京乐视星空信息技术有限公司，成立于 2004 年 11 月。2005 年 7 月，北京乐视星空信息技术有限公司更名为"乐视移动传媒科技（北京）有限公司"。2009 年 1 月，公司名称变更为"乐视网信息技术（北京）股份有限公司"。2010年8月12日公司在中国创业板上市。乐视网是全球第一家IPO上市的视频网站，主要从事基于整个网络视频行业的广告业务、终端业务、会员及发行业务以及其他业务。公司致力于打造垂直整合的"平台+内容+终端+应用"的生态模式，涵盖互联网视频、影视制作与发行、智能终端、大屏应用市场、电子商务、生态农业等方面。公司包含4层架构、9大引擎。9大引擎包含平台层的云视频平台和电商平台；内容层的内容制作和内容运营；终端层的硬件及LetvUI系统；应用层包括Letv Store、视频搜索、浏览器。作为一家基于一云多屏构架、实现全终端覆盖的网络视频服务商，乐视网实现了对PC、Pad、iPhone、TV等多屏的全面覆盖，是全球首家推出自有品牌电视的互联网公司。同时，公司注重产业链的延展，实现乐视生态的良性循环，通过资本运作进入影视剧制作领域，成为中国首家拥有大型影视公司的互联网公司。

8. 人民网股份有限公司

人民网股份有限公司的前身为人民网发展有限公司，于2005年2月6日由人民日报社、环球时报社和中闻投资共同出资设立。2010年5月31日，公司整体变更为人民网股份有限公司。2012年1月，公司股票在上海证券交易所上市。人民网的主营业务包括互联网信息服务、广告及宣传服务业务、信息服务业务、移动增值业务等。人民网一直秉承"权威性、大众化、公信力"的办网宗旨，作为国家重点新闻网站的排头兵和第一家采编与经营整体上市的传媒企业，人民网形成了新闻采写、网络评论、在线访谈、微博发布互相配合的快速、权威、深度新闻报道模式，网民覆盖200多个国家和地区，品牌的知名度、影响力、公信力在互联网业界中拥有独特的优势。人民网是国内领先的以新闻为核心的综合信息服务运营商，是拥有独立采编权的中央重点新闻网站。公司秉承《人民日报》的传统新闻采编内容优势，结合互联网及移动互联网的新技术、新应用，通过网络平台及移动端产品，向广大用户提供及时、深度、权威的新闻信息。近年来，人民网和旗下环球网拥有的独立访问者数量保持增长趋势，形成了较大规模的用户群。除中文版本外，人民网还拥有7种少数民族语言及8种外文版本，用文字、图片、视频、微博、客户端等多种手段，每天24小时在第一时间向全球发布丰富多彩的信息，内容涉及政治、经济、社会、文化等各个领域，网民覆盖200多个国家和地区。公司积极拓展与国际组织的合作，在美国旧金山、澳大利亚新设两家海外子公司，海外布点已达9个。多语种、全球化的传播优势，为人民网开展多元化业务、提升广告媒体价值奠定了基础。此外，公司网络舆情业务仍在行业内保持领先地位，为政府或企事业单位提供网络舆情研究咨询、数据库或网站合作等信息服务，已经形成了一定的客户资源优势。

第三节　文化产业上市公司激励与约束机制概况

一　激励机制概况

从当前文化产业上市公司薪酬激励现状来看，公司高级管理人员的薪酬激励体现得最为明显。尽管所有的上市公司均要求高级管理人员的薪酬与公司经营状况挂钩，但是在具体实施方式上，各个公司根据实际情况又有所不同，大体上可以分为以下几种。

（一）基本薪酬＋绩效薪酬

这是文化产业上市公司中最为常见的薪酬激励方式，如大地传媒、华录百纳、新华传媒、广电网络等。基本薪酬一般依据岗位和职务来定，有的还会参照企业的经营规模、所在地区企业年均工资、同行业平均工资水平等因素综合确定。绩效薪酬一般根据年度经营业绩来确定。以中原大地传媒股份有限公司为例，公司高级管理人员薪酬由基本年薪、绩效年薪两部分组成。其中基本年薪根据职务确定，总经理系数为1，其他经营者的薪酬系数低于总经理，按岗位和职务排序。按照公司薪酬制度，高管人员的绩效薪酬不低于薪酬总额的50%。绩效年薪部分按公司年度经营业绩考核，以公历年为经营年度进行，以年度经营业绩目标责任书为考核依据，根据考核结果核定绩效年薪。在经营年度开始之前，董事长（代表董事会）与总经理（代表公司经营层）签订年度经营业绩目标责任书。年度经营业绩考核指标包括年度销售收入、利润总额及净资产收益率。考核计分办法：年度经营业绩考核综合得分＝年度销售收入指标得分＋年度利润总额指标得分＋年度净资产收益率得分。

其中年度销售收入指标的基本分为20分，完成目标值得基本分20分。超过目标值时，每超过1%，加0.3分；低于目标值时，每降低1%，减0.3分。

年度利润总额指标的基本分为50分，完成目标值，得基本分50分。超过目标值时，每超过 1%，加 0.4 分；低于目标值时，每降低 1%，减 0.4 分。

年度净资产收益率指标的基本分为 30 分，完成目标值，得基本分 30 分。超过目标值时，每超过 1%，加 0.3 分；低于目标值时，每降低 1%，减 0.3 分。

高层管理人员的绩效考核结果分为 A、B、C、D 四级，95 分以上为 A 级；85～95 分为 B 级；60～84 分为 C 级；60 分以下为 D 级。高层管理人员的绩效年薪根据绩效考核结果确定。其中 A 级：以 95 分为基本分，在全额兑现绩效年薪基数的基础上，每增加 1 分，相应奖励绩效年薪基数的 2%，以 30% 为上限；B 级：全额兑现绩效年薪基数；C 级：以 85 分为基本分，每减少 1 分，相应扣减绩效年薪基数的 2%，以 30% 为上限；D 级：全额扣发当年绩效年薪。

（二）基本薪酬 + 绩效薪酬 + 奖励薪酬

除了基本薪酬和绩效薪酬外，一些上市公司对高级管理人员增加了专门的奖励薪酬，奖励薪酬弹性很大，此类公司以吉视传媒、华闻传媒、天威视讯、中文传媒等为代表。以中文传媒为例，公司高级管理人员实行年薪制，薪酬构成由基本薪酬、绩效薪酬及奖励薪酬三部分组成。计算公式为：薪酬 = 基本薪酬 + 绩效薪酬 + 奖励薪酬。基本薪酬不与绩效考核结果挂钩，按月平均发放。基本薪酬标准主要考虑公司经营规模、员工人均工资水平，并参考出版传媒类上市公司市场薪酬行情等因素。绩效薪酬以基本薪酬为基数，根据年度考核结果确定，最高为基本薪酬的 3 倍。绩效薪酬分为年度绩效薪酬和任期绩效薪酬。根据考核结果由公司一次性提取，分期兑现。其中，年度考核结束后当期兑现 60%（总经理绩效薪酬待年度考核结束后，当期兑现 60%；其他高级管理人员按照上年度考核实际兑现标准，每月预发 40%），其余 40% 延迟支付，延迟至任期届满或离任，根据考核结果一次性支付（离任按实际在岗时间折算）。奖励薪酬是指公司完成年度考核等级在 C 级以上的，从当年完成的净利润与上年实际完成的净利润之比的超额部分中按一定比例计提的奖励性收入。

中视传媒的奖励薪酬充分考虑了高级管理人员超额完成董事会目标的可能性，奖励薪酬设计为完成董事会通过预算的净利润指标时经营者可提取 15%，超额完成部分提取 20%。奖励薪酬在有的公司体现为股权激励，如博瑞传播、华策影视等。也有的公司在奖励薪酬中包含有惩罚条款，如华闻传媒，其薪酬由基本年薪、绩效薪酬和专项奖惩构成，奖惩包括利润目标效益奖惩、专项效益奖惩、其他奖惩等。在公司的奖励措施中，吉视传媒提出了特别奖励，如当年经营业绩格外突出；公司实现整体上市或控股公司上市；当年获得国家级表彰，如获得"全国文化企业三十强""全国五一劳动奖状""全国文化体制改革优秀企业"等荣誉称号。这些奖励将公司的社会效益以薪酬激励的方式体现出来。

（三）其他方式

凤凰传媒对公司不同岗位的高级管理人员采用了不同的薪酬政策，总经理、副总经理实行的是年薪制，董事会秘书和财务总监因为工作性质的原因，实行"岗位基本工资＋绩效工资＋奖金"的分配模式。

奥飞动漫建立健全了关键业绩指标（KPI）管理体系，制定了与各工作岗位相符的切实可行的关键业绩指标（KPI），公司管理层和普通员工的收入与其工作绩效挂钩。

出版传媒实行的是"基本工资＋年终奖励"的模式。基本工资按照岗位工资制，逐月按标准发放；年终奖励根据公司年度实现的效益情况和个人的工作业绩考核结果最终确定。

湖北广电公司对高级管理人员实行年度绩效考核与任期绩效考核相结合的方式，考核指标均包含经济效益指标和社会效益指标。高级管理人员实行年薪制，年度薪酬分为基本薪金、绩效薪金两部分。基本年薪每年核定一次。采用经核定的上年度财务决算数据、薪酬统计数据计算。绩效年薪的70%在年度考核结束后当期兑现；其余30%作为延期绩效薪金到任期考核结束后根据考核结果等因素兑现。

赛迪传媒对高级管理人员实行经营任务指标、管理任务指标双考核制，将经营目标、管理目标量化，按全年任务指标分解到每月，签订《经营任务承诺书》和《管理任务承诺书》。实行月度、年度绩效考核，并与薪酬挂钩。根据经营指标及管理指标的完成情况进行考核，并根据考核结果决定薪资定级、岗位安排以及聘用与否。

资料：

吉视传媒股份有限公司董事、监事、高级管理人员
薪酬管理及业绩考核暂行办法
第一章　总则

第一条　为建立符合现代企业制度要求，适应市场经济的激励约束机制，充分调动公司董事、监事及高管的积极性和创造性，促进公司稳健、快速发展，结合企业实际，制定本办法。

第二条 本办法适用公司下列人员：董事、监事、高级管理人员。

第三条 公司董事、监事、高管薪酬管理遵循以下原则：

1. 坚持激励与约束相统一，薪酬水平既要与经营责任、经营风险相适应，更要与经营业绩密切挂钩。

2. 坚持短期激励与长期激励兼顾，建立健全年薪制，探索实施中长期激励，促进公司持续发展。

3. 坚持薪酬增长与员工工资增长相协调，促进形成公司合理的工资收入分配关系。

第二章 薪酬构成及确定

第四条 公司给予独立董事报酬，标准参照同行业上市公司水平及公司实际情况确定；独立董事以外的外部董事、内部董事以及监事（包括职工监事），按照其所在单位的薪酬政策领取薪酬，公司不再另外支付薪酬。公司可给予非独立董事、不在公司领薪的董事和监事适当的交通补贴。

第五条 公司董事长、监事会主席、高级管理人员薪酬由基本年薪、绩效年薪、特别奖励和中长期激励收益构成，以基本年薪和绩效年薪为主。

第六条 基本年薪是履行岗位职责的年度基本收入。公司董事长、监事会主席、高级管理人员的基本年薪以上年度公司在岗员工年平均工资的4倍为基数，结合薪酬调节系数确定。薪酬调节系数为1~1.5。

计算公式：公司负责人基本年薪＝公司上年度在岗员工年平均工资×4×薪酬调节系数

薪酬调节系数＝总资产规模调节系数×营业收入规模调节系数×从业人员规模调节系数

资产总额在50亿元以下，规模调节系数为1.0；资产总额在50亿~100亿元，规模调节系数为1.05；资产总额在100亿~200亿元，规模调节系数为1.10；资产总额在200亿元以上，规模调节系数为1.15。

营业收入在20亿元以下，规模调节系数为1.0；营业收入在20亿~50亿元，规模调节系数为1.05；营业收入在50亿~100亿元，规模调节系数为1.10；营业收入在100亿元以上，规模调节系数为1.15。

从业人数在5000人以下，规模调节系数为1.0；从业人数在5000~

10000 人，规模调节系数为 1.05；从业人员在 10000 人以上，规模调节系数为 1.10。

第七条 公司董事长、总经理基本年薪系数为 1，监事会主席系数为 0.8，公司其他高管系数为 0.80。

第八条 绩效年薪是经营业绩的贡献收入。绩效年薪根据年度经营业绩考核结果确定，不超过基本年薪的 3 倍。

第九条 董事长、监事会主席、高管薪酬的增长幅度应当低于企业经济效益的增长幅度，且不高于公司员工平均工资的增长幅度。

第十条 公司建立特别奖励制度，有下列情形之一，经董事会审议，可以认定为突出贡献：

1. 当年经营业绩突出，考核得分超过 100 分。

2. 公司实现整体上市或控股公司上市；

3. 当年获得国家级表彰，如获得"全国文化企业三十强""全国五一劳动奖状""全国文化体制改革优秀企业"等荣誉称号。

第十一条 根据突出贡献的具体事由，确定特别奖励标准如下：

1. 符合第十条第一款情形的，特别奖励额度按以下公式计算：

特别奖励 = 绩效年薪 × （考核得分 − 100）/100 × 1.5

2. 符合第十条第二款、第三款情形的，由董事会依据相关政策另行确定奖励方案。

第十二条 按照审慎原则，在条件具备时，进行股权、期权等中长期激励，具体办法另行制定。

第三章 薪酬兑现

第十三条 基本年薪按月支付。绩效年薪按照先考核后兑现的程序，根据年度经营业绩考核结果确定。由企业一次性提取，分期兑现，当期兑现 60%，其余 40% 延期到任期结束兑现。年度可预发不高于当期应兑现绩效年薪的 80%（按月平均分摊），剩余部分的当期兑现绩效年薪待考核结果确定后，并经董事会薪酬与考核委员会审定后才能核发，不得提前预支（根据考核结果已预发的当期绩效年薪如超过应发绩效年薪，则应退还超出部分）。延期兑现的绩效年薪由公司监事会负责监督。

第十四条 因岗位变动调离公司或退休的，在离任审计后，除兑现延期绩效年薪和当年实际工作月份数计提的绩效年薪外，不再继续发放薪酬。

第四章　薪酬管理与监督

第十五条　公司在依法参加基本社会保险的基础上，为董事长、监事会主席、高级管理人员建立企业年金和补充医疗保险时，应严格执行国家规定的缴费标准和报批程序。

第十六条　董事长、监事会主席、高级管理人员不得在公司领取规定之外的其他收入。在下属分（子）公司兼职的，不得兼薪。

第十七条　董事长、监事会主席、高级管理人员的薪酬设置明细账目进行核算。

第十八条　董事长、监事会主席、高级管理人员的住房公积金和各项社会保险费用等，应由个人承担部分，由公司从基本年薪汇总代扣代缴，扣缴标准按国家和省内的有关规定执行。

第十九条　薪酬为税前收入，由本人依法缴纳个人所得税。

第五章　经营业绩考核原则和指标

第二十条　经营业绩考核包括年度业绩考核和任期业绩考核。

第二十一条　经营业绩考核遵循以下原则：

1. 定性考核与定量考核相结合原则。

2. 绩效奖励与经营业绩相匹配原则。

第二十二条　经营业绩考核指标包括五项指标，各指标定义及计算公式如下：

1. 净资产收益率

净资产收益率是指当年归属于母公司所有者的净利润与平均归属于母公司所有者权益的比率，计算公式：

净资产收益率＝归属于母公司所有者的净利润÷平均归属于母公司所有者权益×100%

平均归属于母公司所有者权益＝（期初归属于母公司所有者权益＋期末归属于母公司所有者权益）÷2

2. 国有资本保值增值率

国有资本保值增值率是指当年扣除客观因素后的年末国有权益与年初国有权益的比率。计算公式：

国有资本保值增值率＝期末国有权益÷期初国有权益×100%

期末国有权益＝期末国有股本＋期末未分配利润×国有权益应占比例

期初国有权益＝期初国有股本＋期初未分配利润×国有权益应占比例

以上国有权益均指公司发起人于公司上市前持有的国有权益。年中发起人减持的，年初国有权益调整至年末同一口径。年中发起人增持的，不计算在内。

3. 经济增加值（EVA）

经济增加值是指企业净利润减去资本成本后的余额，计算公式：

经济增加值＝净利润－资本成本＝净利润－调整后资本×平均资本成本率

4. 主营业务收入增长率

主营业务收入增长率是指主营业务收入当年增长额与上年主营业务收入的比率，计算公式：

主营业务收入增长率＝（当年主营业务收入÷上年主营业务收入－1）×100%

5. 客户服务满意度

客户服务满意度是指客户对公司提供各项服务满意程度的综合评价，计算公式：

客户服务满意度＝对公司服务满意的客户÷全体客户×100%

第二十三条　经营业绩考核指标目标值参照同行业公司平均水平，结合公司当年（任期）发展目标合理确定。

第二十四条　考核得分基本分为 100 分，通过加分和减分，最高可得 150 分，最低 0 分。各指标权重与计分方法详见下表。

序号	指标名称	权重	计分方法
1	净资产收益率	20	完成目标值得 20 分。每高 0.05 个百分点，加 1 分，最多加 10 分；实际完成值比目标值每低 0.05 个百分点，减 1 分，最多减 20 分
2	国有资本保值增值率	20	完成目标值得 20 分。每高 0.05 个百分点，加 1 分，最多加 10 分；实际完成值比目标值每低 0.05 个百分点，减 1 分，最多减 20 分
3	经济增加值	20	完成目标值得 20 分。每增长 5 个百分点，加 1 分，最多加 10 分；实际完成值比目标值每下降 5 个百分点，减 1 分，最多减 20 分

序号	指标名称	权重	计分方法
4	主营业务收入增长率	20	完成目标值时得20分。每高0.2个百分点，加1分，最多加10分；每低0.2个百分点减1分，最多减20分
5	客户服务满意度	20	达到目标值得20分。每高0.1个百分点，加2分，最多加10分；比目标值每低0.5个百分点，减1分，最多减20分

第二十五条　绩效年薪与年度业绩考核结果直线挂钩。按如下方式确定。

1. 当考核得分小于等于100分时，按以下公式计算：

绩效年薪＝基本年薪×3×（考核得分÷100）

2. 当考核得分大于100分时，绩效年薪为基本年薪的3倍。经营业绩超额完成部分，在特别奖励中兑现（见第十条、第十一条）。

第二十六条　董事长、监事会主席的薪酬分配参照高级管理人员年度和任期经营业绩考核结果兑现。

第六章　年度业绩考核及奖惩

第二十七条　年度经营业绩考核以公历年为考核期，考核期限从1月1日起至12月31日止。

第二十八条　公司管理层在每个考核年度4月底前，向董事会薪酬与考核委员会提出本年度经营业绩考核目标建议值以及必要的依据说明。

第二十九条　董事会薪酬与考核委员会根据宏观经济形势及企业运营实际，对管理层提出的年度经营业绩考核指标建议值进行审核，报公司董事会批准后确定管理层年度经营业绩考核指标。年度内，如遇企业经营环境出现较大异常变动时，管理层可以提出调整年度经营业绩考核指标的建议，经董事会审议通过后，按调整后的年度经营指标进行考核。

第三十条　公司不得拖欠员工工资，并及时足额缴纳各项社会保险费用。拖欠员工工资和欠缴保险费用时，视情节扣减董事长、监事会主席、高级管理人员的薪酬收入。

第三十一条　对违反国家法律规定，经营业绩弄虚作假的，除依法追究外，相应扣减公司相关责任人的当年绩效年薪。

第三十二条　发生重大决策失误或重大违纪行为，给公司造成不良影响或造成国有资产流失的，相应扣减相关责任人的当年绩效年薪。

第三十三条　相关负责人未依法履行安全生产管理职责，导致事故发生的，依照下列规定处以罚款：发生一般事故的，处上一年年收入 30% 的罚款；发生较大事故的，处上一年年收入 40% 的罚款；发生重大事故的，处上一年年收入 60% 的罚款；发生特别重大事故的，处上一年年收入 80% 的罚款。构成犯罪的，依法追究刑事责任。生产安全事故等级界定见《生产安全事故报告和调查处理条例》（国务院令第 493 号）。

第三十四条 相关责任人未依法履行安全播出管理职责，导致发生广播电视安全播出重大责任事故的，处责任人上一年年收入 10% ~30% 的罚款。重大事故认定及事故性质分类标准详见《广电总局科技司关于下发广播电视安全播出事件/事故管理有关规定的通知》（技办字〔2008〕2 号）。

第三十五条 在年度考核期满后，公司董事会薪酬与考核委员会依据经审计的财务决算报告，对管理层上年度经营业绩考核指标完成情况进行考核，形成管理层经营业绩考核意见和薪酬分配方案报董事会批准后实施。

第七章 任期业绩考核及奖惩

第三十六条 任期经营业绩考核以三年为考核期，考核期限与董事会任期同步。

第三十七条 公司管理层在每个任期年度 4 月底前，向董事会薪酬与考核委员会提出本任期经营业绩考核目标建议值以及必要的依据说明。

第三十八条 董事会薪酬与考核委员会根据宏观经济形势及企业运营实际，对管理层提出的任期经营业绩考核指标建议值进行审核，报公司董事会批准后确定管理层任期经营业绩考核指标。任期内，如遇企业经营环境出现较大异常变动时，管理层可以提出调整任期经营业绩考核指标的建议，经董事会审议通过后，按调整后的任期经营指标进行考核。

第三十九条 董事会薪酬与考核委员会对任期业绩考核目标完成情况进行跟踪检查，实施动态监控。

第四十条 对董事长、监事会主席、高级管理人员实行任期奖励，任期考核结果在 130 分以上，给予 2 倍任期平均基本年薪的任期奖励；任期考核结果在 120 ~129 分，给予 1 倍任期平均基本年薪的任期奖励；任期考核结果在 120 ~60 分，不享受任期奖励。任期考核结果在 60 分以下，年度延期绩效年薪不予兑现。

第四十一条 在任期考核期满后，公司董事会薪酬与考核委员会依据经审计的财务决算报告，对管理层任期内经营业绩考核指标完成情况进行考核，形成管理层经营业绩考核意见和薪酬分配方案报董事会批准后实施。

第八章 附则

第四十二条 本办法经公司股东大会审议通过后实施。

第四十三条 本办法由公司董事会负责解释。

二 约束机制概况

（一）股东及股东大会

股东作为公司的出资人，从对自身利益关切出发对公司经营者实施必要的监控与制衡，属于股权约束。股东参加股东大会，通过"用手投票"的方式对其资产重大决策实现监督约束，公司的经营方针和投资计划、资本增减、公司合并、分立、解散、清算、发行债券、利润分配、章程修改等方面都需要股东大会最终投票表决。股东大会是股东行使财产管理权的组织，同时也是实现股东对公司经营管理和监督的主要权力机关，股东大会主要通过董事会和监事会实现其对公司经营者的监督约束。每年的股东大会，都会审议批准董事会报告，董事任期届满时换届投票选举董事，对董事会及董事违法、侵害股东利益等行为提出控诉和请求赔偿等。监事会是股东的资产监督代理人，股东大会要审议批准监事会报告，每三年任期届满时换届投票选举监事。股东对经营者的监督约束，体现在股东可以随时查阅公司章程、股东大会会议记录和财务报告，对公司经营提出建议或者质询，对经营者违法或损害股东利益行为提请诉讼和请求赔偿等方面。从本书选定的 36 家文化产业上市公司来看，其股权结构较多地呈现为"一枝独大"的状况，其中，有 16 家上市公司第一大股东持股比例超过51%，有 10 家上市公司第一大股东持股比例超过 33.3%。根据产权原则，股东大会的决策权和投票权是根据出资份额来配置的，即出资比例与投票权、决策权的大小和多少呈正相关，在这种股权结构下，控股股东在股东大会中可能占据绝对的优势。

资料：

某传媒公司股东大会议事规则（股东大会职权）

股东大会的职权

第一条 股东大会是公司的权力机构，依法行使下列职权：

（一）决定公司的经营方针和投资计划；

（二）选举和更换非由职工代表担任的董事、监事，决定有关董事、监事的报酬事项；

（三）审议批准董事会的报告；

（四）审议批准监事会的报告；

（五）审议批准公司的年度财务预算方案、决算方案；

（六）审议批准公司的利润分配方案和弥补亏损方案；

（七）对公司增加或者减少注册资本作出决议；

（八）对发行公司债券作出决议；

（九）对公司合并、分立、解散、清算或者变更公司形式作出决议；

（十）修改公司章程；

（十一）对公司聘用、解聘会计师事务所作出决议；

（十二）审议批准本规则第八条规定的担保事项；

（十三）审议公司在一年内购买、出售重大资产超过公司最近一期经审计总资产30%的事项；

（十四）审议批准变更募集资金用途事项；

（十五）审议股权激励计划；

（十六）审议法律、行政法规、部门规章、公司章程规定或本规则应当由股东大会决定的其他事项。

公司不得通过授权的形式由董事会或其他机构和个人代为行使上述股东大会的法定职权。股东大会授权董事会或其他机构和个人代为行使其他职权的，应当符合法律、行政法规、部门规章、规范性文件、证券交易所相关规定和公司章程、本规则等规定的授权原则，并明确授权的具体内容。

上述股东大会的职权不得通过授权的形式由董事会或其他机构和个人代为行使。

第二条 公司下列对外担保行为，须经股东大会审议通过。

（一）单笔担保额超过最近一期经审计净资产10%的担保；

（二）公司及控股子公司的对外担保总额，超过最近一期经审计净资产50%以后提供的任何担保；

（三）为资产负债率超过70%的担保对象提供的担保；

（四）连续十二个月内担保金额超过公司最近一期经审计总资产的30%；

（五）连续十二个月内担保金额超过公司最近一期经审计净资产的50%且绝对金额超过5000万元；

（六）对股东、实际控制人及其关联人提供的担保；

（七）证券交易所或者公司章程规定的其他担保情形。

（二）董事会

公司董事会大多成立有专门工作委员会，包括审计委员会、薪酬与考核委员会、战略委员会、提名委员会等，也有的公司根据现实情况，成立特别的工作委员会，如大地传媒，其董事会下设编辑政策委员会。专门委员会中独立董事占据一定的比例，由于独立董事不在公司内担任其他职务，同时也不在公司里领取薪酬，同公司没有实质性利益关系，并且能通过在董事会中占有表决权席位的优势，深入董事会的经营决策和日常运行中，信息成本明显降低，这样就能对经营管理者行为和集团公司运营状况准确和及时地掌握，并做出独立、客观的分析与判断，以及时发现问题、找出隐患，从而对董事会和经营者的经营管理行为进行有效地监控与约束。以浙报传媒董事会为例，其董事会由 9 名董事组成，包括独立董事 4 人。董事会设立审计委员会、薪酬与考核委员会、提名委员会、战略与投资委员会、关联交易控制委员会，制定专门委员会议事规则并予以披露。专门委员会成员全部由董事组成，其中审计委员会、薪酬与考核委员会、提名委员会独立董事占半数以上并担任召集人，关联交易控制委员会成员全部由独立董事担任。审计委员会和关联交易控制委员会中有一名独立董事为会计专业人士。

资料：

某传媒集团股份有限公司独立董事工作细则

第一章　总则

第一条　为了促进本公司的规范运作，维护公司整体利益，保障全体股东的合法权益不受损害，根据《中华人民共和国公司法》（以下简称《公司法》）等法律、行政法规、规范性文件和《**传媒集团股份有限公司章程》（以下简称《公司章程》）的有关规定，并参照中国证券监督管理委员会（以下简称中国证监会）《关于在上市公司建立独立董事制度的指导意见》（以下简称《指导意见》）、《深圳证券交易所创业板上市公司规范运作指引》，制定本细则。

第二条　独立董事是指不在本公司担任除董事外的其他职务，并与公司及其主要股东不存在可能妨碍其进行独立客观判断的关系的董事。

第三条 独立董事对公司及全体股东负有诚信与勤勉义务。独立董事应当按照有关法律、行政法规、规范性文件和公司章程的要求，认真履行职责，维护公司整体利益，尤其要关注中小股东的合法权益不受损害。独立董事应当独立履行职责，不受公司主要股东、实际控制人或者其他与公司存在利害关系的单位或个人的影响。

第四条 本公司聘任的独立董事应具有本细则第三章所述的独立性，并应确保有足够的时间和精力有效地履行独立董事的职责。

第五条 公司根据需要，设独立董事3名。

第六条 独立董事出现不符合独立性条件或其他不适宜履行独立董事职责的情形，由此造成公司独立董事达不到法定人数时，公司应当按规定补足独立董事人数。

第七条 独立董事及拟担任独立董事的人士可以按照有关主管部门的要求，参加其组织的培训。

第二章 独立董事的任职条件

第八条 担任本公司独立董事的人士应当具备与其行使职权相适应的任职条件：

（一）根据法律、行政法规及其他有关规定，具备担任公司董事的资格；

（二）具有本细则第九条所述之独立性；

（三）具备公司运作的基本知识，熟悉相关法律、行政法规、部门规章及规则；

（四）具有五年以上法律、经济或者其他履行独立董事职责所必需的工作经验。

（五）公司章程规定的其他条件。

第三章 独立董事的独立性

第九条 独立董事必须具有独立性，下列人员不得担任独立董事：

（一）在本公司或者本公司附属企业任职的人员及其直系亲属、主要社会关系；

（二）直接或间接持有公司股份1%以上或者是公司前十名股东中的自然人股东及其直系亲属；

（三）在直接或间接持有公司股份5%以上的股东单位或者在公司前五

名股东单位任职的人员及其直系亲属；

（四）最近一年内曾经具有前三项所列举情形的人员；

（五）为公司或者其附属企业提供财务、法律、咨询等服务的人员；

（六）公司章程规定的其他人员；

（七）公司认定不适宜担任独立董事的其他人员。

前款第（一）项所称直系亲属是指配偶、父母、子女等；

前款第（一）项所称主要社会关系是指兄弟姐妹、岳父母、儿媳女婿、兄弟姐妹的配偶、配偶的兄弟姐妹等。

第四章　独立董事的提名、选举和更换

第十条　公司董事会、监事会、单独或者合并持有公司已发行股份1%以上的股东可以提出独立董事候选人，并经股东大会选举决定。

第十一条　独立董事的提名人在提名前应当征得被提名人的同意。提名人应当充分了解被提名人职业、学历、职称、详细工作经历、全部兼职等情况，并对其担任独立董事的资格和独立性发表意见，被提名人应当就其本人与公司之间不存在任何影响其独立客观判断的关系发表公开声明。

第十二条　在选举独立董事的股东大会召开前，公司董事会对被提名人的有关情况有异议的，应向股东大会说明董事会的书面意见。

第十三条　独立董事每届任期与公司其他董事任期相同，任期届满，连选可以连任，但是连任时间不得超过六年。

第十四条　独立董事连续两次未亲自出席董事会会议的，视为不能履行职责，董事会应当提请股东大会予以撤换。除出现《公司法》中规定的不得担任董事的情形外，独立董事任期届满前不得无故被免职。提前免职的，公司应将免职独立董事作为特别事项向股东予以披露，被免职的独立董事认为公司的免职理由不当的，可以做出公开声明。

第十五条　独立董事在任期届满前可以提出辞职。独立董事辞职应向董事会提交书面辞职报告，对任何与其辞职有关或其认为有必要引起公司股东和债权人注意的情况进行说明。

如因独立董事辞职导致公司董事会中独立董事或董事人数少于规定要求时，该独立董事的辞职报告应当在下任独立董事或董事填补其缺额后生效；在改选出的董事就任前，原独立董事仍应当依照法律、行政法规、部门规章和公司章程规定，履行独立董事职务。

除前款所列情形外，独立董事辞职自辞职报告送达董事会时生效。

第五章　独立董事的特别职权

第十六条　为了充分发挥独立董事的作用，独立董事除具有《公司法》和其他相关法律、行政法规及公司章程赋予的职权外，公司还应当赋予独立董事行使以下职权：

（一）公司拟与关联自然人发生的交易总额高于 30 万元，以及与关联法人发生的交易总额高于 100 万元且占公司最近经审计净资产绝对值 0.5% 的关联交易应由 1/2 以上的独立董事认可后，提交董事会讨论；独立董事作出判断前，经全体独立董事同意后可以聘请中介机构出具独立财务顾问报告，作为其判断的依据；

（二）经 1/2 以上的独立董事同意后可向董事会提议聘用或解聘会计师事务所；

（三）经 1/2 以上的独立董事同意后可向董事会提请召开临时股东大会；

（四）经 1/2 以上的独立董事同意后可提议召开董事会；

（五）经 1/2 以上的独立董事同意后可独立聘请外部审计机构和咨询机构，对公司具体事项进行审计和咨询，相关费用由公司承担；

（六）经 1/2 以上的独立董事同意后可以在股东大会召开前公开向股东征集投票权。

第十七条　独立董事应当在公司董事会下设的薪酬与考核委员会、审计委员会与提名委员会中占有 1/2 以上的比例。

第六章　独立董事的独立意见及义务

第十八条　独立董事除履行上述职责外，还应当对公司以下重大事项向董事会或股东大会发表独立意见：

（一）提名、任免董事；

（二）聘任或解聘高级管理人员；

（三）确定或者调整公司董事、高级管理人员的薪酬；

（四）公司的关联自然人与公司现有或拟新发生的总额高于 30 万元，或者关联法人与公司现有或拟新发生的总额高于 100 万元且占公司最近经审计净资产绝对值的 0.5% 的借款或其他资金往来，以及公司是否采取有效措施回收欠款；

（五）变更募集资金用途；

（六）公司章程规定的对外担保事项，包括：

①单笔担保额超过最近一期经审计净资产10%的担保；

②本公司及本公司控股子公司的对外担保总额，达到或超过最近一期经审计净资产的50%以后提供的任何担保；

③为资产负债率超过70%的担保对象提供的担保；

④连续十二个月内担保金额超过公司最近一期经审计总资产的30%；

⑤连续十二个月内担保金额超过公司最近一期经审计净资产的50%且绝对金额超过3000万元；

⑥对股东、实际控制人及其关联方提供的担保；

⑦公司章程规定的其他担保情形。

（七）股权激励计划；

（八）独立董事认为有可能损害中小股东合法权益的事项；

（九）公司章程规定的其他事项。

第十九条　独立董事就上述事项应当发表以下几类意见：同意；保留意见及其理由；反对意见及其理由；无法发表意见及其障碍。

第二十条　独立董事发现公司存在下列情形时，应当积极主动履行尽职调查义务并及时向深圳证券交易所报告，必要时应聘请中介机构进行专项调查：

（一）重要事项未按规定提交董事会审议；

（二）未及时履行信息披露义务；

（三）公开信息中存在虚假记载、误导性陈述或重大遗漏；

（四）其他涉嫌违法违规或损害中小股东合法权益的情形。

第二十一条　除参加董事会会议外，独立董事每年应保证不少于十天的时间，对公司生产经营状况、管理和内部控制等制度的建设及执行情况、董事会决议执行情况等进行现场调查。

第二十二条　出现下列情形之一的，独立董事应当向中国证监会、深圳证券交易所及公司所在地证监会派出机构报告：

（一）被公司免职，本人认为免职理由不当的；

（二）由于公司存在妨碍独立董事依法行使职权的情形，致使独立董事辞职的；

（三）董事会会议材料不充分，两名以上独立董事书面要求延期召开董事会会议或延期审议相关事项的提议未被采纳的；

（四）对公司涉嫌违法违规行为向董事会报告后，董事会未采取有效措施的；

（五）严重妨碍独立董事履行职责的其他情形。

第二十三条　独立董事应当向公司年度股东大会提交述职报告并报深圳证券交易所备案。述职报告应包括以下内容：

（一）上年度出席董事会及股东大会次数及投票情况；

（二）发表独立意见的情况；

（三）履行独立董事职务所做的其他工作，如提议召开董事会、提议聘用或解聘会计师事务所、独立聘请外部审计机构和咨询机构、进行现场检查等。

第七章　公司为独立董事提供必要的条件

第二十四条　为了保证独立董事有效行使职权，公司应当为独立董事提供必要的条件。

（一）独立董事享有与其他董事同等的知情权。凡须经董事会决策的重大事项，公司必须按法定的时间提前通知独立董事并同时提供足够的资料，独立董事认为资料不充分的，可以要求补充。当两名以上独立董事认为资料不充分或论证不明确时，可联名书面向董事会提出延期召开董事会或延期审议该事项，董事会应予以采纳。公司向独立董事提供的资料，公司及独立董事本人应当至少保存五年。

（二）公司应提供独立董事履行职责所必需的工作条件，为独立董事履行职责提供协助，如介绍情况、提供材料等。

（三）独立董事行使职权时，公司有关人员应当积极配合，不得拒绝、阻碍或隐瞒，不得干预其独立行使职权。

（四）独立董事聘请中介机构的费用及其他行使职权时所需的费用由公司承担。

（五）公司应当给予独立董事适当的津贴。津贴的标准应当由董事会制订预案，股东大会审议通过，并在公司年报中进行披露。除上述津贴外，独立董事不应从公司及其主要股东或有利害关系的机构和人员取得额外的、未予披露的其他利益。

第二十五条　公司可以建立必要的独立董事责任保险制度，以降低独立董事正常履行职责可能引致的风险。

第二十六条　公司独立董事应当按时出席董事会会议，了解公司的生产经营和运作情况，主动调查，获取做出决策所需要的情况和资料，独立董事应当向公司股东大会提交年度述职报告，对其履行职责的情况进行说明。

第二十七条　公司应建立《独立董事工作笔录》文档，独立董事应当通过《独立董事工作笔录》对其履行职责的情况进行书面记载。

第八章　附则

第二十八条　本细则未尽事宜，公司应当依照有关法律、行政法规、部门规章、规范性文件和公司章程的规定执行。

第二十九条　本细则所称"以上"都含本数；"超过"、"高于"不含本数。

第三十条　本细则经公司股东大会审议通过后生效，修改时亦同。但其中涉及信息披露的条款将于公司首次公开发行股票并上市后实施。

（三）监事会

公司监事会单独行使职权，对董事会和经营层履职进行监督检查，维护公司及股东的利益。监事会在较大程度上是扮演股东大会的代言人角色，对董事会产生关键性的制约作用。文化产业上市公司监事会规模平均为3人，多数公司监事会成员中还包括一名职工监事。监事会平均每年召开5~6次监事会会议，对公司规范运作、财务状况、募集资金的使用、对外担保、关联交易、内部控制等事项进行监督与核查，并发表审核意见。以中文传媒为例，监事会在公司有获得保障的知情权，公司要及时向监事会提供必要的信息和资料，以便监事会对公司财务状况和经营管理情况进行有效的监督、检查和评价。董事会会议全体监事均要列席，如有必要，监事还可列席公司总经理办公会议。监事会的监督记录以及进行财务或专项检查的结果应成为对董事、总经理和其他高级管理人员绩效评价的重要依据。公司监事会由5名监事组成，监事会设主席一位，职工监事一名，股东代表担任的监事由股东大会选举或更换，职工代表担任的监事由公司职工民主选举或罢免。从人员结构上能够确保监事会独立有效地行使对董事、总裁（总经理）、高级管理人员及公司财务的监督和检查。监事会行使的职权如下：

（1）对董事会编制的公司定期报告进行审核并提出书面审核意见；

（2）检查公司财务；

（3）对董事、高级管理人员执行公司职务的行为进行监督，对违反法律、行政法规、公司章程或者股东大会决议的董事、高级管理人员提出罢免的建议；

（4）当董事、高级管理人员的行为损害公司的利益时，要求董事、高级管理人员予以纠正；

（5）可要求公司有关董事、高级管理人员、内部及外部审计人员列席监事会会议，解答所关注的问题；

（6）向股东大会提出提案；

（7）提议召开临时股东大会，在董事会不履行《公司法》规定的召集和主持股东大会职责时召集和主持股东大会；

（8）提议召开董事会临时会议；

（9）依照《公司法》第一百五十二条的规定，对董事、高级管理人员提起诉讼；

（10）发现公司经营情况异常，可以进行调查；必要时，可以聘请会计师事务所、律师事务所等专业机构协助其工作，费用由公司承担；

（11）法律法规及公司章程规定的其他职权。

监事会可根据实际需要定期或不定期地对公司进行检查。开展检查工作，可以采取下列方式：

（1）听取有关财务、资产状况和经营管理情况的汇报，召开与检查事项有关的会议；

（2）查阅财务会计报告、会计凭证、会计账簿等财务会计资料以及与经营活动有关的其他资料；

（3）核对财务、资产等有关情况，必要时要求有关负责人作出说明；

（4）向审计等对公司履行监管责任的有关部门了解财务状况和经营活动情况。

（5）公司应当向监事会定期报送财务会计报告，及时报送内部审计报告及相关资料。

第三章　经营者激励机制的理论
分析与研究假设

第一节　激励问题的产生

委托代理理论认为，公司所有者与经营者之间存在着委托代理关系，前者是委托人，后者是代理人。对经营者的激励之所以必要，是因为委托人和代理人之间效用不一致，当委托人无法观察到代理人的行为时，代理人会利用自己的信息优势，实现自己的利益最大化，而不是委托人利益的最大化。要解决这一问题，委托人需要设计一个合同，使代理人的利益与委托人的利益趋向一致，如果委托人获得利益的同时代理人也能从中受益，那么代理人就有激励朝委托人利益的方向努力，从而实现社会效率的提高。

通过委托代理模型可以更为清楚地了解激励问题产生的根本原因。众所周知，企业的产出剩余是可以观测到的，它的高低通常与经营者的努力程度和外生因素（如法律政策、市场竞争、经济发展）有很大关系，因此，企业的产出剩余是经营者的努力程度和外生因素共同作用的结果。这里，我们将企业的产出剩余用 q 来表示，经营者的努力程度用 e 来表示，外生因素用 θ 来表示，那么就有函数 q (e, θ)。对于企业所有者来说，他的收益等于企业的产出剩余减去付给经营者的薪酬①。如果我们以 V 代表所有者的净收益，以 s 代表企业付给经营者的薪酬，那么就有 $V = q - s$，满足条件 $q - s > 0$，我们假设该函数为凹性递增，即 $V' > 0$，$V'' \leqslant 0$（V' 和 V'' 分别代表一阶导数和二阶导数），这一假设的含义是所有者的效用随着产出的增大而增大，但由于生产成本等客观因素的制约，所有者效用的增速

---

① 此处为了显示经营者的薪酬问题，我们将其单列，员工薪酬算入生产成本当中。

会越来越缓慢；对于经营者来说，他获得的报酬 s 需要付出必要的工作成本，用 c 来表示。我们假定经营者的工作成本与工作努力程度正相关，也就是说，经营者努力程度越高，投入的工作成本就越大，于是有函数 c（e），我们以 u 表示经营者薪酬收入带来的收益，这样就有函数 u（s），同样有 $u' > 0$，$u'' \leq 0$，这表示经营者的收益效用同所有者一样，增速会逐渐放缓，但由于经营者的成本负效用即努力成本函数不会递减，所以有 $c' > 0$，$c'' \geq 0$，这样，经营者接受所有者提供的合同的净收益就是 $U = u（s） - c（e）$。最后，我们以 $\underline{U}$ 表示经营者的保留效用，可以分别写出企业所有者和经营者的效用函数：

$$V = q（e，\theta） - s \tag{3.1}$$

$$U = u（s） - c（e） \geq \underline{U} \tag{3.2}$$

（3.2）式中，经营者的收益函数大于等于 $\underline{U}$，是经营者接受合同的约束条件，称为参与约束，在委托代理理论中，要求经营者接受合同的条件是不小于其保留效用，保留效用指的是经营者的机会成本，也就是经营者作为市场上人力资本的最低收入。显然，如果所有者想获得更高的收益，就必须让经营者增加努力程度，但经营者增加努力程度会带来负效用，从而降低其预期收益，因此，经营者与所有者之间的利益目标是不一致的。如果所有者可以观察到经营者的努力程度 e，那么所有者可以通过企业的产出剩余 q 推导出外生因素 θ，由此，他就能够确定经营者的努力程度 e 与产出剩余 q 之间的关系，在这种情况下，他可以设计一个固定工资合同，即要求经营者实行努力程度 e_1，并给其相应工资 s_1，满足条件 $u（s_1） - c（e_1） \geq 0$。如果经营者付出的努力程度低于 e_1，则付给其工资 s_2（$s_2 < s_1$），只要所有者拉大 s_2 和 s_1 之间的差距，经营者就不得不选择所有者所设定的合同。在这种强制性的合同下，经营者的工资是固定收入，只与其努力程度有关，与企业的产出剩余无关，因为这种合同保证了经营者实施所有者需要的努力程度，所以可以实现帕累托最优。

但现实情况是，经营者的努力程度是私人信息，所有者无法清楚地掌握，在这种情况下，如果所有者仍然采用固定工资的做法，经营者就可以通过减小 e 来降低自己的工作成本 c，从而获取更大的收益，而减小 e 恰恰会使 q 变小，由于所有者无法区分 e 和外生因素 θ，此时经营者就可以将 q 的下降归结为 θ 所致，所有者利益由此而受损，因此如果想要经营者努力就必须实施激励薪酬，这就是激励问题产生的根本原因。

第二节　货币激励

一　薪酬激励与公司绩效

在经营者努力程度不可观测的条件下，所有者设计的薪酬合同除了需要满足上文谈到的参与约束条件以外，还要满足另外一个条件：激励相容约束条件，这一条件指的是当经营者选择高努力程度时的收益不小于其选择低努力程度时的收益。此时所有者首先提供一组薪酬合同 s_1（q_1）、s_2（q_2）…s_n（q_n），即不同的薪酬 s_1、s_2…s_n 分别对应着不同的产出剩余 q_1、q_2…q_n，经营者可以从中任意选择；同时，由于产出剩余和经营者的努力程度有关，且经营者的努力程度是私人信息，因此经营者也可以在满足薪酬合同的前提下，任意选择不同的努力程度，我们假设经营者可以选择两种努力程度 e_1 和 e_2，其中 $e_1 > e_2$，在面对不同的薪酬合同 s_1 和 s_2（$s_1 > s_2$）时，激励相容约束就要求满足 u（s_1）$- c$（e_1）$\geq u$（s_2）$- c$（e_2），这表示当经营者选择高努力程度时的薪酬效用减去其高努力时的成本要不小于其选择低努力程度时的薪酬效用减去其低努力时的成本。应防止该公式被理解为高产出高回报，低产出低回报。该公式所表达的准确含义为经营者投入高努力时就应当得到高回报，投入低努力则获得低回报。之所以这样说，是因为受外生因素的影响，有时候经营者投入了高程度的努力，但未必一定取得较高的产出剩余，这只能说取得较高产出剩余的概率会更大些，现实中确实存在有的经营者并未投入高努力，但由于外生因素非常有利，却获得了较高的产出剩余，此时给予其较高的薪酬，就不具有激励作用。外生因素的存在，使我们必须考虑经营者投入较高程度的努力和投入较低程度努力时出现同一产出剩余的概率分布。假设经营者在选择薪酬合同时总是就高不就低（经营者会根据自己的能力选择较高产出所对应的较高薪酬），当经营者选择了薪酬合同 s（q）后，经营者会投入两种程度的努力，即高程度努力和低程度努力。如果经营者投入高程度努力时出现产出剩余 q 的概率为 p_1，投入低程度努力时出现产出剩余 q 的概率为 p_2，在两种努力水平下，因为 e_1 和 e_2 是连续的，那么经营者选择 e_1 的产出剩余大于其选择 e_2 的产出剩余的概率，应该高于其选择 e_2 的产出剩余大于其选择

e_1 时的产出剩余,换句话说,就是高努力的生产率高于低努力的生产率,努力水平产出概率满足一阶随机占优条件。我们就把外生因素的影响以概率的形式体现出来,那么激励相容约束条件可以改写为:

$$p_1 u\ (s) - c\ (e_1) \geqslant p_2 u\ (s) - c\ (e_2) \tag{3.3}$$

由于所有者收益最大化要求经营者实施较高的努力程度,因此,所有者的收益函数写为:

$$V = p_1\ (q - s) \tag{3.4}$$

实际上,所有者要设计的最优激励合同就是在满足参与约束和激励相容约束条件下,求 V 的最大值。所以,为了求出经营者选择高努力水平时的最优薪酬合同 s,所有者必须解决下列问题:

$$\text{Max}\, V = p_1\ (q - s) \tag{3.5}$$

$$\text{s. t.}\ p_1 u\ (s) - c\ (e_1) \geqslant \underline{U} \tag{3.6}$$

$$p_1 u\ (s) - c\ (e_1) \geqslant p_2 u\ (s) - c\ (e_2) \tag{3.7}$$

对于条件极值的求法,可以通过构造拉格朗日函数来求解,令 λ 和 μ 分别为参与约束与激励相容约束的拉格朗日乘子,构造拉格朗日方程如下:

$$L\ (s, \lambda, \mu) = p_1\ (q - s) + \lambda [\, p_1 u\ (s) - c\ (e_1) - \underline{U}] +$$
$$\mu [\, p_1 u\ (s) - c\ (e_1) - p_2 u\ (s) + c\ (e_2)\,] \tag{3.8}$$

(3.8) 式最优化的一阶条件为:

$$-p_1 + \lambda\ [\, p_1 u'\ (s) + \mu\ (p_1 - p_2)\ u'\ (s)\,]\ = 0 \tag{3.9}$$

化简整理后有:

$$\frac{1}{u'\ (s)} = \lambda + \mu \left[\, 1 - \frac{p_2}{p_1} \right] \tag{3.10}$$

在 (3.10) 式中,$\dfrac{1}{u'\ (s)}$ 由两部分决定,即 λ 和 $\mu \left[1 - \dfrac{p_2}{p_1} \right]$,根据库恩 - 塔克条件,$\lambda$ 和 μ 是大于等于零的,如果 $\mu = 0$,$\lambda \neq 0$,那么 (3.10) 式的右边就成了 λ,即经营者的效用增长是固定的,不会随努力程度的变化而变化,也就是经营者取得了固定的薪酬,这种情况与激励相容约束是

相违背的。如果我们注意的话会发现，只要（3.10）式子右边的 $\dfrac{p_2}{p_1}\neq1$ 时，

μ 就一定会大于零，因为 μ 代表的就是激励相容约束，如果 $\dfrac{p_2}{p_1}=1$ 的话，μ 是否大于零已经没有什么意义了，后半项仍然会是零，事实上，Holmstrom[1] 证明了在激励相容约束条件下，$\mu>0$。由此，我们看出，经营者的最优薪酬是和 $\dfrac{p_2}{p_1}$ 相关的，$\dfrac{p_2}{p_1}$ 在委托代理理论中被称为似然比，$\dfrac{p_2}{p_1}$ 的值越小，右边的式子取值就越大，右边式子取值变大，则左边式子的分母应当变小，因为 $u''\leqslant0$，所以 u' 和 s 是反向关系，u' 变小则经营者的薪酬 s 就应该变大，反之，则经营者薪酬应该降低。

上述模型结果可以通过具体的例子来说明，假设一家传播与文化企业的产出剩余可能为 200 万 ~ 400 万元，由于外生因素的不确定性和努力程度的不可观测，所有者并不完全知道经营者实施了何种程度的努力，但所有者会认为，经营者如果选择高程度的努力，那么产出剩余在 200 万 ~ 300 万元时的概率为 30%，而选择低程度的努力的产出剩余为 200 万 ~ 300 万元时的概率为 70%，那么此时就有：

$$\frac{p_2}{p_1}=\frac{70\%}{30\%}=\frac{7}{3} \tag{3.11}$$

这一比值是很高的，说明在产出剩余为 200 万 ~ 300 万元时，经营者极有可能实施了低程度的努力。另外，如果所有者认为经营者在选择高程度的努力时产出剩余为 300 万 ~ 400 万元的概率为 70%，选择低程度的努力时产出 300 万 ~ 400 万元的概率为 30%，那么有：

$$\frac{p_2}{p_1}=\frac{30\%}{70\%}=\frac{3}{7} \tag{3.12}$$

很明显，产出剩余为 300 万 ~ 400 万元时的似然比要小于产出剩余为 200 万 ~ 300 万元时的似然比，所以所有者应当在产出剩余为 300 万 ~ 400 万元时给予经营者更高的薪酬。这一结果说明，所有者在制定最优激励薪酬时，应该根据经营者努力程度高低的概率来实施奖励或惩罚。那么这一

---

① Holmstrom B. "Moral Hazard and Observability"，[J]. *The Bell Journal of Economics*，1979，10（1）：74 - 91.

概率如何估计呢？从前文所述的一阶占优条件来看，经营者的努力程度与其生产率有关，也就是与产出剩余有关，所有者可以通过经营者的产出剩余来判断其努力的概率，实施激励薪酬。

以上的分析说明，所有者可以通过经营者的产出剩余来判断经营者的努力程度，但是产出剩余本身在衡量经营者是否努力方面并不精确，尤其是当产出剩余与自然因素相伴时，选择哪些指标能够将努力因素与自然因素分离出来，从而准确地判断经营者的努力程度是所有者实施激励薪酬时应该注意的主要问题。如果加入更多的指标有助于更精准地确定经营者的努力程度，且多加入这些指标成本并不高的话，那么，企业所有者应该在激励合同中加入更多的产出观测指标。事实上，企业所有者对公司产出往往会采用一定的标准——公司绩效评价标准，以央企为例，2006 年开始实施的《中央企业综合绩效评价管理暂行办法》将企业综合绩效评价确定为财务绩效定量评价和管理绩效定性评价两部分，依据该暂行办法制订《中央企业综合绩效评价实施细则》，企业综合绩效评价指标由 22 个财务绩效定量评价指标和 8 个管理绩效定性评价指标组成。其中财务绩效定量评价指标由反映企业盈利能力状况、资产质量状况、债务风险状况和经营增长状况四个方面的 8 个基本指标和 14 个修正指标构成，我们有理由相信，如此多的指标可以更为有效地帮助所有者识别企业产出究竟更多出自经营者努力还是自然因素。从这个意义上说，公司绩效反映了经营者努力程度，而激励薪酬要求经营者的努力程度与其薪酬相关，因此，本文提出假设 1：经营者的薪酬高低由公司绩效决定，两者存在正相关关系，即公司绩效越好，经营者薪酬越高。

二　薪酬激励与公司规模

当我们把经营者努力的边际成本考虑进来时，经营者的能力就会影响激励薪酬的设计。我们假设在文化产业里，经营者面对两组契约，一是创造 200 万元的利润，获得 10 万元的报酬；二是创造 300 万元的利润，获得 13 万元的报酬。如果经营者创造 300 万元的利润需要投入的成本比创造 200 万元的利润投入的成本刚好高出 3 万元，那么企业利润是 200 万元还是 300 万元对于经营者来讲，是没有差别的。进一步说，如果企业多创造 100 万元利润要求经营者投入的个人成本超过了 3 万元，那么理性的经营者是不会选择产出 300 万元利润的，尽管 13 万元的报酬看上去比 10 万元的报酬要高。这一简单的分析有助于让我们看到努力成本在报酬激励中的重要性，尤其是当代理人能力较低（努力成本较高）时，选择较高的产出对其来说是得不偿失的。

由于不对称信息下经营者要选择的薪酬合约是一组合约，经营者可以选择的努力程度是连续的变量，高效率经营者还可能通过伪装成低效率经营者来提高自身效用，而如果所有者对几个经营者提供相同的薪酬合约时，这一问题尤其突出。拉丰教授在《激励理论》一书中证明，在信息不对称条件下，低效率代理人的产出并不存在扭曲，而高效率代理人的产出存在向下的扭曲[①]。低效率的经营者之所以没有模仿高效率经营者正是因为努力成本太大的缘故，而高效率经营者积极地模仿低效率经营者却可以获得更大的收益，这一收益正是其努力成本与低效率经营者的努力成本之差。薪酬契约不具备激励性质，原因在于所有者对经营者的努力成本了解不足，从而破坏了激励相容约束。经营者选择何种程度的努力，取决于哪种薪酬所带来的效用最大，而经营者的效用等于薪酬减去其努力成本的差值，如果企业的薪酬合约缺乏对经营者努力成本的考虑，就会存在低产出带来的效用大于高产出带来的效用，经营者就有动机不付出更多的努力，即使其有较高的能力，也不会选择实现较高的产出剩余。通过图3－1可以更为直观地看到这一问题。

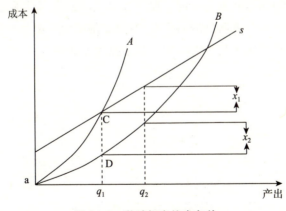

图3－1　激励相容约束条件

---

① 〔法〕让－雅克·拉丰、〔法〕大卫·马赫蒂摩：《激励理论（第一卷）委托－代理模型》，陈志俊等译，中国人民大学出版社，2002，第26页。

图 3-1 中的横轴代表企业的产出，纵轴代表经营者的努力成本。我们这里以出版发行企业为例，经营者的薪酬结构多为固定薪酬加绩效薪酬，这是一种线性报酬，我们将这种薪酬结构写作 $s = a + bq$，满足条件 $a > 0$，$0 < b < 1$，其中 s 表示经营者的薪酬，a 为固定薪酬，b 是绩效薪酬的系数，q 为企业产出剩余，图中的直线 s 代表的是薪酬直线；曲线 A 和曲线 B 分别代表低效率经营者 A 和高效率经营者 B 的成本函数，分别满足条件 $A' > 0$，$A'' \geq 0$，$B' > 0$，$B'' \geq 0$。$A' > 0$ 和 $B' > 0$ 表示经营者 A 和经营者 B 的努力成本随着产出剩余的增大而增大，$A'' \geq 0$ 和 $B'' \geq 0$ 则意味着随着产出剩余的增大，经营者努力成本的增速也会越来越快。从图 3-1 中可以看出，在 s 薪酬结构下，经营者 A 的最优产出剩余为 q_1，此时其薪酬和努力成本相等，想要经营者 A 有更大的产出剩余，就需要给予相当高的薪酬才能抵消其骤然上升的努力成本。但对于高效率经营者 B 来说，此时的努力成本仅为 q_1 到 D 之间的距离，他在同样的产出剩余 q_1 处获得了高于经营者 A 从 D 到 C 的效用，因此，经营者 B 有积极的动机将自己伪装为经营者 A，要想激励高效率经营者 B 将产出剩余从 q_1 增大至 q_2，则必须保证薪酬的增长 x_1 大于努力成本的增长 x_2。此处因为 x_1 小于 x_2，所以经营者 B 不会选择产出剩余 q_2。

从以上的分析我们看到，信息不对称的存在使高效率的经营者总能获得一定的信息租金，仅仅从薪酬的绝对数字上表现出干多干少不一样，是不能确保薪酬契约是激励薪酬的。要想让高效率经营者实现更高的努力程度，就需要增大经营者薪酬的斜率 b，使 s 变得陡峭，也就是说这种薪酬合约的主要问题是激励不足，需要加大激励强度才能满足其激励条件。

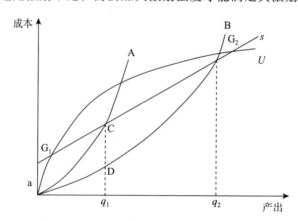

图 3-2　所有者效用函数对薪酬激励的约束

　　与激励不足相对的另一个问题是激励过度。激励机制的核心在于实现所有者和经营者利益一致的最大化，并非一味激励经营者投入无限的努力。对于所有者来说存在激励成本的问题，如果给予经营者的薪酬可以弥补经营者的努力成本，却超出了企业边际产出为所有者所带来的回报，那么所有者宁愿选择较低的激励水平。

　　图 3-2 比图 3-1 多了一条曲线 U，曲线 U 在此表示的是所有者的效用函数，纵坐标轴对经营者而言代表努力成本，对于所有者而言，则代表获得的效用。所有者效用曲线 U 满足条件 $U' > 0$，$U'' < 0$。$U' > 0$ 表示随着产出增大所有者的效用也在增大，$U'' < 0$ 表示随着产出增大所有者的效用增长速度会越来越缓慢。这同时也说明，所有者对经营者的激励并不是无限的，必须确保经营者增加产出能够增加所有者的效用。从所有者效用函数曲线 U 可以看出，在 G_1 到 G_2 区间内，所有者都可以对经营者实施激励薪酬，最高薪酬为 G_2，但这一最高薪酬能否达到仍然取决于经营者的努力成本，在 s 报酬结构下，无论是经营者 A 还是 B 都无法获得 G_2 的报酬，因为这一报酬所对应的产出剩余，对于 A 和 B 来说，努力成本都要远远超过所获得的薪酬。所以，也就不可能有比 q_2 更大的产出剩余。那么，如何才能使经营者 B 达到 G_2 所对应的产出剩余呢？从图 3-2 看，唯一的方法是调整 s 的斜率，使其变得更为陡峭。只要所有者从其收益中扣除经营者的努力成本后还有剩余，他就会继续实施激励。虽然在信息不对称的条件下，所有者无法知道经营者的努力程度和努力成本，但通过长期的博弈，以及与同行业的竞争对比，可以逐渐了解经营者的类型，对其有一个大致的估测。

　　考虑激励成本的问题，对于企业所有者来说意味着防止出现激励过度。当企业所有者希望经营者提高公司绩效时，首先要考虑企业所能够给予经营者多大的激励空间。就目前文化产业上市公司来看，一些以往经营绩效较差的公司，在确定公司高级管理人员和经营者的薪酬时，往往参考同行业其他公司的薪酬水平，却忽视企业自身的盈利水平，结果造成了企业盈利不足以支持高管薪酬，甚至企业亏损经营者仍然拿高薪的情况。也许正是薪酬与公司绩效之间缺乏应有关联的缘故，才导致激励效率低下，经营者缺乏企业家精神，公司绩效越来越差。

　　以上的分析表明，激励薪酬可能存在激励不足与激励过度的问题，由于经营者努力成本不同，激励的强度就会随之变化，所有这些问题的原因都和经营者的努力成本有关。经营者的努力边际成本代表了经营者的能力，一般来说，"企业规模越大，经理可控制的资源也就越高，涉及的经营管理问题也就越复杂，因而对经理的能力要求也就越高"①。可以认为，企业的规模是衡量经营者能力的重要指标，规模比较大的企业经营者的努力边际成本要低于规模较小企业的经营者的努力边际成本，因此，需要其投入更多的努力，这就要求给予其大于规模较小企业的激励，才能激励其更加努力。由此，本文提出假设 2：经营者的薪酬高低与公司规模存在正相关关系。

三 股权激励

（一）经营者的风险态度与薪酬结构

通过上文的分析，我们已经知道，经营者的努力成本决定了其最优产出，而所有者效用函数则决定着经营者报酬区间。在线性的报酬结构下，s 的斜率是由报酬中的绩效分配系数 b 来决定的，b 越大，s 就越陡峭，激励强度就会越大。但是需要注意的是，所有者的效用函数取决于经营者的效率，当经营者效率类型既定时，委托人的效用函数也就确定下来，在这种情况下，就不得不考虑固定报酬 a 在其中的作用。当 a 增大时，b 调整的空间就会变小，当 a 变小时，b 的调整空间就会增大。这一点并不难理解，如果经营者报酬中的固定报酬很高时，绩效报酬的数量就会减少，反之亦然。因此，我们有必要知道，是什么决定了固定报酬的大小，并由此进一步决定了报酬的激励强度。

张维迎认为，给定努力水平时，产出是一个随机变量，报酬支付可以简化为一个典型的风险分担问题。② 换句话说，经营者对报酬结构的选择取决于他的风险态度，如果经营者持风险规避的态度，他就会选择固定收入较高的报酬结构以求保险，当报酬中的固定报酬比重比较大，绩效报酬所占份额比较小时，企业绩效的变动对于经营者报酬的影响变得微弱，这种情况下，由于 a 的增大使 b 变小，报酬直线就会变得平坦，报酬激励强度变小，企业绩效提升而带来的报酬回报和经营者投入的努力成本相比微不足道，很难形成对经营者的有效激励。进一步讲，如果经营者绝对地厌

---

① 周业安：《经理报酬与企业绩效关系的经济学分析》，《中国工业经济》2000 年第 5 期。
② 张维迎：《博弈论与信息经济学》，上海人民出版社，1996，第 409 页。

恶风险，不愿意承担任何风险，那么他的绩效报酬为零，收入全部为固定工资，经营者无论努力与否都取得固定的收入，这显然不符合激励报酬的特征。在不对称信息下，所有者会按照其所观测的产出来估测经营者的努力程度，根据其投入努力的程度来分配经营者的收入，经营者必须分担一定的风险。

如果经营者属于风险中性，那么他对于固定报酬和绩效报酬的认识是无差异的，最优合同可以实现，因为经营者承担了不确定性带来的风险，他也就没有必要偷懒或者从事机会行为。Jensen 和 Murphy 认为，由于将 CEO 对公司价值的边际贡献分离出来是不可能的，所以一个风险中性的 CEO 能够得到全部边际利润时，他有动机采取最优行动，这种合约实际上是将公司出售给了 CEO，而股东预先得到固定的费用。[①] Jensen 和 Murphy 的这一认识实际上是建立在所有者对风险规避的基础上的，事实上大多数所有者都是风险中性的。Williamson 认为，因为所有者投资的多元化，使其在多数情况下都是风险中性的，而经营者因为将人力资本全部投入公司，自身的风险承受能力有限，因而往往是风险规避型的。[②] 当双方都是风险中性时，相互分担自己在公司中投入的资本风险，均可以获得最大收益。在风险态度与收益问题上，孔梓耀的研究结果表明，只有经营者的态度是风险中性时，股东才有可能获得较高的收益，如果经营者持风险规避态度，股东风险中性反而不如选择风险规避，风险态度的选取使得股东的收益变得不确定。[③] 由此可知，经营者的风险态度在决定所有者收益上起重要作用。

股权激励与经营者薪酬激励的不同之处在于，它本身并不是固定的，会随着公司的股票价格变动而变动，如果是限制性股票的话，不仅存在为经营者带来收益的可能，股价下跌还可能使经营者遭受损失，因此，股权激励可以看作一种可变薪酬，股权激励的实施会改变经营者薪酬中可变收入的比例，也就是增大了经营者薪酬的斜率 b，斜率的增大意味着经营者

① Jensen M C, Murphy K J. "Performance Pay and Top-Management Incentives", [J]. *The Journal of Political Economy*, 1990, 98 (2): 225 – 264.

② Williamson O E. "Managerial Discretion and Business Behavior", [J]. *The American Economic Review*, 1963, 53 (5): 1032 – 1057.

③ 孔梓耀：《非对称信息条件下公司制企业的委托 - 代理分析》，吉林大学硕士学位论文，2009，第 22～25 页。

激励强度的加大，不仅有了获取更多收入的可能，也加大了经营者承担的风险，从这个意义上来说，股权激励迫使经营者承担更多的风险，可以优化激励合同。

（二）股权激励与短期化行为

一般来说，在没有股权激励的情况下，经营者的薪酬只与公司年度的经营状况有关，与公司的长期价值关联不大。从现行《中央企业负责人经营业绩考核暂行办法》来看，国资委对经营者薪酬的确定主要考核利润总额和经济增加值，这些指标本身都存在一个目标值，经营者的业绩和薪酬都将以经营状况与目标值的对比来衡量，只有达到了目标值才能得到本项考核的计分，多完成加分，完不成扣分。那么，这些目标值是怎么定的呢？《中央企业负责人经营业绩考核暂行办法》第二章第十二条规定，考核目标建议值原则上不低于前一任期的考核指标实际完成值，或者不低于目标值与实际完成值的平均值；在第四章第二十四条中又规定，对于利润总额低于上一年的企业，无论其考核结果处于哪一个级别，其绩效薪金倍数应当低于上一年。对于这些规定我们可以看出，经营者下一年的收入是和上一年的收入有密切联系的，如果经营者预期任期为三年，那么精明的经营者一定会防止利润总额出现大起大落，呈现缓慢增长，即使当年有较好的机会，他也要权衡骤然上升的利润对下一年度考核的影响，这就是激励中存在的"棘轮效应"。也就是说，经营者上年度的业绩越好，所有者对经营者下期的考核目标值也会相应越高，这对于经营者来说显然是十分不利的。本书认为，国资委对央企负责人的考核办法在某种程度上会起到示范作用，各个地方政府极有可能效仿这一做法对地方国有企业采取类似的考核办法，但对于文化产业来说，大多数公司转制不久且为国有控股，在对经营者考核上存在"棘轮效应"的可能性非常大。与此同时，国有企业经营者的任期存在着极大的不确定性，正如陈惠湘[1]指出的，中国短命的优秀企业家多，真正愿意长期在国有企业工作下去的经理是很少的，很多企业家都有"打短工"的意识，把企业当作跳板，一个任期干下来，取得一些成绩，然后离开企业另谋高就。在这种情况下，经营者更关心的是任期内各年度的经营增长状况，在关系到公司未来经营的重大决策方面，因为现任的经营者很难从中受益，甚至还要承担不确定性风险带来的损失，往往

---

[1]　陈惠湘：《中国企业批判》，北京大学出版社，1997，第9~11页。

会比较保守，倾向于"短、平、快"项目，短期化行为则在所难免。

因为股权激励是一种长期合约，我国《上市公司股权激励管理办法（试行）》规定股权激励的有效期为 10 年，无论是股票期权还是限制性股票，未满行权期或禁售期，经营者无法将其变现。如果经营者的收入中包含了股权激励的话，无论其任期多久，股权激励的收入都必须按照相应的政策和法规兑现，尤其是在经营者股权激励收入所占比重较大的情况下，经营者所关心的就不仅仅是短期利益，还会重视公司的长远发展规划，因为公司未来经营的好坏对经营者收入影响巨大，这样就能够从一定程度上减少经营者急功近利的行为，遏制"竭泽而渔"式的经营方式，实现企业的内涵式发展。基于以上分析，本文提出如下假设：

假设 3：存在经营者持股的上市公司绩效要好于不存在经营者持股的上市公司。

假设 4：上市公司经营者的持股比例与公司绩效正相关。

四　锦标赛理论与薪酬差距

（一）锦标赛理论

锦标赛理论最早由 Lazear 和 Rosen 于 1981 年提出，他们认为，在代理人的产出难以观测导致监督困难的情况下，或者外生因素影响较大时，计件工资就显得无能为力，此时可以采用基于代理人排序的契约方式，因为对代理人的排序要比观测每一个代理人的边际产出容易得多。这一契约事先设定总的报酬水平，其报酬结构中包含了对胜出者和失败者的两种报酬，无论单个代理人个人绝对业绩表现如何，只有胜出者能够获得高报酬（胜出者报酬），其他人则获得低报酬（失败者报酬），由于这一报酬方式原型来自网球锦标赛，所以被称为锦标赛理论（Tournament Theory）。

与计件工资相比，锦标赛理论在解决信息不对称情况下对代理人的激励问题上有很大优势。首先，在最优的计件工资契约中，委托人可以根据代理人的边际产出来设定提成比率，这可以达到帕累托最优，但是这需要委托人明确地知道代理人的边际产出；其次，在外生因素对代理人产出影响较大时，计件工资就很难准确衡量代理人的工作效率，职业风险带来的不确定因素也会使代理人要求提供一定的补偿，如增大固定收入部分，减少可变收入，当固定收入增大而可变收入减小时，边际产出带来的收益也会减少，在这种情况下往往会因为代理人边际收益不足以弥补边际投入而降低激励效率。锦标赛理论则克服了这两个问题，首先，在这一报酬方式下，委托人不必清楚地知道每个代理人的边际产出，因为每个代理人的薪酬所得并不取决于他个人的绝对绩效，而是取决于他在整个团队中的排名；其次，锦标赛理论作为一种相对绩效理论，消除了外生因素对单个代理人的影响，Green 和 Jerry① 将锦标赛理论与合同理论进行比较后发现，锦标赛报酬可以剔除代理人面临的共同的不确定因素，尤其是当市场上有众多的竞争对手时，由于多个代理人所面临的是同样的市场环境，单个代理人面对委托人时就很难用运气、市场波动、政策等解释绩效的波动，所以，这种报酬方式省去了观测成本和监督成本。

在锦标赛理论中，对代理人的激励强度起决定性作用的不是薪酬水平，而是薪酬差距。Lazear 和 Rosen② 证明了无论是两个代理人还是多个代理人，只要最低薪酬满足参与约束条件，也就是说，最低薪酬不能低于代理人的保留效用，这一报酬机制就会起作用。对于大多数代理人来说，他们更关心的是胜出者报酬与最低薪酬之间的差距，因为代理人要有较高的能力才可能成为胜出者，而代理人在提高自身素质和努力水平时必然会导致成本增加，其是否选择提高自身素质或提高努力水平，取决于胜出者的报酬与最低薪酬之间的差距是否足以弥补其增加的成本并带来收益，如果这一差距能够满足这一要求，代理人便会选择更加努力来争取胜出。由此可以看出，薪酬差距与胜出概率密切相关，胜出概率越小，薪酬差距就会越大。Conyon③ 用 100 家英国上市公司的数据来检验锦标赛理论，结果显示，CEO 与其他管理人员报酬差距和参与者数量正相关。从这一结论中我们看到，当竞争者数量增多时，胜出概率变小，这就需要加大薪酬差距来提高激励强度。

虽然委托人可以通过加大薪酬差距来增大激励强度，但薪酬差距的加大也可能会带来一些负面的影响，Lazear 等④的研究认为，过大的薪酬差

---

① Jerry R, Green N L S. "A Comparison of Tournaments and Contracts" [J]. *The Journal of Political Economy*, 1983, 91 (3): 349 – 364.

② EP Lazear, S Rosen. "Rank-order Tournaments as Optimum Labor Contracts" [J]. *Journal of Political Economy*, 1981, 89 (5): 841 – 864.

③ Conyon M J P S. "Corporate Tournaments and Executive Compensation: Evidence from the U. K.", [J]. *Strategic Management Journal*, 2001, 8: 805 – 815.

④ Edward P, Lazear K L S. "Personnel Economics the Economist's View of Human Resources" [J]. *Journal of Economic Perspective*, 2007, 21 (4): 97 – 114.

距在给予代理人高强度激励的同时，会使代理人的工作环境变得更不愉快，最终降低整体激励效果，最典型的就是共谋或拆台。因为锦标赛报酬是事先确定的，无论个人表现如何，胜出者的薪酬和失败者的薪酬都不再发生变化，代理人就可能通过相互串通的方式，轻易拿走胜出者薪酬，反过来说，代理人也可能因为激烈竞争而相互拆台，同样降低激励效果。

（二）传播与文化企业经营者的薪酬差距

对于文化产业经营者来说，如果他们的产出就是公司绩效，我们很难用某个指标来准确衡量单个经营者的边际产出，更重要的是，他们的产出水平受外生因素的影响也很大。以传媒业和出版业为例，首先，单个经营者做出的贡献不可能用公司每年的广告收入和发行收入来准确衡量，也就是说，我们无法分离出单个经营者的产出衡量指标。其次，政策和市场变化对于公司绩效的影响也非常大，比如2009年国务院发布《文化产业振兴规划》后，各地政府加大了对文化产业的扶持力度，很多传媒和出版企业、动漫企业等都获得了政府给予的扶持资金和减免奖励，公司绩效得到改善，如果不考虑这些外生因素的影响，对经营者的工作评价必然出现偏差，而这些因素的影响又无法提前预知，所以对于传播与文化企业经营者来说，锦标赛报酬机制在解决这一问题上便显示出其特别的优势。

锦标赛理论认为，对于高级管理层，可以按照职位的高低来设计报酬，因为一般情况下，代理人的职务是一步步晋升的，总经理很可能是从副总经理的职务上提拔而来。如果把总经理的职务看作对胜出者的奖励，这一职务的报酬就要和下一层级有明显的差距，体现出胜出者报酬与失败者报酬的不同，这样才会产生激励效果。正如Lazear和Rosen所说的那样，"假设某天一个副总经理被提拔为总经理，他的薪水可能提高了3倍，很难说他的能力在那天提高了3倍，按照一般的理论，副总经理与总经理之间的工资差距应该很小。但如果以锦标赛理论来看，就容易得到解释，因为总经理是个胜出者，他得到了最高奖励，他的报酬反映的不仅仅是他个人的能力，而且可以激发其他人努力工作以提升到更高的岗位上"[1]。

对经营者实行锦标赛报酬，要考虑影响薪酬差距的因素，从前面的分析可以看出，胜出概率是影响代理人薪酬差距的主要因素，对单个经营者

---

[1]　EP Lazear, S Rosen. "Rank-order Tournaments as Optimum Labor Contracts" [J]. *Journal of Political Economy*, 1981, 89 (5): 841-864.

来说，胜出概率受随机变量和竞争人数的影响。Eriksson 认为，"当运气或其他随机变量对产出的影响很重要时，公司用大的工资差距来补偿努力，从而减少随机因素的影响。当竞争者增加时，在风险中性的条件下，奖金差距加大，激励效果不会受到影响。因为竞争者增加，胜出的概率减少，边际努力增加，要激发努力程度，就需要增加奖金的差距。"① 因此，经营者的数量是影响经营者薪酬差距的一个重要因素，经营者数量越多，薪酬差距就会越大。但是正如前文分析的那样，薪酬差距的加大可能会带来很多负面的影响，尤其是对于经营者来说，一个团结协作的经营班子显然要比充满竞争的经营班子更有价值，所以还要避免经营者之间过分的竞争，防止经营者之间缺乏合作精神。对于锦标赛报酬带来的合谋或拆台等问题，Edward② 等认为可以通过引入外部人竞争来减轻这一问题的困扰。事实上，与部门经理或普通工人的业绩评价不同的是，对于经营者的业绩评价，是通过公司在整个产业里的情况来做出判断的，经营者与众多的竞争者通过串谋来获得胜出者报酬的可能性极小，至于拆台等不正当竞争行为，因为并不处在同一公司，可以由相关法律法规来解决。

另外，很关键的一点是，对于经营者来说，影响其胜出概率的还包括代理人自己对胜出概率的心理预期。文化产业作为特殊的产业，政策壁垒比一般产业要高，加上国有股权所占比重较大，享受着国家的特殊政策，上市公司总经理的任命从副总经理中遴选的概率也是一个重要的影响因素，如果总经理从副总经理中遴选的概率很低，也就意味着作为副总经理的经营者胜出概率很低，这就需要加大总经理与副总经理之间的薪酬差距来提高激励强度，补偿胜出概率较低所带来的消极影响。由于现任总经理由公司内部继任还是从外部选任会影响副总经理对胜出概率的判断，进而影响经营者之间的薪酬差距，因此，现任总经理由公司内部继任的上市公司经营者薪酬差距小，而现任总经理由公司外部选任的上市公司经营者薪酬差距大。

（三）研究假设的提出

基于对锦标赛理论的认识，本节提出如下假设：

---

① Eriksson T. "Executive Compensation and Tournament Theory: Empirical Tests on Danish Data" [J]. *Journal of Labor Economics*, 1999, 17 (2): 262 – 280.

② Edward P, Lazear K L S. "Personnel Economics: the Economist's View of Human Resources". *NBER Working Paper*, No. 13653, 2007.

假设 5：文化产业上市公司经营者的薪酬差距与公司绩效正相关。

假设 6：经营者的数量与经营者薪酬差距正相关。

假设 7：经营者来源对薪酬差距有显著影响，经营者来自内部的上市公司薪酬差距小于经营者来自外部的上市公司。

第三节　非货币激励

能够对经营者产生激励作用的，除了货币因素外还有许多非货币因素，如职务晋升、职务消费、声誉激励等，因此，在考虑经营者激励时单纯考虑薪酬是不准确的。由于经营者的职务晋升所带来的激励包括货币收益的增加和控制权的增加，此处主要关注非货币因素，所以主要考虑控制权的激励。控制权的增加主要包括职务消费的扩大、指挥人数的增多以及心理满足感的提高等，其中后面两项由于难以度量不易做出判断，但通过对职务消费的研究可以在一定程度上衡量职务晋升所带来的激励，这样，职务消费就可以同时衡量职务晋升的激励。此外，声誉激励作为一种非货币激励方式也是影响经营者行为的重要因素。因此，本书对非货币激励的研究主要集中在职务消费和声誉激励两个方面。

一　职务消费

由前文可知，经营者的收益函数为：

$$U = u(s) - c(e) \tag{3.13}$$

在（3.13）式中，$u(s)$ 只是经营者获取的货币收益，实际上职务消费包括经营者豪华的办公室和高档的座驾，公司为经营者承担的通信与差旅费用等，对于经营者来说，无疑会产生正的收益，考虑了这些因素的存在后，如果我们假设经营者的职务消费收益为 $u(p)$，那么就可以把经营者的收益函数改写为：

$$U = u(s) + u(p) - c(e) \tag{3.14}$$

从（3.14）式中这个新的经营者收益函数来看，就会发现即使 $u(s) < c(e)$，参与约束条件仍然会得到满足的情况，这就解释了为什么有的经营者货币报酬并不高，却仍然能够努力工作。从（3.14）函数公式中，可

以看出职务消费和货币报酬之间存在着替代效应，也就是说，货币报酬不高的时候，职务消费可以提供额外的激励。

对于职务消费的激励作用，一直以来存在两种截然相反的态度，以Jensen 和 Meckling[①]为首的学者认为职务消费是一种代理成本，如果管理者不能拥有 100% 的股份，那么他在企业中消费 1 美元的非金钱收益将不再是 1 美元，而是 1 美元乘以其所拥有的股份，所以管理者会增加职务消费，而这会损害企业的价值。Grossman 和 Hart[②] 指出，职务消费是经营者挪用剩余利润的主要方式，会损害股东利益。我国的学者大多认为目前经营者的在职消费很不合理，其激励作用微弱，和公司绩效之间存在负相关关系，必须控制经营者过度"在职消费"之类的隐性收入。但以 Fama 为首的另一派学者则认为职务消费激励作用明显，Fama[③] 认为如果职务消费的激励效果比增加额外报酬要便宜的话，那么职务消费是一个平衡经理激励和股东价值的很好的方法。Bennardo[④] 也认为职务消费是最优激励合同的一部分，如果经理货币薪酬不够高的话，职务消费可以减少直接提供激励报酬的成本。我国一些学者如陈冬华等[⑤]也指出，在当前制度创新尚未成熟前，职务消费可以作为经理人自我激励的方法。总的来说，在职务消费激励作用方面，多数学者的态度仍然非常谨慎，虽然承认职务消费的激励作用，但并不认为这是一种好的激励方式，普遍认为职务消费支出不合理，可以考虑将职务消费货币化。

本书认为，在讨论职务消费的激励作用上，首先，要确定职务消费的激励作用对于所有者来说究竟是利大于弊还是弊大于利，其根本原因是什么？如果职务消费在代替货币薪酬激励方面更为经济的话，当然要肯定职务消费存在的合理性。其次，如果职务消费的激励作用对所有者有利的

① Jensen M C, Meckling W H. "Theory of the Firm: Managerial Behavior, Agency Costs and Ownership Structure", [J]. *Journal of Financial Economics*, 1976, 3 (4): 305–360.
② Grossman S J, Hart O D. "Takeover Bids, The Free-Rider Problem, and the Theory of the Corporation", [J]. *The Bell Journal of Economics*, 1980, 11 (1): 42–64.
③ Fama E F. "Agency Problems and the Theory of the Firm", [J]. *The Journal of Political Economy*, 1980, 88 (2): 288–307.
④ Alberto Bennardo P C A J. "Perks as Second Best Optimal Compensations", [Z]. *Centre for Studies in Economics and Finance (CSEF)*, University of Naples, Italy: 2010.
⑤ 陈冬华、陈信元、万华林：《国有企业中的薪酬管制与在职消费》，《经济研究》2005 年第 2 期。

话，是否存在一个最优的区间，多于或少于这一区间的职务消费均不利于公司绩效，唯有职务消费额度控制于该区间对公司绩效才最为有利，如何确定这一区间？只有把这些问题搞清楚了，我们才能说明职务消费的激励效果究竟如何。

对于所有者而言，经营者的职务消费和货币薪酬之间是无差异的，无论支出100元的职务消费还是支出100元的货币薪酬，对所有者来说都是经营成本，如果相同单位的职务消费的激励作用更强，所有者就可以通过增加职务消费并减少货币薪酬来提高自己的收益，反之，则可以通过提高货币薪酬来提高自己的收益。那么，职务消费和货币薪酬对于经营者的激励作用哪一个更强呢？

首先，与货币薪酬相比，职务消费是一种权利，具有时效性，只能在职消费，一旦经营者职位丧失，职务消费的权利也就随之消失，所以职务消费的贴现率很大，经营者不能够像对待货币薪酬一样，将本期暂不需要消费的财富储存起来供需要的时候消费；其次，职务消费限制性很强，只能因公消费，不能任意乱花，同样单位的财富，如果是货币的话，经营者想买什么就可以买什么，甚至可以将这些财富转移给自己的家人，但职务消费却要受到工作需要的限制，无法储存或者转移。正是因为贴现和职务消费范围的限制，在经营者眼里，同等单位的职务消费价值与货币薪酬的价值相比就大打折扣，可以想象，如果将经营者差旅全额报销改为差旅定额补助，经营者一定会尽量压缩在差旅方面的开支，以使自己获得更多的收益。这就表明，货币报酬的激励作用显然比职务消费大，所有者提高经营者一单位的货币薪酬收入可以降低超过一单位的职务消费支出。

对于职务消费与货币薪酬的替代效用，图3-3可以形象地展示职务消费的激励作用不及货币薪酬的问题。

直线 VA 是所有者的支出，因为一单位的职务消费和货币薪酬对所有者来说是无差异的，所以 VA 是一个斜率为1的直线。曲线 VB 代表货币薪酬与职务消费对经营者带来的效用，由于职务消费对于经营者来说不如货币薪酬效用大，所以在同等的收入下，经营者收益中的货币薪酬比例的下降会增加对职务消费的需求，从而使所有者利益受损。特别的，经营者收益中职务消费的比例越大，则职务消费的效用相对于货币薪酬而言折损就越大，只有当经营者的所有收入全部为货币收入时，才能达到最优，不会存在财富的折损。所以经营者的收益是一条曲线，而且其斜率会随着职务

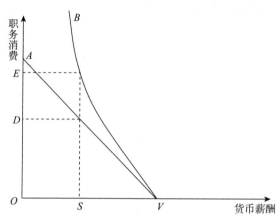

图 3 - 3　职务消费与货币薪酬的替代效用

消费比例的增加而增加，变得越发陡峭。从图 3 - 3 中可以看到，如果经营者的收入全部为货币薪酬时，他的收入为 OV，此时经营者和所有者之间的认识是无差异的。但如果收益中包含职务消费的话，比如货币薪酬为 OS，此时在所有者眼里，因为货币薪酬与职务消费并无差别，所以 OS 的货币支出加上 OD 职务消费支出与 OV 是等同的，但在经营者看来，OS 的货币薪酬必须加上 OE 职务消费才能和 OV 等同。于是，当货币薪酬从 OV 减少到 OS 时，OD 的职务消费并不能补偿经营者货币薪酬损失的 SV，需要多付出 DE 的职务消费才能使经营者获得同等的收益，而 DE 正是所有者的净损失。所以，职务消费虽然对经营者也有激励作用，却会使所有者收益受损。

根据以上分析，在经营者职务消费方面，本书提出如下假设：

假设 8：经营者职务消费与公司绩效和经营者薪酬负相关。

二　声誉激励

最早注意到经营者声誉激励的是美国芝加哥大学的 Fama，他在其经典论文《代理问题和公司理论》中谈到，经营成败传递了经理人的经营才能大小，像球队教练一样，虽然收入在当期业绩不受影响，但长远来看，经营业绩将影响其将来的收入。由此他认为，经理人积极努力地工作，是为了挣得一个良好的声誉，从而提高未来的收入[①]。基于 Fama 的

① Fama E F. "Agency Problems and the Theory of the Firm", [J]. *The Journal of Political Economy*, 1980, 88 (2): 288 - 307.

认识，Holmstrom① 进一步发展出代理人 – 声誉模型，在这一模型中，Holmstrom 发现声誉激励在经理人职业生涯的早期有效，当经营者接近退休，预期到最后一次博弈时，往往会采取短期行为。

Holmstrom 从博弈论的角度来看声誉激励的有效性，直接证明了声誉可以作为显性激励契约的替代物，给后来的研究者以极大的启发。有限重复博弈的研究者认为，对于个人来讲，因为存在最后一次性博弈的可能，由此倒推则认为倒数第二次一直到第一次均出现纳什均衡，但事实上，在经营者和所有者的重复博弈上，往往会出现更多的合作行为，李军林利用不完全信息下重复动态博弈的模型，通过分析认为"即使是不合作类型的经营者，考虑到未来的收益，也会在最后一期之前表现为合作，以谋取最大的收益"②。黄群慧等在这个问题上，也持相同的看法，他们也认为经营者一般会有一个对未来的预期，如果经营者对将来的预期比较多，那么他未来收益相对就会较高，这时，只要经营者能够意识到他和所有者之间的博弈能够重复下去，他就可能会为了保住现有的职位而重视声誉激励，从而克服自己的利己行为。反过来说，如果经营者认为他和所有者之间是一次性的博弈关系，就有可能重视现期收益，而不重视职业声誉，发生"机会主义"行为③。事实上，从经营者的角度来看，作为一个博弈方，他很清楚采取合作与不合作的结果，除非预期到这将是最后一次博弈或者贴现率特别大，否则理性的经营者不会为了当前的利益而使自己未来的巨大收益化为乌有。

我们假定公司所有者和经营者每年签订一次合同，公司所有者根据公司绩效的好坏来判断经营者的努力程度并决定经营者的报酬，如果公司绩效好，则认为经营者努力程度高并给予高报酬，下一年仍然会让其拥有经营者的职位甚至予以提拔；反之，如果公司绩效差，所有者会认为经营者偷懒懈怠或有利己行为，给予其低报酬，甚至在下一年解聘经营者。在这种情况下，经营者需要考虑的总收益就不仅包含了当期合同的收益，还包

① Holmstrom B. "Moral Hazard in Teams"，[J]. *The Bell Journal of Economics*，1982，13（2）：324 – 340.
② 李军林：《声誉、控制权与博弈均衡——一个关于国有企业经营绩效的博弈分析》，《上海财经大学学报》2002 年第 4 期。
③ 黄群慧、李春琦：《报酬、声誉与经营者长期化行为的激励》，《中国工业经济》2001 年第 1 期。

括以后各期的收益，因为经营者和所有者之间的博弈会重复下去，这使得经营者不可能采取类似单期合同那样的博弈纳什均衡策略，即选择利己行为狠狠捞一把然后离开公司。他需要考虑本期的行为对未来收益的影响，尤其是对于文化产业的经营者来说，由于控股股东多为国有股，他所面对的博弈对象就是政府组织，一旦政府组织发现该经营者属于不合作类型的，就会采取强有力的惩罚措施，不仅在下一阶段继续获取原有薪酬或担任经营者的可能性会大大下降，而且可能失去已有的收益。对于经营者来说，失去现有职务意味着失去了薪酬和一切控制权收益，考虑到这一点，即使是特别自利的经营者也往往会伪装自己，在双方博弈未结束之前采取合作的态度，努力工作继续保持职位甚至谋求进一步的升职。我们可以通过以下的博弈分析经营者在重复博弈中的合作行为。

在该博弈中存在两个参与方：经营者和所有者。

经营者的行动策略组合包括采取利己行为和不采取利己行为，如果采取利己行为则说明经营者是不合作型的；反之，则是合作型的。

所有者的行动策略组合有奖励和惩罚，如果经营者是合作型的，所有者会给予其奖励，即继续与其合作下去，如果经营者不合作，则所有者会给予其惩罚，结束双方的合作，博弈结束（事实上所有者采取的是冷酷策略，即对方合作我就一直合作，直至对方出现不合作，我就不合作）。

经营者的收益：经营者合作时收益为 W，采取利己行为时收益为 B，$B > W$，如果经营者合作的话，下期的博弈中仍然可以获得 W；如果经营者采取利己行为，当期可以获得 B，但以后博弈结束，不存在下期收益。假设贴现系数为 δ，经营者在两次重复博弈中的收益的现在值就等于当期收益加上贴现系数乘以未来收益，即 $W + \delta W$，若重复 n 次，则经营者的收益现在值为：

$$W + W\delta + W\delta^2 + \cdots + W\delta^n + \cdots \tag{3.15}$$

经营者是否采取利己行为取决于 B，如果 $B \geqslant W + W\delta + W\delta^2 + \cdots + W\delta^n + \cdots$，那么经营者可能会采取利己行为，（3.15）式的含义也可以理解为经营者当期的非法收益 $(B - W)$ 要大于等于未来预期收益的现在值，而经营者未来的预期收益的现在值取决于两个因素，一是 W，即合作时的正常收益，二是贴现因素 δ。在给定 W 的情况下，δ 的大小是决定经营者是否采取利己行为的主要因素。那么贴现因素 δ 是由什么来决定呢？拉斯穆森[①]认为，贴现有两个重要来源：时间偏好与博弈结束的概率，如果时间偏好用 ρ 来表示，每期博弈结束的概率用 θ 来表示，则贴现因素可以写为：

$$\delta = \frac{1 - \theta}{1 + \rho} \tag{3.16}$$

在公式（3.16）中，$1 - \theta$ 表示博弈能够继续进行下去的概率，ρ 作为时间偏好率，多以银行利率来表示。由此，我们可以认为，博弈能够继续进行下去的概率越高，则贴现因素的值也就越大，所有者未来的收益会越高。下面我们用一个具体的例子来说明这一问题，假设经营者采取与所有者合作的态度所得到的总收益为 8，那么下期仍然可以保持职位继续获取收益 8；若选择利己行为，采取不与所有者合作的态度，经营者当期收益为 18，那么所有者会在下一期解雇经营者，双方终止合同，以后经营者的收益为 0。假设经营者和所有者存在三次重复博弈的机会，那么经营者可以预期他在三次重复博弈时均采取合作的收益的现在值就等于 $8 + 8\delta + 8\delta^2$。如果假设当前银行利率为 10% 的话，经营者采取利己行为要求满足条件为：

$$18 \geqslant 8 + 8\left(\frac{1 - \theta}{1 + 10\%}\right) + 8\left(\frac{1 - \theta}{1 + 10\%}\right)^2 \tag{3.17}$$

对（3.17）式求解后可得 $\theta \geqslant 0.28$，也就是说，只有经营者预期到下期不能再博弈下去的概率超过 28% 时，经营者才会采取不合作态度。事实上，只要博弈能够重复下去的概率较高，即使经营者当前的收入较低，利己行为收入很高，经营者仍然能够克服诱惑，因为其未来的预期收入还是很高的，重复次数越多，其预期收入就越高。只要经营者意识到与所有者的博弈会不断重复下去，经营者就有必要保持合作的态度，争取良好的声誉，以确保自己未来的收益。

通过以上的分析我们看到，经营者与所有者博弈继续进行的概率是决定经营者未来收益的主要因素，而对于大多数企业来说，经营者的年龄是影响其博弈重复次数的主要因素，之所以 Holmstrom 发现经营者年龄接近退休时往往会采取短期行为，其原因也在于此。对于文化产业上市公司来

---

① 〔美〕艾里克·拉斯穆森：《博弈与信息：博弈论概论（第四版）》，韩松等译，中国人民大学出版社，2009，第 562~563 页。

说，国有企业所占比例较大，而目前国有企业对经营者任期年龄的要求比较严格，随着经营者年龄增加，经营者可以预计他（她）未来能够重复博弈的概率会越来越小，未来的预期收益在总收益中所占比例也会越来越小，如果经营者接近退休年龄，预期到是最后一次博弈，经营者可能会采取利己策略而不必担心下一期遭到公司所有者实施的惩罚策略，也就是说，之前维护的声誉在最后一期可以全部用尽。反之，对于年轻的经营者而言，因为预期到博弈继续进行下去的概率很高，和所有者的重复博弈还要进行多次，未来的收益在其总收益中所占比重较大，他们更倾向于采取合作的态度，努力经营公司，创造好的公司绩效来挣得好的声誉。对于非国有企业来说，经理人所面临的问题也是如此，唯一的不同之处在于他们可能不是 60 岁强制退休，经营者不能确定自己将在哪一个时期终止和所有者之间的博弈，但不管是否 60 岁一定要终止和公司所有者之间的博弈，年龄越大，博弈继续下去的概率就会越小，未来的收益也就会越少，也就是说年龄会改变经营者对未来收益的预期，从而影响其在现阶段的经营行为，经营者平均年龄越年轻，则越注意维护自己的声誉，公司绩效会较好，职务消费等利己行为会更少。由此，本书提出如下假设：

假设 9：经营者的年龄与公司绩效负相关。

假设 10：经营者的年龄与职务消费正相关。

第四节　本章小结

本章针对经营者的货币激励和非货币激励问题，共提出如下 10 个假设。

假设 1：经营者的薪酬高低由公司绩效决定，两者存在正相关关系，即公司绩效越好，经营者薪酬越高。

假设 2：经营者的薪酬高低与企业规模存在正相关关系。

假设 3：存在经营者持股的上市公司绩效要好于不存在经营者持股的上市公司。

假设 4：上市公司经营者的持股比例与公司绩效正相关。

假设 5：文化产业上市公司经营者的薪酬差距与公司绩效正相关。

假设 6：经营者的数量与经营者薪酬差距正相关。

假设 7：经营者来源对薪酬差距有显著影响，经营者来自内部的上市公司薪酬差距小于经营者来自外部的上市公司。

假设 8：经营者职务消费与公司绩效和经营者薪酬负相关。

假设 9：经营者的年龄与公司绩效负相关。

假设 10：经营者的年龄与职务消费正相关。

第四章　经营者约束机制的理论分析与研究假设

第一节　约束问题的产生

经营者不仅需要激励，还需要约束。如果说激励是所有者希望经营者"做什么"，那么约束就是所有者希望经营者"不做什么"。缺乏必要的约束机制，激励机制就难以发挥作用，经营者仍然可以按照自己利益最大化的目标行动。因为即使企业实施了激励薪酬，经营者从产出剩余中获得的报酬始终只是其中的一部分，所有者作为出资人，会以投入的资本来分享其应得的剩余价值，除非所有者获得固定的收益，经营者享有全部产出剩余并承担经营风险，否则经营者总会有积极性向所有者谎报产出剩余，将其据为己有，从而侵占所有者应得利益。事实上，在信息不对称的情况下，如果所有者不对经营者实施适当的监督，经营者会用各种方式来侵占所有者的利益，但监督总是要付出成本的，所有者对经营者的监督越是严格，其付出的监督成本就越是高昂，如果所有者付出的监督成本高于经营者侵占所带来的损失，这种监督方式就得不偿失。可以预计，所有者对经营者的监督投入不会大于经营者侵占使其遭受的损失，有限的监督成本对经营者来说意味着总是会存在利己行为的机会，这就需要有相应的约束机制来约束经营者利己的机会主义行为。因此，约束机制之所以必要，根本的原因有两点：一是经营者和所有者之间存在信息不对称；二是所有者对经营者实施完全的监督成本过于高昂，得不偿失。

第二节　内部约束

一　股东

股东作为公司的所有者，是公司剩余利润的索取者，他们有天然的动力去监督经营者的经营行为。但是，对于上市公司来说，由于股东众多，各个股东所占有的股份比例不同，其采取监督行为所带来的收益能否弥补其监督成本将是影响股东是否实施监督行为的决定性因素。一般来说，在上市公司中股东所获得的收益大小取决于其持股比例的多少，股东持股比例较高，收益就会较高，持股比例微不足道，则收益很低。因此，在决定是否付出监督成本上，股东持股比例的高低就决定了股东是否会选择对经营者实施监督行为。本节通过对不同股权集中度下股东行为的博弈分析，来说明股权集中度对股东监督行为的影响。

首先，我们考虑高股权集中度下各个股东的监督行为。在股权集中度较高的情况下，上市公司只存在一个持股比例较高的绝对控股股东，其余股东为持股比例较低的小股东。我们假设股东对经营者实施监督的全部成本为 c，若控股股东即大股东选择监督则其收益为 $R-c$，小股东若选择监督则其收益为 $r-c$；若大股东选择监督小股东选择不监督，那么大股东收益为 $R-c$，小股东收益为 r，反之则大股东收益为 R，小股东收益为 $r-c$。考虑到小股东持股比例很低，而对经营者实施监督成本较高，此处我们假定 $r-c<0$；如果双方均不监督，则收益均为 0。博弈矩阵如图 4-1 所示。

		小股东	
		监　督	不监督
大股东	监　督	$R-c$, $r-c$	$R-c$, r
	不监督	R, $r-c$	0, 0

图 4-1　大、小股东承担全部监督成本时的博弈矩阵

从图 4-1 的矩阵中，我们可以看出，这是一个典型的智猪博弈，给定大股东选择监督，小股东的最优选择是不监督；给定大股东选择不监督，小股东的最优策略仍然是不监督，该博弈存在着稳定的纳什均衡策略，那

就是大股东监督，小股东不监督。小股东承担不起较高的监督成本，决定了小股东必然会采取"搭便车"的策略。那么，是否存在这样一种情况，即大股东和小股东分担监督成本，大股东承担更多的监督，小股东承担较少的监督，由此确保小股东监督时收益不为负，以刺激双方都监督而获得帕累托最优的结果呢？要分析这一情况，需要将监督成本 c 分为 c_1 和 c_2，满足条件 $c_1 > c_2$，大股东承担 c_1，由此其收益为 $R - c_1$，小股东监督时收益为 $r - c_2$，满足条件 $r - c_2 > 0$。另外，由于双方分担了监督成本，那么在有一方不监督的情况下，另一方即使选择监督也不可能获得其承担全部监督时的收益，所以，当大股东监督而小股东不监督时大股东收益为 $R_1 - c_1$，小股东收益为 r_1，当小股东监督而大股东不监督时，大股东收益为 R_2，小股东收益为 $r_2 - c_2$（其中 $r_2 - c_2 < 0$，这是因为在股权高度集中的情况下，大股东承担了大部分的监督职能，一旦大股东不监督，小股东的收益会遭到严重侵害，r_2 会很小，这种情况下再承担 c_2 的监督成本后会得不偿失），满足条件 $r_1 + r_2 = r$，$R_1 + R_2 = R$，$r_1 > r_2$，$R_1 > R_2$。其中条件 $r_1 + r_2 = r$，$R_1 + R_2 = R$ 意味着大股东和小股东都监督时能够获得全部收益，只有一方监督时，无论是大股东还是小股东，都只能获得对方监督为自己带来的收益；而 $r_1 > r_2$，$R_1 > R_2$ 则说明大股东监督而小股东不监督时双方的收益均高于小股东监督而大股东不监督时的收益，根据以上假设可以写出如下博弈矩阵（见图 4 - 2）：

		小股东	
		监督	不监督
大股东	监督	$R - c_1$, $r - c_2$	$R_1 - c_1$, r_1
	不监督	R_2, $r_2 - c_2$	0, 0

图 4 - 2　大、小股东分担监督成本时的博弈矩阵

从这一博弈矩阵来看，给定大股东选择监督，小股东选择监督的条件是 $r - c_2 > r_1$，这一满足条件可以改写为：

$$r - c_2 - r_1 > 0 \tag{4.1}$$

由于 $r - r_1 = r_2$，所以（4.1）式实际上是要求满足 $r_2 - c_2 > 0$，从我们前边的假设条件来看，$r_2 - c_2 < 0$，因此，该条件不满足，小股东会选择不监督；而给定大股东选择不监督，小股东仍然会选择不监督；从另一方面

来看，无论小股东是否监督，大股东的最优策略都是监督，所以，该博弈的纳什均衡仍然是大股东监督，小股东不监督。在高股权集中度下，小股东不可能与大股东分担监督成本，要达到这一条件，则必须确保即使是大股东不监督，小股东实施的监督仍然能够为自己带来正效益，显然，在高股权集中度下，单单小股东实施监督是不可能为自己带来正效益的。

其次，我们考察在适度集中的股权下，各个股东的监督行为。适度集中的股权意味着上市公司存在多个大股东，持股比例上升改变了监督成本大于所获收益的不利状况。此处为了方便分析，我们假设公司有两个持股比例相差较小的大股东，则仍然可以以图4-1代表两个股东全部投入监督时的博弈收益，唯一改变的是此时 $r-c>0$。于是，智猪博弈变成了斗鸡博弈，两个大股东可能会都监督，也可能会都不监督。如果是一次性博弈，是否选择监督与先行动一方的选择有关，如果大股东1首先选择了监督，则大股东2会坐享其成；反之如果大股东1用行动表明自己不会选择监督，则大股东2不得不选择监督。但是，大股东之间显然不是一次性的博弈，双方会通过事前磋商或者谈判来改变博弈方式，如双方轮流监督或者分担监督成本。对于双方分担监督成本的情况我们可以通过图4-2来分析双方的博弈行为，此时图4-2中的 R 和 r 分别代表大股东1和大股东2同时监督时各自的收益，c_1 和 c_2 分别代表各自分担的监督成本，由于大股东2持股比例也比较高，双方无论对方是否监督，只要自己投入应分担的监督成本，监督收益都会大于成本。所以与大小股东博弈不同的是，此时满足条件 $r_2-c_2>0$，这会使 $r-c_2>r_1$，同样的，对于大股东1来说，条件 $R_1-c_1>0$ 和 $R-c_1>R_2$ 也得到满足，于是该博弈的纳什均衡就是大股东1和大股东2均选择监督。

最后，我们来看一下高度分散的股权下股东的监督行为。可以想象，在股权高度分散时，任何一个单独的股东都没有能力承担全部监督成本，无论哪个股东实施了监督行为，都可能会造成其收益为负的不利状况，所以任何一个单独的股东都不会选择监督，也就不会存在某一股东监督，其他股东"搭便车"的问题，但是，如果所有的股东都选择不监督，其收益均为零，市场就不可能存在，这显然与现实是不符的。事实上，以重复博弈的视角来看，这一问题是可以解决的，因为所有的股东都会预料到没有人会独自采取监督行为，只有大家相互合作，共同解决监督的问题才能带来收益，这会使众多小股东联合起来，分担监督成本从而共享监督收益，毕竟监督收益是大于监督成本的。这里存在的问题是，小股东共同推举形成的监督人本身并不能享受全部的监督收益，只是一个代理人，所以其监督动力可能会不及大股东本人，进一步说，对于单独的小股东来说，持股比例太少使其难以在监督机制上发挥更大作用，在"用手投票"不能解决问题时就只能"用脚投票"。

通过以上的分析我们可以看出，股东对经营者的约束与股权的集中度存在着明显的相关性。高度集中的股权结构一方面保证了大股东有足够的动力和能力去监督经营者，能够强有力地约束经营者的利己行为，但从另一方面来看，由于小股东无力对公司实施全面监督，大股东的绝对控股极易导致其通过各种方式侵占小股东的利益。较高股权集中度对公司绩效究竟是否有利，一直以来都存在争议，Shleifer 和 Vishny[1] 等人认为大股东的存在有利于公司绩效的提升，而 Demsetz[2]、Porta 等[3]则认同后一种说法，即大股东更可能侵占小股东利益，追求自身利益的最大化而不是公司利益的最大化。我国学者近年的研究结果也表明，控股股东的监督效应和"隧道效应"是并存的。如，施东晖的研究认为，"大股东和控股上市公司之间通过关联交易、商标租赁使用、原料采购和产品销售以及上市公司为第一大股东提供资金或资金担保，形成不对等的资金交易关系，从而使上市公司增加了财务与经营风险。相反，在那些无控股股东、股权相对分散的上市公司中，公司治理结构的分权与制衡作用发挥得比较完善，证券市场的监控功能也能得到充分发挥。"[4] 与此同时，孙永祥和黄祖辉[5]的研究认为，与股权高度集中和股权高度分散的结构相比，适度集中的股权结构下，由于股东之间的相互制衡，对公司绩效和公司治理更为有利。吴淑琨[6]的研究也表明股权集中度与公司绩效呈倒 U 型相关关系。因此，本文

---

① Morck R, Shleifer A, Vishny R W. "Management Ownership and Market Valuation: An Empirical Analysis", [J]. *Journal of Financial Economics*, 20 (0): 293 – 315.

② Demsetz H, Lehn K. "The Structure of Corporate Ownership: Causes and Consequences", [J]. *The Journal of Political Economy*, 1985, 93 (6): 1155 – 1177.

③ Porta R L, Lopez-de-Silanes F, Shleifer A. "Corporate Ownership around the World", [J]. *The Journal of Finance*, 1999, 54 (2): 471 – 517.

④ 施东晖：《股权结构、公司治理与绩效表现》，《世界经济》2000 年第 12 期。

⑤ 孙永祥、黄祖辉：《上市公司的股权结构与绩效》，《经济研究》1999 年第 12 期。

⑥ 吴淑琨：《股权结构与公司绩效的 U 型关系研究——1997 ~ 2000 年上市公司的实证研究》，《中国工业经济》2002 年第 1 期。

认为，高度集中的股权有利于大股东对经营者实施监督，但同时可能会因为其超强控制能力而影响到经营者经营行为，进而侵占中、小股东利益，不利于公司绩效的提升。总的来说，股权集中度越高，监督就越有利，经营者薪酬与代理成本都会相应降低，但是考虑到股权集中度过高时，大股东会侵占公司利益，所以股权集中度过高或过低都可能会对公司绩效产生不利影响。

基于以上分析，本书对股东的约束效果提出如下假设：

假设11：股权集中度与经营者薪酬和代理成本负相关，与公司绩效存在倒 U 型的曲线关系。

二　董事会

董事会之所以必要，是因为当股东人数很多时，如果公司的经营还是由众多股东按照一定的投票规则对公司经营进行决策的话，其交易成本会很大，使经营无法正常进行。所以，股东们会通过股东大会选举出自己的代理机构——董事会，由董事会代表其行使职权，从这个意义上讲，董事会作为股东大会的代理人是代表股东利益的，既然股东的主要功能是对公司的经营做出决策和监督，那么董事会的主要功能应该也是如此。从《公司法》赋予董事会的职责来看，其主要的职责就是执行股东决议，对公司做出战略决策和经营监督。从董事会的实际运作来看，董事会一般下设战略委员会、审计委员会、薪酬与提名委员会，而审计委员会、薪酬与提名委员会均涉及对董事和经理的监督，可以说，董事会工作委员会的设置亦说明了董事会的职责所在。由于在现代公司管理模式下，董事会往往将日常经营交给经营层，它同时又成了经营层的代理人，在公司监管中处于"承上启下"的重要位置，其监督职能便显得愈发突出。所以"无论现实中各公司董事会职权差异有多大，监督权始终是其最重要的一个职权"[1]。在董事会行使监督职权时，董事会特征无疑会影响到其监督效果，这些特征包括董事会规模、董事会的会议次数和董事会的独立性。

（一）董事会规模

一直以来，在董事会的规模与监督效果的研究成果方面，存在两种完全不同的理论：资源依赖理论和委托代理理论。资源依赖理论认为，"董

---

① 杜琰：《我国独立董事制度作用及低效成因研究》，河南大学出版社，2009，第131页。

事会规模可以作为一个组织通过与外部环境相联系以获取关键资源的能力计量指标，它反映了公司订约环境的大致'内容'和董事会服务所提供的专家建议的数量。对于外部有效联系的需求越大，董事会的规模就应该越大。"① 但委托代理理论则指出，由于董事会和经营层之间是二级代理关系，虽然董事会的监督能力会因为董事数量增加而提高，但随着董事会规模的扩大，董事会成员之间的协调和沟通效率会降低，同时会使董事会成员产生"搭便车"的动机，这些损失将超过董事会成员增加所带来的收益，所以较大的董事会规模会提升代理成本，并不利于公司绩效的提升。此外，当董事会规模过大时，由于各个董事发言的时间会缩减，不利于充分讨论，Jensen 更别出心裁地指出，"目前的董事会工作以率真和公正为代价，将更多的重点置于客气、礼貌和谦恭上，当董事会的成员数量超过7 人至 8 人时，就不太可能有效地发挥作用，更容易被 CEO 控制。"② 多数实证研究的结果也支持较小的董事会规模运作更为高效。

按照企业管理理论的观点来看，董事会成员的增多固然可以增加信息搜集来源从而提高监督收益，但增加董事会成员不可能是无成本的，公司必须为多增加的董事支付必要的薪酬，那么，可以认为，董事会规模应该大到多增加一个董事会成员所带来的监督收益刚好等于其所产生的监督成本这一点，也就是边际收益等于边际成本，达到这一平衡点时的董事会规模可以认为是最优董事会规模。

基于这一认识，本文提出假设 12：董事会规模应该同公司绩效呈倒 U 型的曲线关系，即在达到最优董事会规模之前，增加董事会成员与公司绩效正相关，在达到最优董事会规模后，增加董事会成员与公司绩效负相关。

（二）董事会会议次数

我国《公司法》规定，董事会每年度至少召开两次会议，董事会会议应有过半数的董事出席方可举行。董事会做出决议，必须经全体董事的过半数通过。由此可见，董事会决议是董事履行职责和行使权利的主要方式，董事会决议必须通过董事会会议来完成。从这个意义上来说，董事会

---

① 于东智：《董事会与公司治理》，清华大学出版社，2004，第 105～107 页。

② Jensen M C. "The Modern Industrial Revolution, Exit, and the Failure of Internal Control Systems" [J]. *The Journal of Finance*, 1993, 48 (3): 831－880.

会议体现了董事对工作的勤勉程度，董事会会议次数较多，反映出董事们经常对公司经营过程中出现的问题进行磋商和讨论，如果董事会会议次数较少，则表明董事们缺乏足够的时间来研究解决公司存在的问题，丁忠明就认为，"如果一个董事会每年所开的会议次数较少，很难相信它是一个对工作认真负责的董事会"[①]。通常更多的交流可以使董事们掌握更多关于经营者的信息，从而加强对经营者的监督力度，Lipton 和 Lorsch[②]就指出，董事面临的一个最普遍的问题是缺乏时间去履行其职责，足够的工作时间是董事履行监管职能的基本条件之一，经常会面的董事能更好地履行其职责，保护好股东的利益。牛建波等[③]认为董事会会议次数越多，越说明董事有充足的时间来执行监督职能，表明董事会行为越积极。但也有不少学者持相反意见，如 Vafeas 等就指出，董事会会议本身更像是一个灭火装置，而不是预防装置，他的实证研究结果也表明了董事会频次与公司价值呈负相关关系，董事会会议次数往往会在股价下挫后增加[④]。李常青和赖建清[⑤]的实证研究认为董事会会议次数是公司 ROE（净资产收益率）和 EPS（每股收益）下滑的一种反映，薛有志等[⑥]的研究表明了董事会会议次数不仅不能减轻代理成本，反而增加了代理成本。胡晓阳等[⑦]也发现增加董事会会议次数并不会导致较高的公司绩效水平。

从现行的法律制度来看，由于董事会以会议的形式做出决议，必须召开会议才能发挥它的功能，每一个上市公司在理论上都有一个必要的董事会会议次数，这是维持公司正常运营的基本条件，对于文化产业来说，涉及的公司不仅有广播影视、出版发行类公司，还包括动漫游戏、广告印刷、信息传播等公司，这些公司虽然同为文化产业，但由于业务不同，面

---

① 丁忠明：《中国公司董事会治理研究》，合肥工业大学出版社，2009，第 172 页。

② A, Lipton M, Lorsch J W. "Modest Proposal for Improved Corporate Governance" [J]. *The Business Lawyer*, 1992, 48 (12): 59 - 77.

③ 牛建波、李胜楠：《董事会的治理绩效研究——基于民营上市公司面板数据的实证分析》，《山西财经大学学报》2008 年第 1 期。

④ Nikos V. "Board Meeting Frequency and Firm Performance", [J]. *Journal of Financial Economics*, 1999, 53 (1): 113 - 142.

⑤ 李常青、赖建清：《董事会特征影响公司绩效吗?》，《金融研究》2004 年第 5 期。

⑥ 薛有志、彭华伟、李国栋：《董事会会议的监督效应及其影响因素研究》，《财经问题研究》2010 年第 1 期。

⑦ 胡晓阳、李少斌、冯科：《我国上市公司董事会行为与公司绩效变化的实证分析》，《中国软科学》2005 年第 6 期。

临的市场环境也千差万别，在召开董事会会议次数上必然存在差别。因此，不能一概而论地认为董事会会议次数的增加体现了董事工作的勤勉程度，或者因公司经营业绩下滑所致，所以董事会会议和公司绩效之间不存在必然的联系。但另一个不争的事实是，董事会会议是有成本的，如董事会费、办公费以及对独立董事支付的差旅费等，过多的董事会会议可能会引致较高的代理成本。

基于此点考虑，本文提出假设13：董事会会议次数与公司绩效不存在相关关系，与代理成本负相关。

（三）董事会的独立性

董事会的独立性是决定董事会监督意愿强弱的关键因素。董事会的独立性主要体现在董事的独立性上，如果董事能够独立于大股东和经营层，那么他监督的公正性和意愿就会增强，因为对于内部董事来说，一方面会受到大股东的影响，另一方面会存在个人控制权收益，与经营层的事务交往会影响董事做出公正的判断，所以独立董事的比例成为目前衡量董事会独立性的主要指标。

对于独立董事的监督行为，我们通过一个监督博弈模型来分析影响其监督行为的主要因素。对该博弈的定义如下：

（1）博弈的参与方：在此博弈中，存在两个参与方，一是经营者，二是独立董事，此处为了方便分析，我们假设有独立董事 A 和独立董事 B。

（2）博弈各方的行动策略：经营者的行动策略包括违规和不违规；独立董事 A 和独立董事 B 的行动策略包括监督和不监督。

（3）博弈各方收益：如果经营者不违规，可以获得正常收益 a；如果经营者违规且未被发现，则收益为 $a+b$，b 为其违规行为获得的额外收益，若被发现则收益为 $a+b-f$，其中 f 为罚金。对于独立董事 A 和独立董事 B 来说，如果都选择监督，则双方收益相同，均为 $w+r-c$，其中 w 为独立董事从上市公司获得的报酬，r 为其声誉收益，c 为监督成本，包括独立董事个人投入的时间和精力；如果一方监督，而另一方不监督，则监督方获得的收益为 $w+r-c$，不监督方因为声誉受损获得的收益为 $w-r$；双方都不监督，则都获得 w。（此处假设经营者有违规行为时只要有一个独立董事监督就可以发现，都不监督则不能发现）此博弈中，各个博弈方均知道在各种情况下自己和其他参与方的收益，即不同状况下各方的收益是共同知道的。

（4）博弈的信息结构：经营者并不清楚各个独立董事监督的偏好类型，但知道他们偏好类型的概率分布，假设经营者认为独立董事 A 和独立董事 B 分别有 p 和 q 的概率偏好监督（$0 \leqslant p \leqslant 1$，$0 \leqslant q \leqslant 1$），则独立董事 A 和独立董事 B 不监督的可能分别为 $1-p$ 和 $1-q$。对各个独立董事来说，轮到他们行动时，他们不清楚经营者是否选择了违规，只知道其概率分布，与此同时，独立董事 A 与独立董事 B 之间同样如此，不知道对方的监督偏好类型，只知道对方监督偏好的概率分布。

从以上的博弈模型我们可以看出，这个博弈中不仅存在着经营者同全部独立董事之间的博弈，还包括独立董事 A 与独立董事 B 之间的博弈。首先，我们来看经营者与全部独立董事之间的博弈矩阵（见图 4 - 3）。

		独立董事 A、独立董事 B	
		监督	不监督
经营者	违规	0, $w+r-c$	$a+b$, w
	不违规	a, $w-c$	a, w

图 4 - 3 经营者与独立董事之间的博弈矩阵

在经营者和独立董事之间的博弈中，经营者先行动，独立董事随后行动，假定经营者选择违规，则独立董事选择监督需要满足条件 $w+r-c > w$，即 $r > c$，也就是说，独立董事获得的声誉收益必须大于其监督成本。我们先分析条件得到满足时的情况，如果条件满足，则独立董事会选择监督；假定经营者选择不违规，则独立董事的最佳策略为不监督。这样，独立董事的监督与否取决于经营者是否选择违规，经营者在行动时，实际上并不清楚独立董事们是否会选择监督，如果独立董事们选择监督的概率高，经营者就不会采取违规行为。当存在两个独立董事时，经营者会认为独立董事 A 和独立董事 B 分别会以 p 和 q 的概率实施监督，那么两者之中有人实施监督的概率就是 $p+q-pq$，由于 p 和 q 均处在区间 $[0, 1]$，所以有两个独立董事时，监督的概率就严格大于一个独立董事监督的概率 p 或者 q。预期到被监督的概率为 $p+q-pq$ 时，经营者选择违规就必须满足条件：

$$[1-(p+q-pq)] \ (a+b) \geqslant [1-(p+q-pq)] \ a+(p+q-pq) \ a \qquad (4.2)$$

对（4.2）式求解可得：

$$(p + q - pq) \leqslant \frac{b}{a + b} \qquad (4.3)$$

不难理解，随着独立董事的增多，经营者预期到被监督的概率会严格递增，选择违规要满足的条件也越来越苛刻。因此，在声誉激励条件得到满足时，提高独立董事的人数可以提高经营者被监督概率的预期，从而减少经营者的违规行为。为了直观地看到这一结果，我们举例予以说明，假定经营者违规且不被发现时收益 $a + b$ 为 30，被发现为 0，不违规合法收益 a 为 15。将这些数字代入（4.3）式有：

$$p + q - pq \leqslant \frac{1}{3} \qquad (4.4)$$

这就是说，只有预期到独立董事中出现监督的概率小于 1/3 时，经营者才会选择违规行为。进一步的，假定经营者认为独立董事 A 监督的概率为 20%，独立董事 B 监督的概率为 25%，虽然每一个人的监督概率均满足经营者违规的条件，但两个独立董事中有一个监督的概率为：

$$20\% + 25\% - 20\% \times 25\% = 40\% \qquad (4.5)$$

由于（4.5）式结果大于 1/3，故条件无法满足，经营者就不会选择违规行为。

再来看当 $r > c$ 不成立，也就是独立董事获得的声誉收益小于监督成本时的结果，此时给定经营者违规，独立董事会选择不监督；给定经营者不违规，独立董事的最优策略仍然是不监督，预期到独立董事始终会选择不监督，那么经营者的最优选择当然是违规。

接下来我们分析独立董事 A 与独立董事 B 的博弈，双方博弈矩阵如图 4-4 所示。

		独立董事 B	
		监督	不监督
独立董事 A	监督	$w + r + c$, $w + r - c$	$w + r - c$, $w - r$
	不监督	$w - r$, $w + r - c$	w, w

图 4-4　独立董事 A 与独立董事 B 的博弈矩阵

由于独立董事 A 和独立董事 B 是同时采取行动，因此这是一个静态博弈。博弈双方会考虑对方的选择来选择自己的最优策略，假定独立董事 A

选择监督，独立董事 B 选择监督，则必须满足条件 $w+r-c>w-r$，也就是声誉收益必须大于监督成本的 1/2。如果条件得到满足，则独立董事选择监督。假定独立董事 A 选择不监督，独立董事 B 选择监督，则要满足条件 $w+r-c>w$，即 $r>c$，若满足，则独立董事 B 会选择监督。对于独立董事 A 来说同样如此。

若 $r>c$ 不满足但 $r>\dfrac{c}{2}$ 条件得到满足，若独立董事 B 认为独立董事 A 选择监督，他也会选择监督；若认为独立董事 A 选择不监督，独立董事 B 同样选择不监督。这里存在两个纳什均衡：都监督或者都不监督。

最后，若 $r>\dfrac{c}{2}$ 条件也无法得到满足，那么，无论独立董事 A 选择监督还是不监督，独立董事 B 都会选择不监督，由于博弈是对称的，无论独立董事 B 选择什么，独立董事 A 的最优策略也都是不监督。

通过以上分析我们看出，只有在独立董事声誉机制发挥作用的前提下，独立董事才可能选择监督，但目前大多数学者都认为我国独立董事声誉激励不起作用，这从很大程度上解释了为什么当前独立董事在上市公司中监督作用收效甚微。此处，我们需要考虑的是，在声誉机制暂时不能发挥作用的前提下，有没有其他办法提高独立董事的监督效果呢？从图4-4的博弈矩阵中，我们可以看到，除了声誉收益可以改变独立董事的收益进而改变其行为外，通过调整独立董事薪酬 w 可以起到同样作用。由于目前独立董事一般不在上市公司领取薪酬，而只是领取一定的津贴，所以，这就决定了独立董事监督与不监督所获取的收入几乎没有差别，西方发达国家独立董事在上市公司所拿的报酬虽然也很少，但他们的外部市场环境与我国不同，声誉机制发挥作用。对于我国的上市公司来说，既然声誉机制不起作用，就必须改变独立董事只拿固定津贴的做法，在为独立董事制定报酬时，不能"一刀切"，让全部独立董事领取相同的收入，应做到监督与不监督收入不同，使独立董事之间形成竞争博弈，这不仅能够提高对另一方选择监督的预期，而且如果自己选择不监督，别人一旦选择了监督，自己的策略就会成为严格的劣势策略。对经营者来说，提高独立董事监督时的收益，同样会形成如同满足声誉机制发挥作用时的情形，配合增加独立董事的人数，就可以有效地提高独立董事的监督概率，减少经营者的违规行为。从当前文化产业的实际情况来看，由于独立董事多由大股东提名，而经营层同样由大股东提名，这就使得经营者对独立董事监督的预期概率大为下降，要提高经营者的预期概率就必须增加独立董事在董事会中的比例。在独立董事薪酬方面，虽然各个上市公司的独立董事薪酬有高有低，但就同一公司来看，各个独立董事的薪酬则完全相同，也就是说，各个独立董事的努力程度与其收益并不相干，监督与不监督收益并无差别。基于这些分析，本文提出如下假设：

假设14a：独立董事比例同公司绩效正相关，同代理成本负相关。

假设14b：独立董事薪酬同公司绩效和代理成本不相关。

三 监事会

根据《公司法》的规定，股份制上市公司监事会的职权包括：检查公司财务；对董事、高级管理人员执行公司职务的行为进行监督，对违反法律、行政法规、公司章程或者股东会决议的董事、高级管理人员提出罢免的建议；当董事、高级管理人员的行为损害公司的利益时，要求董事、高级管理人员予以纠正；在董事或高级管理人员出现违规行为时按照股东的书面要求对董事、高级管理人员提起诉讼等。对比监事会和独立董事之间的职权不难发现，虽然两者职权有一定的交叉，但独立董事更侧重于事前和事中的监督，其监督方式主要是提议和报告；而监事会则侧重于事后监督，其监督方式主要是提出建议或者通过法律手段来解决。事实上，除了职工监事外，监事会成员大多是股东大会选举出来的，加上董事和经理不能兼任监事的要求，这种产生机制就从名义上保证了监事会和董事会有着同样的地位，考虑到监事多为公司内部成员，他们对公司的经营情况要比独立董事了解得更多，监事会承担公司内部监督是有着天然的优势的。

但问题是，监事不可能什么业务也不做而只负责检查董事和经理的行为。在大多数上市公司，尤其是国有上市公司，经营者同样是由大股东（国有股东）来选择，而且在公司经营业务中，经营者在上市公司的地位明显高于监事，这样，监事名义上的地位和实际的地位就不太吻合。虽然《公司法》明确要求监事的检查成本由公司承担，但监事在检查经营者的过程中，不可避免地要投入个人精力、时间等成本，甚至可能会因此得罪经营者而遭到报复，这些成本只能由监事本人来承担，而即使检查出问题也只是对董事或经理进行处罚，并没有对监事进行奖励的规定；反过来说，如果监事不作为，公司法并没有对监督不力的处罚措施做出明确规定。因此，就《公司法》而言，我们就很难找到监事努力工作实施监督的动力，反倒容易出现监事无所作为或者同经营者合谋的可能，对于这一问题，我们可以通过博弈模型更清楚地展现监事会在监督经营者时的行为取向。

本博弈中包括如下几个要素：

一是博弈的参与方，包括经营者和监事。

二是各个参与方可实施的策略空间，即经营者可以选择违规和不违规，监事可以选择监督和不监督。

三是各个参与方的收益。如果经营者选择不违规，那么其收益为 R_1；如果选择违规且不被发现，则收益为 R_2，如被发现则收益为 $R_2 - F$。F 为经营者所遭受的处罚，其中 $R_2 > R_1 > R_2 - F$。对监事来说，如果监事监督则经营者违规行为会被发现，如果其不监督，则经营者违规行为不会被发现，但是无论经营者是否违规，监事选择不监督时其收益始终为 W，选择监督时将付出个人成本 C，所以选择监督时收益为 $W - C$。

四是博弈中的各个参与方对自己的收益和行动策略以及其他参与方的收益和行动策略都有准确的了解，即该博弈是完美且完全信息博弈。

		监事	
		监督	不监督
经营者	违规	$R_2 - F$，$W - C$	R_2，W
	不违规	R_1，$W - C$	R_1，W

图 4-5 监事监督行为博弈支付矩阵

从图 4-5 的博弈矩阵不难看出，对于监事来说，无论经营者违规与否，其严格的优势策略就是选择不监督，所以博弈双方的纳什均衡为经营者违规，监事不监督。因为监事如果监督的话，自己要承受个人成本却得不到任何好处，同时会让经理人遭受处罚，这无疑是一件损人不利己的事，监事没有理由和动机这么做，而且在长期的合约下，由于监事需要和经营者重复博弈，经营者有动机给监事分配一部分非法所得以改变其行为选择，出现这样的结果显然是不符合企业所有者的要求的。面对这一问题，周丽[1]提出可以从三个方面入手解决监事不监督的问题：一是提高监

---

① 周丽：《股东会与监事会的博弈分析》，《企业家天地》2006 年第 12 期。

事监督的收益；二是加大对监事不监督的惩罚力度；三是降低监事的监督成本。我们可以依据这一建议，改变博弈支付矩阵。首先，可以假定企业所有者改变了监事的报酬，即加大对监事的激励，当监事在经营者违规时实施监督则给其奖励 V。其次，当经营者违规暴露时，对于监督不力的监事，则建立相应的惩罚机制，一旦经营者违规行为被查出，监事未实施监督的话就要给予一定的罚款 F。根据以上的假设可以认为，监事在经营者违规时监督经营者时的收益为 $W+V-C$，其中 W 是监事报酬，V 是对监事监督的奖励，C 是监督成本。反之，若经营者违规而监事不监督，则收益为 $W-F_1$，其中 F_1 是对监事的罚款，满足条件 $W-C>W-F_1$。如果经营者不违规，则双方收益不变，监事监督不受奖励，不监督也不受罚。修正后的博弈矩阵如图 4-6 所示。

		监事	
		监督	不监督
经营者	违规	R_2-F, $W+V-C$	R_2, $W-F_1$
	不违规	R_1, $W-C$	R_1, W

图 4-6　对监事实施激励与约束时监督行为博弈矩阵

由于改变了监事的收益，该博弈不存在纯策略的纳什均衡，监事选择监督还是不监督的优势策略取决于经营者是否违规，对经营者同样如此，因为监事是否选择监督和经营者是否选择违规对于双方来说都是私人信息，故此博弈是不完全信息博弈。假设监事监督的概率为 P_1，那么其不监督的概率就为 $1-P_1$，给定监事以 P_2 的概率监督，则经营者违规与不违规的收益分别为：

经营者违规收益：$P_1(R_2-F)+(1-P_1)R_2$　　　　　　　　　　　(4.6)

经营者不违规收益：$P_1 \times R_1+(1-P_1)R_1$　　　　　　　　　　(4.7)

由于信息不完全，经营者会采取混合策略，因此 (4.6) 式和 (4.7) 式是相等的，于是有：

$$P_1(R_2-F)+(1-P_1)R_2=P_1 \times R_1+(1-P_1)R_1 \qquad (4.8)$$

对 (4.8) 式求解可得：

$$P_1=\frac{R_2-R_1}{F} \qquad (4.9)$$

使用同样方法，我们假设经营者以 P_2 的概率违规，那么其不违规的概率为 $1-P_2$，给定经营者以 P_2 的概率违规，则监事监督与不监督的收益如下：

监事监督时的收益：P_2 $(W+V-C)+(1-P_2)$ $(W-C)$ （4.10）

监事不监督时的收益：P_2 $(W-F_1)+(1-P_2)$ $\times W$ （4.11）

同样的，在混合策略下，（4.10）式和（4.11）式是相等的，于是有：

$$P_2 \ (W+V-C)+(1-P_2) \ (W-C) = P_2 \ (W-F_1)+(1-P_2) \times W \quad (4.12)$$

解 （4.12）式有：

$$P_2 = \frac{C}{V+F_1-2C} \quad (4.13)$$

这一结果表明，经营者会以 $\dfrac{C}{V+F_1-2C}$ 的概率实施违规行为，而监事会以 $\dfrac{R_2-R_1}{F}$ 的概率来实施监督，两者在此处形成混合策略的纳什均衡。这一均衡告诉我们，如果经营者非法收入过多的话，即 R_2-R_1 过大时，或者对经营者的罚款较少时，监事监督的概率会提升。反过来说，当监事需要投入的监督成本比较高，或者给予监事的奖励与处罚比较大时，经营者会降低违规的概率。从这一均衡中，我们可以认为，对监事实施激励与约束机制是有效果的。也许有读者会认为，图4-6中应当加大对监事不监督的惩罚，改变监事收益使其低于监督时的收益，这可以使监事始终将选择监督作为最优策略。这种想法固然是好的，但这一机制的实施需要有完善的监事工作评价机制，也就是说，谁来监督监事的问题，因为当经营者没有违规行为时，我们无法判定监事究竟有没有实施监督行为，如果再设一个机构来监督监事会的话，如此设立下去，将引发无限监督问题，形成无限的代理链条，非但不能解决代理问题，反而会形成更多的新的代理问题。因此，在经理不违规、监事不监督时，无法对监事做出惩罚是合乎解释的。

以上的分析从一定程度上可以解释对监事实施激励和约束后其监督行为的改变，但这一分析还存在一个关键问题是，我们将监事与经营者的信念视为给定的。在多期重复博弈时，经营者和监事会成员会通过观察对方行为来调整自己的先验概率，比如监事如果刚一发现经营者行为有异常时即开始检查财务，那么经营者会认为监事更倾向于实施严密的监督，这会提高经营者对监事监督概率的预期，反之亦然。但正如我们前文所分析的那样，监事在公司经营业务中承担的角色地位往往低于经营者，这就会使监事在监督经营者时存在很高的风险成本（如经营者对其进行打击报复等），从而造成监事降低监督行为的概率。当经营者预期到监事不会轻易对自己实施严密监督时，他会增大实施违规行为的概率，从另一个角度来看，经营者还可以通过贿赂监事的方式，改变其行为选择。因此，仅仅对监事实施激励与约束，虽然会产生一定效果，但并不能从根本上改变监事监督不力的事实，只有赋予监事较高的独立性，使其在公司中具备不低于经营者的权力和地位，才能降低监事监督经营者带来的风险成本，监事才有更强的动机选择监督。

根据以上的分析，本文认为，首先，单纯对监事进行激励或约束效果有限，监事的监督效率与其独立性有很大的关系，监事地位较高，其监督时的风险成本会大大降低，这会增加其监督的可能性。在上市公司中，监事会成员的报酬可以从一定程度上反映其在公司中的地位和作用，因此监事报酬可能与监事的监督效果正相关；其次，监事会的监督工作即监事会决议需要监事会会议才能实施，所以监事会会议次数可能从某种程度上反映监事工作的勤勉程度；最后，如果监事成员数较多的话，经营者贿赂监事或与监事合谋的可能性会显著降低，因此，监事会成员数可能与监督力度正相关。基于此分析，本文提出如下假设：

假设15：监事会会议次数同公司绩效正相关，同代理成本负相关。

假设16：监事人数和监事薪酬与公司绩效正相关，与代理成本负相关。

第三节　外部约束

外部约束指的是来自企业外部的对经营者利己行为的约束力量，一般包括产品市场竞争、经理人市场和资本市场，外部约束主要通过竞争对经营者形成压力，从而减轻代理问题带来的负面作用。

一　产品市场竞争

（一）产品市场竞争约束的理论学说

在产品市场竞争对经营者的约束上，具有代表性的理论学说是信息揭示机制，该理论认为，产品市场的有效竞争可以使所有者通过对比竞争对手的公司业绩来衡量自己公司经营者的努力程度，由于同行业的公司受到外生因素影响的差别不大，所以相对业绩的对比可以过滤掉外生因素对公司绩效的影响，削弱环境不确定性所造成的信息不对称，使所有者获得更为精准的经营者信息，促使其努力工作。因此，产品市场竞争实质是通过揭示经营者的信息从而降低公司代理成本，提高公司绩效的。Meyer 和 Vichers[1] 等学者认为，在动态的市场环境下，所有企业都会受到市场的影响，因而，企业间业绩信息的比较可以消除市场波动的影响，更能反映管理者的能力和努力程度。Guadalupe[2] 等人的研究表明，高水平的产品市场竞争的确增加了经理人员薪酬与公司绩效之间的敏感性。Christo[3] 也发现当产业竞争加剧时，能够提供更为强大的激励作用。

　　另一种说法是清算威胁假说。该学说认为，随着产品市场竞争的加剧，企业之间存在你死我活的抉择局面，如果企业不能够有效降低生产成本，就难以在市场上立足，所以经营不善的企业更有可能被兼并或者清算，作为经营者，企业一旦被兼并或者清算，大多会失去现有的工作，因此，产品市场竞争在"优胜劣汰"的生存法则作用下，有助于企业寻找更为优秀的经营者，而经营者也有充足的动力去提高管理水平和经营能力，以减少企业被兼并或清算的可能。因此，产品市场竞争的变化不仅会影响企业面临的破产风险，同时也会影响对管理层的激励作用。如果企业存在破产风险，管理层就会付出更大程度的努力去降低这种风险。DeAngelo 等[4]的研究认为，大多数公司被接管后将更换经营者，经营者一旦被解聘，不仅失去现有工作，还会影响其就业前景和未来的收入。

　　虽然两种理论假说都支持产品市场竞争对经营者起到约束的作用，但是它们的出发点并不一样。信息揭示理论认为存在约束作用的原因在于所有者更加了解经营者，而清算威胁假说则认为是市场对经营者造成的压力

---

①　Meyer M A, Vickers J. "Performance Comparisons and Dynamic Incentives", [J]. *Journal of Political Economy*, 1997, 105 (3): 547 – 581.

②　Cuñat V, Guadalupe M. "How Does Product Market Competition Shape Incentive Contracts?" [J]. *Journal of the European Economic Association*, 2005, 3 (5): 1058 – 1082.

③　Christo K. "Industry Product Market Competition and Managerial Incentives", [J]. *Journal of Accounting and Economics*, 2007, 43 (2 – 3): 275 – 297.

④　DeAngelo H, DeAngelo L. "Proxy Contests and the Governance of Publicly Held Corporations", [J]. *Journal of Financial Economics*, 1989, 23 (1): 29 – 59.

增大所致。本书认为，单纯从所有者或者市场来看产品竞争对经营者的约束显得有些片面，如果从经营者收益角度来看的话，两种理论学说其实是一致的。

（二）委托代理理论下的产品市场竞争约束

在激励理论中，我们以委托代理理论分析了在信息不对称下如何对经营者实施激励合同，以实现委托人利益的最大化，本节在已有委托代理理论的基础上，通过加入不同产品市场竞争程度的对比，来分析产品市场竞争是如何通过改变经营者的收益从而起到外部约束作用的。

我们来看不同产品市场竞争程度下所有者与经营者的收益状况。首先，在产品市场竞争程度比较低时，市场上同类企业相对较少，也就是说市场的需求较高而供给较少，这样企业的产品价格便会比产品市场竞争程度高的行业要高，存在一定的垄断利润。此处我们假设产品市场竞争程度低的行业的产品价格为 p，如果企业生产的产品数量为 x 的话，企业的市场销售收入就是 px，如果以 r 来表示企业的营业收入的话，可以写出函数表达式 $r = px$。这一函数表达式比较简单，说明在生产同样数量产品的情况下，价格与营业收入成正比关系。如果企业所有者在观测公司绩效时，将营业收入作为一项衡量经营者努力程度的观测指标的话（事实上，大部分企业所有者都会这么做），产品市场的竞争程度便与经营者的收益密切相关起来，因为营业收入 r 和产出剩余是正相关的，而经营者的薪酬也和产出剩余正相关。这就是说，在产品市场竞争程度低的情况下，即使经营者没有投入较高的努力程度，但由于所有者的观测指标中包含了垄断利润，他仍然可以得到较高的薪酬。

其次，在产品市场竞争程度较高的行业里，由于产品供应的增多，必然会导致价格下降，经营者生产同样数量的产品就难以获得产品竞争程度低时所获得的营业收入，这样其薪酬就会下降。经营者如果还想获得与产品市场竞争程度低时同样的薪酬，就必须生产更多的产品，而经营者的努力边际成本是递增的，一旦产品产出的边际成本超过了其努力的边际成本，经营者就会得不偿失，所以经营者的最优产出是产出边际成本等于努力边际成本。在这种情况下，边际努力成本较高的经营者生产产品的数量就会低于边际努力成本较低的经营者。

图 4-7 可以形象地展示这一问题，图中的 1 和 2 分别代表经营者 1 和经营者 2 的努力成本曲线，由于能力不同，在同样的产出下，经营者 2 总

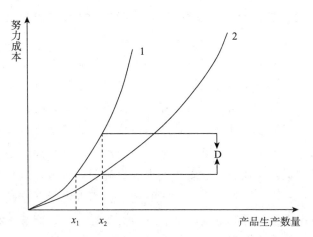

图 4 - 7   经营者努力成本与产品生产数量

是比经营者 1 付出的努力成本要少些，反过来说，在付出同样的努力成本下，经营者 2 也总会比经营者 1 生产的产品数量要多，自然的，经营者 1 所在企业的营业收入也会低于经营者 2 所在的企业的营业收入。因为同类企业所面对的自然外生因素影响基本相同，营业收入下降导致公司绩效下降时，经营者 1 就很难将原因归结为外生因素所致，这可以从很大程度上帮助所有者区别经营者的努力因素与自然外生因素。所以，在产品市场竞争程度较高的行业里，不仅所有者可以通过与竞争对手公司绩效的对比来了解经营者的努力程度和努力成本高低，而且可以提高经营者薪酬与公司绩效之间的相关性。

以上分析表明，产品市场竞争程度的提高可以提高经营者薪酬与公司绩效之间的敏感性，那么，产品市场竞争程度提高是如何降低代理成本的呢？当所有者可以通过相对业绩来了解经营者的能力时，经营者就需要降低产品的生产成本，以证明自己是高能力的经营者。由于经营者努力的边际成本提高不是一朝一夕的事，所以经营者只能通过降低管理开支比如缩减不必要的职务消费、加大对企业资源的利用率、克制利己行为等来减少生产成本，而这些正是企业的代理成本。如果企业经营者仍然保持较高的代理成本，企业产品成本高于对手，在市场均衡价格下，营业收入就会低于对手，因此，降低代理成本是经营者没有退路的选择。从这个角度来看，产品市场的竞争实际上引起了经营者与对手企业经营者之间相互竞争，这恰恰是因为价格在市场中起到了资源配置的作用。

最后，我们来看产品市场竞争与公司绩效之间可能存在的关系。其一，在产品竞争程度较低的情况下，由于企业可以获得垄断利润，所以即使企业本身效率低下，其利润可能并不低，如果企业所有者认为公司绩效指标应更多地强调利润指标的话，产品市场竞争程度低显然更为有利，但如果企业所有者认为公司绩效指标应当更注重效率时，产品市场竞争程度低就会降低公司绩效。其二，随着产品市场竞争程度的提高，经营者不得不提高努力程度，企业的效率会得到提高，甚至一些企业会通过更换更优秀的经营者来提高企业的生产效率，进而提高公司绩效。其三，当产品市场竞争程度进一步加剧时，企业之间的竞争会更加激烈，产品价格的降低会使边际生产成本较高的企业难以在市场上生存下去，能够生存下去的企业为了进一步提高产品利润，仍然需要不断地创新以降低成本，如果公司绩效的指标注重生产效率的话，此时公司绩效会提高，但如果所有者认为公司绩效中利润的因素占比应该很高的话，公司绩效反而会降低。考虑到本书拟采用的公司绩效指标偏重以利润为主，因此，产品市场竞争程度可能与公司绩效之间存在负相关关系。总体来说，站在经营者约束的角度来看，产品市场存在一定的竞争，但不过分激烈，对公司最为有利，但从社会发展的角度而言，以效率为主的公司绩效指标显然有助于总福利的提高，产品市场竞争程度越高，资源的配置就越有效率，因此产品市场的竞争程度越高越好。

基于以上分析，本书在产品市场竞争约束方面提出如下假设：

假设 17a：产品市场的竞争程度提高会增强经营者薪酬与公司绩效之间的相关性。

假设 17b：产品市场的竞争程度与公司的代理成本负相关。

假设 17c：产品市场的竞争程度与公司绩效负相关。

二 经理人市场

（一）经理人市场约束理论学说

在经理人市场约束的理论机制分析上，Fama[①] 最先提出经理人市场竞争会对经理人行为构成约束，他指出，在竞争的经理人市场上，由于经理

---

① Fama E F. "Agency Problems and the Theory of the Firm"，[J]. *The Journal of Political Economy*, 1980, 88（2）：288 – 307.

人的人力资本价值取决于其过去的经营业绩，因此，即使没有企业内部的显性激励，经理人出于对未来职业前途的考虑也会努力工作，约束自己的行为。随后，Holmstrom① 在 Fama 的启发下通过建立代理人 - 声誉模型，证明了经理人市场的存在会通过声誉来约束经理人的利己行为，经理人为了保证未来的收益，会努力建立一个良好的声誉。

袁江天运用委托代理模型和声誉模型，在加入经理人市场的外部条件后，证明了经理人的产出剩余不仅是当期薪酬激励的参考标准，而且还包含着经理人未来的人力资本价值，因此，在位经理会努力工作争取好的业绩以给市场留下好的"印象"，以提升自己的人力资本价值②。对于经理人市场约束作用的发挥，叶迎认为要具备四个前提条件，"第一，市场要有'记忆'功能，能够记录经理人的任职历史、成绩与污点；第二，经理人市场是公平竞争的；第三，经营者对未来收益有良好预期；第四，经理人市场是统一、开放的"。③

从经理人市场约束的理论学说中可以看出，经理人市场能起到约束作用的原因在于，如果经营者不考虑所有者的利益一味地为自己的利益而努力，就会被所有者换掉，正因为有经理人市场的存在，所有者有了更多的选择机会，经营者想要有长远的预期，就必须约束自己的利己行为，努力工作以保住职位，可以说，"更换威胁"是经理人市场能够起到约束作用的根本所在。

（二）不存在经理人市场时的"更换威胁"

产品市场竞争的分析说明所有者可以通过与竞争对手的公司绩效对比发现经营者的努力水平和努力成本（个人能力），如果所有者发现经营者的努力水平较低或者努力成本较高时，可能会更换经营者，但更换经营者不是无成本的。当不存在以市场为导向的外部经理人市场时，所有者有两种选择：一是挖走竞争对手公司的经营者，二是自己重新寻找合适的经营者。能挖走对手公司的经营者当然是最优选择，但对手公司预料到这一情

---

① Holmstrom B. "Moral Hazard in Teams"，[J]. *The Bell Journal of Economics*，1982，13（2）：324 - 340.

② 袁江天：《要素市场化与经理人市场的隐性激励》，天津大学博士学位论文，2004，第29～52页。

③ 叶迎：《论经理人市场对企业经营者的隐性激励》，《首都经济贸易大学学报》2007年第3期。

况，会采取加薪或其他方式来确保自己的经营者不被挖走，而且对于经营者来说，跳槽到经营状况不如目前所在公司的公司也存在一定的风险，所以这一选择成功率并不会太高。重新寻找经营者的话，所有者必须付出搜寻成本，因为所有者把公司交给经营者之前，必须全面了解新的经营者的能力，如果贸然换上新的经营者，而他的经营能力还不如前任经营者，不但得不偿失而且还存在着巨大的经营风险。此外，新的经营者对公司也有一个适应的过程，这些效率损失就是所有者所要面对的更换成本。作为所有者来说，只有在预期到更换经营者为公司带来的收益减去更换成本不低于其前任经营者经营时的收益的情况下，才会真正更换经营者。这就是说，即使存在能力强于现有经营者的新的经营者，更换成本较高也会阻碍企业采取更换措施，更换成本是决定经营者能否感到"更换威胁"的主要因素。

从上文的分析可以看出，更换成本包括两个部分：一是搜寻成本，二是新经营者对企业的适应过程。由于后者是无法控制的，任何一个经营者都存在一个适应的过程，所以本文将后者的影响作为既定因素，并且影响更换成本的主要因素就是搜寻成本。什么是搜寻成本呢？此处讲的搜寻成本并不仅仅是获取信息的成本，而且包含了获取信息不完全时带来的风险成本，也就是说，当企业对经营者了解不多导致更换的经营者为公司带来的损失也要计算在内。举例来说，如果公司在了解新经营者信息时耗费的成本为 A，选择经营者失误对公司可能造成的损失为 B 的概率为 p，那么公司的搜寻成本就是 $A+pB$，如果加大 A 的投入可以降低概率 p，公司应该加大对信息搜寻成本的投入，使 $A+pB$ 达到最小水平。由此不难看出，搜寻成本与信息不对称程度有关，如果信息完全对称的话，所有者对拟聘用经营者完全了解，那么搜寻成本就可以达到最小值。但由于信息不对称的存在，所有者需要从各种途径了解拟聘用经营者的信息，包括通过试用等各种方式来判断经营者的能力、品质等。所以，为了降低搜寻成本，所有者一般都倾向于寻找自己比较了解或熟悉的经营者。对国有控股企业来说，所有者在更换经营者时往往会从本企业副职或其他国有企业经营者中挑选，因为他们对这些经营者的信息了解程度比较高，这就可能形成所谓的以行政配置为主的国有企业经理人市场。在以行政配置为主的国有企业经理人市场下，虽然降低了更换成本，但更换威胁始终存在。从所有者的角度来看，由于存在"出资人"缺位的天然缺陷，国有企业没有真正关心企业利益的自然人股东，国有股东代表也只是一个代理人，受政府的委托。而委托人和代理人必然存在利益不一致的问题，所以国有股东代表不可能像自然人股东那样对待经营者，经营者只要按照上级政府和国有股东代表的要求行事，就很难被换掉，更换威胁并不大。而对于非国有企业的所有者来说，当缺乏市场导向的外部经理人市场时，所有者为了降低搜寻成本，要么从对手公司挖走经营业绩较好的经理人，要么聘用具备较强经营能力且自己比较熟悉的人，对于后者来说，除非是他们的至亲好友，否则他们宁愿自己来经营，但无论是哪种情况，更换的威胁无疑都很小。

通过以上的分析可以看出，当不存在以市场为导向的经理人市场时，由于信息不对称的存在，导致经营者更换成本过高，进而使经营者感受到的更换威胁比较小。

（三）存在经理人市场时的"更换威胁"

当存在外部经理人市场时，具备企业经营能力的经营者会通过经理人市场向企业所有者发送经营才能的信号，以表明自己的经营能力，所有者也可以通过对比各个经理人的信息来降低信息不对称程度，实际上，经理人市场为所有者和经营者提供了一个相互了解、相互观察的平台，它能够记录经营者过去的业绩，使所有者通过市场"记忆"来掌握更多关于经营者的个人信息，在这种双向努力的作用下，所有者的搜寻成本就会大大降低。搜寻成本下降增大了所有者更换经营能力不足或水平不高的经营者的可能性，更换威胁变大，经营者预期到更换威胁的压力，就会提高水平降低代理成本，从而提高公司绩效。

外部经理人市场的存在，除了增大经营者更换威胁外，也可以在很大程度上消除"逆向选择"带来的负面影响。逆向选择指的是由于交易双方信息不对称导致市场价格下降产生的劣质品驱逐优质品，进而出现市场交易产品平均质量下降的现象，它通常会造成市场运行效率低下、资源配置扭曲。比如，国有企业作为经营者的需求方，当其以行政化配置方式选用经营者时，外部市场的经理人需求就会显著下降，需求下降带来了价格下降，经营者预期到外部市场对自己的出价下降时，就缺乏投入成本去提高自身经营能力的动力，进而经营者的人力资本价格的下降，导致市场上只剩下些要价不高却素质低下的经营者，预期到优秀的经营者身价较高，那么身价较低的经营者经营能力可能也较低，所有者就会进一步降低出价，于是，形成了"劣币驱逐良币"的逆向选择，甚至可能出现经理人市场的崩溃。与此同时，在行政化配置的经理人市场下，企业所有者和经营者都不清楚外部市场对于经营者的出价究竟是多少，作为经营者来说，因为缺乏讨价还价的能力，无论所有者给出什么样的薪酬，都只能接受，当企业创造出较多的剩余价值时，经营者容易出现心理不平衡，认为自己薪酬太低；而对于所有者来说，则认为机会大于才能，经营者没有什么值得抱怨的。在这种情况下，经营者只有寻求上级的器重的动机而没有提高自身能力的动机。存在外部经理人市场时，企业所有者从外部经理人市场选聘经营者，经营者的人力资本价格通过其经营才能（过去的经营业绩）来衡量，当经营者的经营才能比较出众时，就会有很多所有者争相聘用，这时他的人力资本价格由于供不应求而上升，外部市场会给出经营者人力资本合理的价格，所有的经营者都清楚地知道卓越的经营才能会带来身价的提高，所以他们愿意为自身经营才能的提高付出更多的投入，这就是说，外部经理人市场会提高经营者的素质。

需要澄清的一个问题是，培育以市场为导向的外部经理人市场究竟如何开始？虽然目前各方都认为应当着力培育以市场为导向的经理人市场，但所有者和经营者的看法似乎并不一致，在所有者看来，只有外部经理人市场形成时，企业才有可能从经理人市场选聘经营者，在经营者看来，如果当前没有人从外部经理人市场选聘经营者，如何形成经理人市场？那么究竟市场在先还是需求在先呢？从经济学的观点来看，应该是先有需求后有市场的，所以本文认为，培育以市场为导向的外部经理人市场还要从企业所有者开始。

基于以上的分析，本文提出假设18：外部经理人市场的存在有助于提高经营者的自我约束，但在外部经理人市场尚未形成时，文化产业中的国有上市公司可能从内部选聘经营者，从而形成行政配置下的内部经理人市场，非国有上市公司则会由所有者自己或聘请具备经营才能的至亲好友担任经营者。

三　资本市场

广义的资本市场包括两大部分：一个是银行中长期存贷款市场，另一个是有价证券市场，包括债券市场和股票市场；狭义的资本市场专指发行和流通股票、债券、基金等证券市场。本书中讨论的资本市场是广义的资本市场。

（一）证券市场

证券市场对经营者的约束作用主要是通过资本市场的股价机制和接管机制来实现的。

1. 证券市场的股价机制

股价机制发挥作用的前提是"有效市场假说"，该理论最早由 Fama[①]提出，他认为如果有用的信息能不带偏见地全部在证券价格中得到反映，那么资本市场便是有效的。Fama 把证券市场上对股票价格产生影响的信息分为三类：第一类是"历史信息"，第二类是"公开信息"，第三类是"内部信息"。根据这些信息分类，他定义了三种不同的市场效率：弱式有效、半强式有效和强式有效。首先，如果市场上的历史信息不能对股票价格产生影响，也就是说，股票价格呈现随机游走特征，那么就可以认为该市场是弱式有效的；其次，如果第二类信息——公开信息也不会对股票价格产生影响，那么该市场就是半强式有效的；最后，如果全部的信息包括第三类信息——内部信息都不会对股票价格产生影响，就说明则该市场是强式有效的。在"有效市场假说"的前提下，股票本身虽然只是有价证券，但其内在的价值却是公司的价值，因此股票价格的变动最终反映的将是公司的经营业绩状况，而不是所谓的"消息"本身。如果公司的前景或者经营业绩比较差，证券市场上的股票价格就会下跌，反之则会上涨。于是，公司股票的市场价格为所有者提供了观测经营者的信息，从而降低所有者与经营者之间的信息不对称程度，减少了所有者对经营者的监督成本。对于经营者来说，保持股票价格就需要努力工作，实现良好的公司绩效，所以股价机制可以对经营者形成压力，约束经营者的不利行为。

2. 证券市场的接管机制

接管机制是指当公司前景暗淡或者经营业绩较差时，股票价格下跌，证券市场上的股东认为持股无利可图就会抛售或寻机转让公司股票，股价就会不断下跌，公司从证券市场上融资的成本就会提高。在这种情况下，可能会有新的投资者通过收购公司股票或收集其他股东的代理权来接管公司的控制权，新的股东在接管公司后，往往会调整公司的董事会和经营者，替换掉自己认为不称职的经营者。

---

① Fama E F. "Efficient Capital Markets: A Review of Theory and Empirical Work", [J]. *The Journal of Finance*, 1970, 25 (2): 383 - 417.

我们假设公司的正常市值为 V，如果公司的股票份数为 n，那么其正常股价应该为 $\dfrac{V}{n}$，当经营者不努力工作时，公司绩效下降，其股票价格相应下降，其市值下降为 V_1，此时股价就是 $\dfrac{V_1}{n}$，此时如有外部股东认为收购公司股票后接管该公司可以让企业升值为 V，则只需要出价 P，满足 P 高于 $\dfrac{V_1}{n}$ 时股东即会出售股票，由于接管者收购公司股票并接管该公司需要支付成本 C（如搜集公司信息、改组经营等），所以需要满足 $nP - V_1 > C$，接管者采取接管措施才有利可图，预期到这一点，经营者就必须保证公司的市值不能低至满足 $nP - V_1 > C$ 成立的地步，才能防止接管的发生，这就是说，外部接管机制的存在，对经营者形成了约束，使其不敢让公司股票价格偏离正常价格过大。由此可以看出，成功的接管可以替换掉不努力工作的经营者，未实施的接管同样可以对经营者形成威胁，使其不敢懈怠。

在证券市场中，除了以谋求对经营层控制的接管股东外，还存在着另外一种监督机制——积极股东行动。梯若尔认为股东的监督分为两种，积极型监督和投机型监督[1]，前者通常会通过在证券市场大量收购公司的股票，或者向目标公司提出收购要约，进而取得公司经营的控制权；而后者则往往出于投资者自身权益价值的考虑，对经营层进行监督和约束，机构投资者无疑属于后者。所谓的机构投资者是指在金融市场从事证券投资的法人机构，主要有保险公司、养老基金和投资基金、证券公司、银行等。随着资本市场的发展，以证券基金为主的机构投资者在证券市场中的作用越来越大，《中国上市公司治理准则》中明确指出："机构投资者应在公司董事选任、经营者激励与监督、重大事项决策等方面发挥作用"。对于机构投资者的约束作用，有的学者认为机构投资者的监督是有效的，如 Maug[2] 的研究认为对于持股量较大的机构投资者来说，通过监督带来的收益会超过其出售股票时招致的损失，所以其有积极性对公司经营者进行监

---

① 〔法〕让·梯若尔：《公司金融理论》，王永钦等译，中国人民大学出版社，2007，第35页。

② Maug E. "Large Shareholders as Monitors: Is There a Trade-Off between Liquidity and Control?" [J]. *The Journal of Finance*, 1998, 53 (1): 65 - 98.

督，Neo[①]认为具有战略眼光的机构投资者会积极地参与公司内部治理，并在资本市场上进行监督。与此相反，另一些学者如 Keasey[②] 的研究则认为机构投资者对公司绩效的影响并不明显。罗栋梁[③]的研究表明，机构投资者对上市公司业绩影响很大，但机构投资者持股量与公司的托宾 Q 值之间存在倒 U 型关系，表明我国证券市场具有较强的投机性。孙凌姗等[④]的研究表明了机构投资者与上市公司业绩之间存在明显的正相关关系。汤劲松[⑤]认为，我国投资基金有参与上市公司治理的积极性，但在当前的情况下要发挥这一积极性还受到许多现实条件的限制。总的来看，我国学者普遍对机构投资者的约束作用持支持的态度。

机构投资者的作用之所以受到重视，一方面，在于其与个人投资者相比持股比例较高，随着机构投资者持股比例的增加，其约束经营者的成本会下降，而带来的收益却会增加，这是机构投资者监督经营者的根本动力；另一方面，由于机构投资者一般持股量较大，当他们发现公司经营业绩低于预期时，不可能像个人投资者那样很快地将手中的股票全部抛售出去，因为大量抛售股票就会导致股价下跌更快，他们的损失也就越大，所以持股比例增高使机构投资者不能纯粹追求短期利益，转而追求长期利益。机构投资者在上市公司中持股比例越高，就越有积极性参与公司治理，当他们对公司内部经营状况不满时，会通过利用股东的权力来约束经营层改善公司经营状况，而不是"用脚投票"一走了之。

3. 证券市场约束可能存在的问题

从上面的分析看到，证券市场中的股价机制要发挥作用，一个重要的前提就是证券市场是有效的，也就是说股票的价格必须反映出公司的经营状况。从近年来对我国证券市场的研究结果来看，余俊瀚[⑥]的研究发现我

① Noe T H. "Investor Activism and Financial Market Structure"，[J]. *The Review of Financial Studies*, 2002, 15 (1)：289 - 318.

② Short H，Keasey K. "Managerial Ownership and the Performance of Firms：Evidence from the UK"，[J]. *Journal of Corporate Finance*, 1999, 5 (1)：79 - 101.

③ 罗栋梁：《我国机构投资者与上市公司治理的实证研究》，西南财经大学博士学位论文，2007，第 148~150 页。

④ 孙凌姗、刘健：《机构投资者在公司治理中的作用——基于中国上市公司的实证研究》，《兰州商学院学报》2006 年第 3 期。

⑤ 汤劲松、黄少军：《机构投资者与上市公司治理结构》，《世界经济与政治论坛》2003 年第 3 期。

⑥ 余俊瀚：《中国证券市场有效性的实证检验》，《时代金融》2007 年第 5 期。

国证券市场已经初步达到弱有效态势。李俊贤和梁朝晖[①]的检验结果显示中国证券市场已达到弱式有效。由于证券市场有效性水平比较低，信息和噪音对股票价格的变动影响会较大，这会使得股价变动与公司绩效之间的相关性很不确定，学者们对公司股票价格变动与公司绩效之间的相关性研究结果也证明了这一问题。因此，在研究证券市场对文化产业上市公司的约束作用时，首先需要检验其股价表现与公司绩效之间的相关性。

对于接管机制而言，我国《证券法》要求投资者持有一个上市公司已发行股份的5%及以后每升降已发行股份的5%时应向有关部门报告并予以公告，这样如果接管对象是非国有企业，原有大股东就会有所警惕，加上小股东对接管后公司股票变化预期而采取的"搭便车"行为，会增大外部股东的接管成本；而对于国有股东来说，《国有股东转让所持上市公司股份管理暂行办法》要求国有控股股东通过证券交易系统转让股份时不涉及上市公司控制权的转移。这样，对国有控股股东公司的接管实际上就只能通过协议转让的方式来进行，而这必然要求在政府主导之下。所以，接管机制在我国证券市场上的作用可能并不乐观。

基于以上分析，在证券市场方面本文提出如下假设：

假设19a：文化产业上市公司股价表现与公司绩效和经营者薪酬正相关。

假设19b：机构投资者持股比例与公司绩效正相关，与代理成本负相关。

假设19c：机构投资者持股比例越高，经营者薪酬与公司绩效之间的相关性就越强。

（二）债券市场

债券市场的融资功能可以为公司提供资金的支持，但公司举债后会改变公司的资本结构，一般认为债务作为企业资本结构的重要组成部分，对公司经营者是一种硬约束。我国《破产法》规定：债务人不能清偿到期债务，债权人可以向人民法院提出对债务人进行重整或者破产清算的申请。这表明企业的所有权是一种状态依存所有权，当债务到期时，企业具备偿债能力，则仍然拥有企业的剩余索取权和控制权，债权人只是合同收益的

---

① 李俊贤、梁朝晖：《中国证券市场有效性的检验研究》，《经济研究导刊》2009年第33期。

要求者，一旦企业不具备到期偿还债务的能力，由于破产机制的存在，债权人就会拥有企业的控制权。债权人获得企业的控制权后，一般有两种选择：清算或重组。不管实施何种选择，经营者都会因此而丢掉当前职位，所以，债务的存在会对经营者行为构成外在的约束。

债券市场的存在，一方面为公司提供了更多的资金来源渠道，另一方面也增大了公司债务破产的风险，而债务破产的风险取决于公司的资本结构，尤其是负债比率。由于破产的可能性与负债比率正相关，如果公司的资本结构中不存在负债，那么公司因债务而破产的可能性就为零，经营者就不必担心公司会破产。当公司存在负债时，经营者就必须考虑债务到期时如何支付债务，利息的支付义务使得管理者可以支配的资金大大减少。这样，债务在某种程度上就可以起到对经营者的约束作用。

除了破产风险的约束作用外，债权人还可以从以下几个方面对公司经营形成约束。首先，在公司举债时，债权人出于对自己资本安全的考虑，会限制企业在投资上的机会主义行为。债务利息的存在，使得无论是股东还是经营者都会倾向于选择高风险、高回报的项目，因为回报的利润由股东占有，而风险却由债权人承担，债权人为了降低自己承担的风险，会对公司经营项目进行风险评估，监督资金的使用去向，从而对经理层的机会主义行为起到限制作用。其次，债务的存在会迫使经营者在特定时期回吐现金流，在合同期限结束时将企业自由现金流及时分配给投资者而不是任由自己支配。最后，当企业需要再融资以偿还到期债务时，债权人就可以根据债务合同对企业的财务状况进行调查，从而有助于揭示企业的信息并更好地约束和监督经营者。

基于以上分析，本文提出假设20：文化产业上市公司债务水平与公司绩效正相关，与公司代理成本负相关。

第四节　本章小结

本章通过对文化产业内外部约束机制的分析，共提出10个方面的假设。

假设11：股权集中度与经营者薪酬和代理成本负相关，与公司绩效存在倒U型的曲线关系。

假设 12：董事会规模应该同公司绩效呈倒 U 型的曲线关系，即在达到最优董事会规模之前，增加董事会成员与公司绩效正相关，在达到最优董事会规模后，增加董事会成员与公司绩效负相关。

假设 13：董事会会议次数与公司绩效不存在相关关系，与代理成本负相关。

假设 14a：独立董事比例同公司绩效正相关，同代理成本负相关。

假设 14b：独立董事薪酬同公司绩效和代理成本不相关。

假设 15：监事会会议次数同公司绩效正相关，同代理成本负相关。

假设 16：监事人数和监事薪酬与公司绩效正相关，与代理成本负相关。

假设 17a：产品市场的竞争程度提高会增强经营者薪酬与公司绩效之间的相关性。

假设 17b：产品市场的竞争程度与公司的代理成本负相关。

假设 17c：产品市场的竞争程度与公司绩效负相关。

假设 18：外部经理人市场的存在有助于提高经营者的自我约束，但在外部经理人市场尚未形成时，国有上市公司可能从内部选聘经营者，从而形成行政配置下的内部经理人市场，非国有上市公司则会由所有者自己或聘请具备经营才能的至亲好友担任经营者。

假设 19a：文化产业上市公司股价表现与公司绩效和经营者薪酬正相关。

假设 19b：机构投资者持股比例与公司绩效正相关，与代理成本负相关。

假设 19c：机构投资者持股比例越高，经营者薪酬与公司绩效之间的相关性就越强。

假设 20：文化产业上市公司债务水平与公司绩效正相关，与公司代理成本负相关。

第五章 经营者激励机制实证分析

第一节 货币激励的实证分析

一 数据来源及变量指标说明

本书选择 2011～2013 年沪深 A 股文化产业上市公司面板数据进行分析，其中 2011 年 29 家上市公司，2012 年 35 家上市公司，2013 年 36 家上市公司，共计样本 100 组。因为上市公司 ST 传媒在 2011 年和 2012 年两个年度中财务数据波动极大，出现了异常数值，因此剔除了这两组样本，以保证公司绩效检验结果的可靠性，最终得到 98 组样本数据。

（一）经营者薪酬及公司规模

在激励机制的研究中，经营者薪酬指标是最为重要的指标，在这一指标的选取上，国外的研究大多以 CEO 薪酬作为经营者薪酬指标，但是在我国的上市公司中，仅以总经理薪酬作为经营者薪酬指标并不准确，因为总经理的薪酬数据不稳定，需要把其他经营者包括副总经理和财务负责人的薪酬也纳入进来。在文化产业上市公司 2011～2013 年的 98 组数据中，就有多组数据显示副总经理或财务总监薪酬比总经理还要高，出现这一现象主要有两个原因：一是公司在薪酬制定时考虑了职务以外的因素，二是总经理或其他经营者在年度期间发生职务变动，公司年报中的经营者薪酬只包含本年度入职以来几个月的报酬，而并非全年的报酬。正是因为这些问题的存在，使得在采集经营者薪酬数据时常常会出现数据不全或者不适用的问题，因此大多数学者在选取经营者薪酬数据指标时，一方面不会仅以总经理的薪酬作为数据指标，另一方面也很少将所有经营者完全纳入数据之内，通常会用前三名经营者薪酬的均值作为经营者薪酬的变量指标。以薪酬前三名经营者的平均薪酬作为经营者薪酬指标是较为科学的方法，这种选取方式可以避免总经理薪酬不高或者经营者在年度期间出现变动带来的数据偏差。

在经营者薪酬和公司规模取值上，研究中既可以取原值，也可以通过标准化处理将原数据处理为正态分布数据，以防止异常值影响研究结果的准确性。由于不同的上市公司经营者薪酬水平和公司规模相差较大，尤其是公司规模动辄百万元、千万元甚至数亿元的差距，在检验经营者薪酬与公司规模、公司绩效的相关性时，要注意数据选取问题。在薪酬方面，如果所统计的样本数量足够大的话，在高管薪酬数据上使用年度报酬的原数据是没有问题的，如魏刚[1]、李增泉[2]等以全部上市公司为样本，就直接使用原数据。但是，如果对较小的样本进行统计分析而经营者薪酬的原数据差距又特别大时，就很难确保数据的正态分布性。因此有的学者在统计分析中常常会将经营者薪酬数据做对数处理，使其服从正态分布。如陈俊[3]等在对高新技术上市公司高管薪酬进行研究时就对经营者薪酬数据做了对数处理。Heckman[4]的研究认为，在回归分析中对薪酬变量的设计用对数比实际金额数字得出的结论更为可靠。基于这一认识，本研究中将经营者薪酬变量指标定义为薪酬金额最高的前三名经营者薪酬均值的自然对数。公司规模选取样本数据为当年年末总资产的自然对数，经营者薪酬和公司规模数据从上市公司年报中采集。薪酬数据和公司规模数据详见附录表1。

（二）公司绩效

1. 公司绩效指标选择的依据和基础

本书对公司绩效的评价指标以《中央企业综合绩效评价实施细则》为依据，在盈利能力、资产质量、债务风险、经营增长等财务指标基础上，加入了市场指标每股收益，共计五个方面。其中，在盈利能力、资产质

---

① 魏刚：《高级管理层激励与上市公司经营绩效》，《经济研究》2000 年第 3 期。

② 李增泉：《激励机制与企业绩效——一项基于上市公司的实证研究》，《会计研究》2000 年第 1 期。

③ 陈俊：《高新技术上市公司高管薪酬影响因素的实证分析》，首都经济贸易大学硕士学位论文，2008，第 28～30 页。

④ Heckman J, Solomon P. "Empirical Evidence on the Functional Form of the Earnings-Schooling Relationship", [J]. *Journal of the American Statistical Association*, 1974, 69 (346): 350 - 354.

量、债务风险、经营增长四个方面分别以加权平均净资产收益率、固定资产周转率、现金流动负债比率、营业利润增长率作为变量指标来衡量。因为上市公司除了以上财务指标外，还要考虑其市场价值，每股收益通常用来反映企业的经营成果，衡量普通股的获利水平及投资风险，是投资者据以评价企业盈利能力、预测企业成长潜力的重要指标，所以本书特别加入了每股收益这一指标来衡量公司市场价值。

由于近些年新上市的文化产业公司比较多，而新上市公司在募集资金后会导致公司流动资产和总资产与上一报告期相比发生极大变化，在这种情况下，评价指标如果完全按照《中央企业综合绩效评价实施细则》的基本指标选用，就会因为指标不当而扭曲企业的绩效评价结果，考虑到这一因素，在选用指标时本文避开了涉及企业流动资产或总资产的指标，确保指标在公司之间具备可比性。

首先，盈利指标上选用了加权平均净资产收益率，这是一个动态的指标，它在计算时考虑到了上市公司在公司年报的报告期内新发行股份或债转股等情况造成的新增净资产，同时也包含了报告期内公司回购或现金分红等导致净资产减少的情况。

其次，在资产质量上，总资产周转率包含了资产变化的因素，影响指标的客观公正。应收账款周转率虽然不涉及资产变化问题，但在文化产业所涉及的行业门类中，出版业、广播影视业和网络服务业在应收账款方面差异还是很大的，这一指标也会影响结果的公正性。本书选用了固定资产周转率，这一指标避开了因上市募集资金而导致的总资产和流动资产的变动，它表示在一个会计年度内，固定资产周转的次数，也就是每1元固定资产支持的销售收入。固定资产周转率主要用于分析对厂房、设备等固定资产的利用效率，比率越高，说明利用率越高，管理水平越好。在债务风险方面，资产负债率同样存在资产变化的问题。因为很多文化产业上市公司存在着没有利息支出的情况，所以无法计算已获利息倍数这一指标。本文在债务风险方面用现金流动负债比例来衡量，它的计算公式为：现金流动负债比＝经营现金净流量/流动负债。

最后，在经营增长方面，以营业利润增长率来衡量，营业利润增长率＝本年营业利润增长额/上年营业利润总额，之所以选用营业利润增长率而未使用营业增长率，是因为营业利润是企业净利润的主要来源，这一指标反映企业经营活动盈利水平的增长速度，和营业增长率相比，既考虑了收入，又考虑了成本和报告期费用及利润等因素，更为全面。以上变量指标从深圳国泰安数据库中获取，部分缺失指标从公司年报中手工采集。市场指标中的每股收益从各个上市公司年报中获取。各个变量的具体计算方法如表 5 - 1 所示。

表 5 - 1　公司绩效变量指标的计算方法

变量指标名称	计算方法
每股收益（X_1）	净利润/总股数
固定资产周转率（X_2）	营业收入/固定资产平均净额； 固定资产平均净额 =（固定资产期末余额 + 固定资产期初余额）/2
现金流动负债比率（X_3）	经营活动现金流量净额/流动负债
加权平均净资产收益率（X_4）	$P/（E_0 + NP \div 2 + E_i \times M_i \div M_0 - E_j \times M_j \div M_0）$ 其中：P 为报告期利润；NP 为报告期净利润；E_0 为期初净资产；E_i 为报告期发行新股或债转股等新增净资产；E_j 为报告期回购或现金分红等减少净资产；M_0 为报告期月份数；M_i 为新增净资产下一月份起至报告期期末的月份数；M_j 为减少净资产下一月份起至报告期期末的月份数。
营业利润增长率（X_5）	（本年营业利润 - 上年营业利润）/上年营业利润

2. 公司绩效的主成分分析

从以上的变量指标中我们看到，衡量公司绩效的指标有五个方面，在检验上市公司货币激励与公司绩效的相关性时，如果公司绩效的变量指标较多，这些变量之间就可能存在自相关性，这就需要对公司绩效变量进行综合评价，使用公司绩效的综合评价得分来检验两者之间的关系。因子分析可以实现多个变量的数据缩减，在数据缩减过程中，通过主成分分析法提取因子，从变量中首先选择一个公因子，让它尽可能多地解释变量中的方差变动，然后再寻找另一个公因子，并且和前面的公因子不存在相关性，直到公因子的数目和原始数据的变量数相同。但是，一般情况下，只要较少的公因子就可以代替原始变量解释大部分信息，提取出能够解释大部分信息的公因子后，首先对各个公因子的得分系数进行综合，然后以公因子对应的特征值和方差贡献率为权数，将其分值代入计算出各个公因子所代表的绩效分值，最后将各个公因子所代表的绩效分值相加，得出各个公司的综合得分，即为该公司的公司绩效综合得分。

本书对文化产业上市公司的公司绩效的因子分析使用的是统计分析软件 PASW18.0。因子分析输出结果如表 5-2 所示。

表 5-2 公司绩效变量共同度*

	初始值	提取值
每股收益	1.000	0.781
固定资产周转率	1.000	0.745
现金流动负债比率	1.000	0.795
加权平均净资产收益率	1.000	0.765
营业利润增长率	1.000	0.994

注:*,提取方法为主成分分析法。

表 5-2 是使用主成分法得到的共同度表,表中显示每个变量被主成分解释的方差比例,初始值表示的是初始共同度,通常设定为 1,提取值表示提取的公因子对该变量的解释程度,所以越接近于 1,表明该变量的信息能被解释的越多,从表 5-2 中可以看出,提取的公因子对 5 个变量的解释度有 3 个超过了 0.75,最低也达到 0.745,表明提取的公因子都能够很好地解释原始变量。

表 5-3 公司绩效变量公因子总体方差解释*

公因子	初始特征值			提取的载荷平方和		
	总计	方差贡献率(%)	累计方差贡献率(%)	总计	方差贡献率(%)	累计方差贡献率(%)
1	1.958	39.162	39.162	1.958	39.162	39.162
2	1.119	22.390	61.552	1.119	22.390	61.552
3	1.003	20.068	81.619	1.003	20.068	81.619
4	0.571	11.417	93.036			
5	0.348	6.964	100.000			

注:*,提取方法为主成分分析法。

表 5-3 总体方差解释表中,初始特征值显示了 3 个公因子特征值大于 1,因此提取它们作为公因子,它们可以解释总体方差 81.62% 左右的变动,从表中可以看出,第一个公因子的方差贡献率为 39.16%,第二个公因子的方差贡献率为 22.39%,第三个公因子的方差贡献率

约为 20.07% 。

表 5 - 4   公司绩效变量因子载荷矩阵*

	公因子		
	3	1	2
每股收益	0.861	0.193	-0.055
固定资产周转率	0.824	-0.251	-0.054
现金流动负债比率	-0.448	0.765	-0.102
加权平均净资产收益率	0.579	0.656	0.008
营业利润增长率	0.042	0.070	0.993

注:*,提取方法为主成分分析法,三个公因子被提取。

表 5 - 4 显示,第一个公因子与每股收益、固定资产收益率关系比较密切,第二个公因子同现金流动负债比率、加权平均净资产收益率关系比较密切,第三个公因子同营业利润增长率关系比较密切。

表 5 - 5   公司绩效变量因子得分系数矩阵*

	公因子		
	3	1	2
每股收益	0.440	0.172	-0.055
固定资产周转率	0.421	-0.224	-0.054
现金流动负债比率	-0.229	0.683	-0.102
加权平均净资产收益率	0.296	0.586	0.008
营业利润增长率	0.022	0.063	0.990

注:*,提取方法为主成分分析法。

表 5 - 5 显示的是未经过因子旋转的公因子的因子得分系数,为区别起见,我们以 Z_{i1}、Z_{i2}、Z_{i3} 分别代表第 i 个上市公司第一、第二和第三个公因子的因子系数得分,X_{i1}、X_{i2}、X_{i3}、X_{i4}、X_{i5} 分别代表第 i 个上市公司的每股收益、固定资产周转率、现金流动负债比率、加权平均净资产收益率、营业利润增长率,根据表 5 - 5 可以写出三个公因子系数表达式:

$$Z_{i1} = 0.440X_{i1} + 0.421X_{i2} - 0.229X_{i3} + 0.296X_{i4} + 0.022X_{i5} \qquad (5.1)$$

$$Z_{i2} = 0.172X_{i1} - 0.224X_{i2} + 0.683X_{i3} + 0.586X_{i4} + 0.063X_{i5} \qquad (5.2)$$

$$Z_{i3} = -0.055X_{i1} - 0.054X_{i2} - 0.102X_{i3} + 0.008X_{i4} + 0.990X_{i5} \qquad (5.3)$$

但是上面的只是公因子各个因子的系数得分表达式，并未将其特征值和方差贡献率的权重体现出来，还不是公因子的得分，因此首先要将上面（5.1）式中各项乘以对应的特征值 1.958 的平方根 1.399，将特征值的权重计算进去，然后再乘以方差贡献率 0.391。同理，（5.2）式和（5.3）式中各项也乘以对应的特征值的平方根，再乘以对应的方差贡献率。这样就计算出各个上市公司第一个公因子 F_1、第二个公因子 F_2 和第三个公因子 F_3 的最终分值，将三个分值相加，得出各个上市公司的公司绩效综合分值 F。计算过程如下：

$$F_{i1} = (0.440X_{i1} + 0.421X_{i2} - 0.229X_{i3} + 0.296X_{i4} + 0.022X_{i5}) \times 1.399 \times 0.3916$$

(5.4)

$$F_{i2} = (0.172X_{i1} - 0.224X_{i2} + 0.683X_{i3} + 0.586X_{i4} + 0.063X_{i5}) \times 1.0578 \times 0.2239$$

(5.5)

$$F_{i3} = (-0.055X_{i1} - 0.054X_{i2} - 0.102X_{i3} + 0.008X_{i4} + 0.990X_{i5}) \times 1.0015 \times 0.2007$$

(5.6)

$$F_i = F_{i1} + F_{i2} + F_{i3}$$

(5.7)

计算结果如表 5-6 所示。

表 5-6　2011~2013 年文化产业上市公司的公司绩效综合得分

上市公司	年度	每股收益（X_1）	固定资产周转率（X_2）	现金流动负债比率（X_3）	加权平均净资产收益率（X_4）	营业利润增长率（X_5）	公司绩效综合得分（F）
省广股份	2013	0.75	159.8528	0.095672	0.2095	0.575347	27.03757
华录百纳	2012	0.925	145.0453	-0.74292	0.1481	0.3271	24.53403
省广股份	2012	0.94	137.4855	0.041758	0.1537	0.8231558	23.39182
省广股份	2011	0.53	128.5356	-0.06268	0.0967	0.6569	21.73608
华录百纳	2013	0.935	127.71	-0.77674	0.1246	0.0457	21.58185
华录百纳	2011	1.876	102.9415	0.09061	0.4923	1.536	18.13256
新文化	2013	1.20	102.5242	-0.30234	0.1301	0.2772	17.51007
新文化	2012	1.10	93.16518	-0.38693	0.1852	0.004624	15.8828
蓝色光标	2013	1.04	45.65791	0.097242	0.1953	0.7431	8.105084
光线传媒	2012	1.29	44.21	-0.65001	0.1659	0.7603683	7.914129
华策影视	2011	0.40	40.08266	-0.29867	0.1245	0.6577	6.957293
光线传媒	2013	0.65	38.24	1.734013	0.157	0.0369	6.634379

续表

上市公司	年度	每股收益 (X_1)	固定资产周转率 (X_2)	现金流动负债比率 (X_3)	加权平均净资产收益率 (X_4)	营业利润增长率 (X_5)	公司绩效综合得分 (F)
光线传媒	2011	0.85	34.50177	−1.81447	0.1964	0.7705	6.16915
华策影视	2012	0.37	29.73855	−0.2033	0.1564	0.3454	5.172537
中青宝	2013	0.20	6.86	0.478902	0.0558	16.9135	4.636567
华谊嘉信	2013	0.40	25.2621	−0.19124	0.123	0.6038	4.476512
蓝色光标	2012	0.62	22.21495	0.222525	0.2055	0.8148	4.102092
华策影视	2013	0.45	22.90	−0.21944	0.1587	0.1456	4.014062
粤传媒	2011	0.538	0.694609	−0.04472	0.1177	15.588486	3.44306
奥飞动漫	2012	0.44	18.99545	0.742892	0.1275	0.4401002	3.425534
华谊嘉信	2011	0.24	17.87383	−0.5023	0.0859	0.3391	3.131718
奥飞动漫	2011	0.32	17.1213	0.080103	0.0982	0.0244	2.977303
蓝色光标	2011	0.34	13.38755	0.259503	0.1314	1.012116	2.57242
人民网	2013	0.99	12.96	1.006001	0.1231	0.427013	2.568287
华谊嘉信	2012	0.25	14.40781	0.033823	0.0815	0.17	2.529517
人民网	2012	0.83	12.2877	0.360401	0.1308	0.7370842	2.46759
乐视网	2013	0.32	13.18603	0.070155	0.1819	0.1991	2.381577
中文传媒	2013	1	10.2347	0.302434	0.1233	0.517994	2.123892
中文传媒	2012	0.89	10.94095	0.350757	0.1313	0.0496139	2.121346
中青宝	2012	0.06	4.05	0.422563	0.0188	6.046	1.924339
华谊兄弟	2013	0.55	6.83	0.227916	0.2077	2.2375	1.805826
华谊兄弟	2011	0.34	9.592858	−0.22691	0.1261	0.341	1.794941
奥飞动漫	2013	0.38	9.46	0.166278	0.1458	0.268018	1.78106
皖新传媒	2013	0.67	8.835585	0.199196	0.1388	0.146162	1.729265
中文传媒	2011	0.8515	8.1467	−0.04795	0.1338	0.3991	1.709179
出版传媒	2013	0.13	6.92	−0.03375	0.0405	2.448386	1.69497
天舟文化	2011	0.26	8.632166	0.458525	0.0651	0.1527	1.567465
中南传媒	2013	0.62	7.1585	0.372655	0.126	0.199952	1.445821
百视通	2013	0.6082	6.74	0.593019	0.197857	0.279916	1.414212
百视通	2012	0.4637	6.7964	0.742892	0.1827	0.386358	1.403763
皖新传媒	2012	0.55	6.922178	0.43181	0.1264	0.2610688	1.400859
大地传媒	2013	0.65	5.99	0.166274	0.1528	0.58379	1.341439

续表

上市公司	年度	每股收益（X_1）	固定资产周转率（X_2）	现金流动负债比率（X_3）	加权平均净资产收益率（X_4）	营业利润增长率（X_5）	公司绩效综合得分（F）
华谊兄弟	2012	0.40	7.106583	-0.15362	0.1273	0.0382	1.337028
天舟文化	2013	0.13	7.860608	0.519182	0.0383	-0.149	1.335571
时代出版	2013	0.6854	6.427173	0.172511	0.1069	0.079774	1.308376
乐视网	2012	0.24	6.781074	0.09537	0.169	0.2234	1.293372
中南传媒	2012	0.52	6.0104	0.347293	0.1165	0.1288535	1.209689
皖新传媒	2011	0.44	5.737587	0.310752	0.1088	0.206855	1.15538
浙报传媒	2013	0.76	4.192045	0.633465	0.1544	0.837283	1.13047
中南传媒	2011	0.45	5.0395	0.381845	0.1089	0.3902	1.079854
时代出版	2012	0.6114	5.101364	0.264817	0.1029	0.0746	1.066494
乐视网	2011	0.31	3.91	0.225217	0.1316	1.2127	1.024043
大地传媒	2012	0.45	4.735855	0.380748	0.1212	0.3006316	1.014849
天舟文化	2012	0.12	6.119496	0.043733	0.0364	-0.3418	0.995547
长江传媒	2013	0.35	4.519486	0.146823	0.1108	0.244495	0.933523
出版传媒	2012	0.12	6.25	0.153523	0.0406	-0.8205969	0.923663
出版传媒	2011	0.12	6.031277	0.015836	0.0419	-0.63598	0.922678
时代出版	2011	0.5391	3.926396	0.225934	0.0985	0.1102	0.85626
华闻传媒	2013	0.3875	3.38	0.552394	0.1978	0.325157	0.802695
长江传媒	2012	0.31	3.774565	0.181177	0.1176	0.0976738	0.771451
新华传媒	2011	0.17	4.376035	0.016374	0.0766	-0.1453	0.769779
华闻传媒	2012	0.2158	3.727809	0.094927	0.1029	0.202222	0.753445
博瑞传播	2011	0.63	2.5939	0.371553	0.2134	0.294773	0.733005
大地传媒	2011	0.33	3.486474	0.373062	0.0984	0.038446	0.714097
凤凰传媒	2013	0.37	3.25	0.198937	0.0985	0.156451	0.706596
博瑞传媒	2013	0.53	2.6	0.510003	0.1352	0.310224	0.688595
新华传媒	2013	0.06	4.337883	0.041529	0.02375	-0.29743	0.687335
浙报传媒	2012	0.51	2.697504	0.329994	0.206	0.066334	0.668783
华闻传媒	2011	0.1881	3.391161	0.419287	0.1004	0.0219	0.657783
中视传媒	2013	0.204	2.8418	-0.37088	0.0626	0.565405	0.656276
新华传媒	2012	0.1	4.043425	0.011977	0.0434	-0.4842551	0.616834
中视传媒	2011	0.221	3.04	0.465175	0.0722	-0.078	0.580166

续表

上市公司	年度	每股收益（X_1）	固定资产周转率（X_2）	现金流动负债比率（X_3）	加权平均净资产收益率（X_4）	营业利润增长率（X_5）	公司绩效综合得分（F）
粤传媒	2013	0.4451	2.1463	0.543374	0.0829	0.127113	0.537701
博瑞传播	2012	0.46	2.263981	1.273266	0.1827	−0.30178	0.516511
中青宝	2011	0.11	3.896	0.189735	0.0162	−1.031026	0.479168
粤传媒	2012	0.3984	2.312562	0.641287	0.0796	−0.2648648	0.474205
华数传媒	2013	0.23	1.02	0.377246	0.2489	0.607002	0.436139
中视传媒	2012	0.136	2.8241	−0.74679	0.0434	−0.4111988	0.426029
天威视讯	2012	0.4	1.2811	0.479797	0.0907	0.329223	0.423383
天威视讯	2013	0.45	1.332936	0.937972	0.0947	0.110549	0.409872
天威视讯	2011	0.37	1.23333	0.73171	0.0862	0.2839	0.400766
吉视传媒	2011	0.3255	0.813216	1.816864	0.2262	0.3739	0.396345
华数传媒	2012	0.17	1.120177	0.430192	0.2247	0.341432	0.376506
电广传媒	2011	0.57	0.693516	−0.38254	0.1803	0.270462	0.373056
电广传媒	2012	0.63	0.836565	0.144358	0.18	−0.0901053	0.348603
歌华有线	2013	0.3553	0.4236	0.968185	0.0669	0.688	0.341243
电广传媒	2013	0.48	0.9194	0.595008	0.1141	−0.112665	0.304434
广电网络	2011	0.2482	0.576867	0.422735	0.1019	0.3778	0.277156
湖北广电	2013	0.47	0.61	0.718645	0.0825	−0.015738	0.262097
吉视传媒	2012	0.2838	0.702306	0.513884	0.109	0.072495	0.249669
广电网络	2012	0.2488	0.636283	0.393779	0.0932	0.1545	0.23906
广电网络	2013	0.2432	0.6651	0.361413	0.0844	0.0407	0.216203
吉视传媒	2013	0.2739	0.6163	0.745555	0.0979	−0.058717	0.206465
凤凰传媒	2012	0.36	0.034948	0.239618	0.1014	0.233568	0.184906
凤凰传媒	2011	0.36	0.037307	0.351478	0.1746	0.0325328	0.168634
歌华有线	2011	0.263	0.373924	0.534316	0.0527	−1.2473	−0.09384
ST传媒	2013	0.04	0.93	−0.10318	−0.86	−0.84	−0.2655
歌华有线	2012	0.2805	0.395739	0.809175	0.055	−3.2831248	−0.49138

　　从表5-6中我们可以看到，在综合了5个指标得分后，省广股份2013年公司绩效综合得分最高，歌华有线2012年公司绩效综合得分最低。

（三）经营者持股

经营者持股方面，以全部经营者所持有股份在上市公司总股份中所占比例为代表变量，如果经营者未持有公司股份，标示为否。具体结果参见附录表2。

（四）经营者薪酬差距

在经营者薪酬差距变量上，本书有两个指标，一是经营者中薪酬最高者与第二名之间的薪酬差距，二是经营者中薪酬最高者与最低者之间的薪酬差距。为区别起见，本书将薪酬最高者与第二名之间的薪酬差距称为级差，将经营者中薪酬最高者与最低者之间的薪酬差距称为极差。为了准确显示上市公司经营者之间的差距，避免从薪酬数额的绝对数值上比较带来的偏差，文中将级差与极差按百分比显示，其中级差比例＝级差/第二名薪酬；极差比例＝极差/最少薪酬。经营者薪酬差距数据通过上市公司年报中数据计算得出，具体数据参见附录表3。

（五）经营者数量和总经理来源

经营者数量指的是上市公司的所有经营者总数，包括总经理、副总经理和财务负责人。对于总经理的来源，本书将总经理的来源分为内部和外部，如果现任总经理在上任之前就在上市公司工作，就认为总经理来自内部，反之，如果现任总经理来自上市公司之外，则认为总经理来自外部。总经理来源数据通过查阅上市公司当年年报中高级管理层简介获取，具体数据参见附录表4。

二　检验结果

（一）对假设1和假设2的检验

假设1：经营者薪酬高低由公司绩效决定。

假设2：经营者薪酬高低与公司规模正相关。

对假设1的检验采用线性回归分析的方法，需要构建回归分析方程模型，在构建回归分析方程时，需要弄清楚的关键问题是公司绩效和经营者薪酬哪个变量是被解释变量，哪个变量是解释变量。由于本文假设经营者的薪酬是由公司绩效决定，即公司绩效好，经营者薪酬高；公司绩效差，经营者薪酬低。所以模型1将经营者薪酬列为被解释变量，公司绩效为解释变量。模型1方程如下：

$$\ln pay = a_0 + a_1 per + \varepsilon \tag{5.8}$$

假设 2 认为经营者薪酬与公司规模有关，即公司规模越大，公司经营者薪酬越高，所以模型 2 同样将经营者薪酬列为被解释变量，公司规模作为解释变量，模型 2 方程如下：

$$\ln pay = a_0 + a_2 \ln size + \varepsilon$$

其中 $\ln pay$ 代表经营者薪酬（取自然对数），per 为 performance 的缩写，代表公司绩效，$\ln size$ 代表公司规模（取自然对数），a_0 为常数项，a_1 和 a_2 分别为公司绩效和公司规模的回归系数，ε 为残差。由于奥飞动漫 2011 年的经营者薪酬数据和天威视讯 2012 年的经营者薪酬数据存在缺失，所以本次回归分析有效数据共计 96 组，回归分析用统计分析软件 PASW18.0 完成。

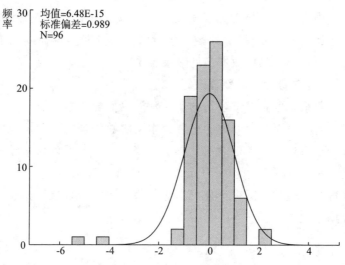

图 5 – 1　经营者薪酬变量标准化残差

线性回归分析的一个重要前提是残差项服从正态分布，因此首先要检验模型中残差项分布状况，图 5 – 1 是标准化残差的直方图，从图中可以看出，大多数残差项均落在 2 个标准差之内，因此，残差项是服从正态分布的，前提成立。

表 5 – 7　经营者薪酬与公司绩效回归模型汇总[b]

模型	R	R 方	调整 R 方	标准估计的误差	Durbin-Watson
1	0.112[a]	0.013	0.001	0.6134843	1.510

注：a. 预测变量：（常量），公司绩效。

　　 b. 因变量：前三名薪酬均值取自然对数。

表 5 - 8　经营者薪酬与公司绩效回归模型 ANOVA[b]

模型		平方和	*df*	均方	*F*	显著性
1	回归	0.450	1	0.450	1.196	0.277[a]
	残差	35.378	94	0.376	—	—
	总计	35.828	95	—	—	—

注：a. 预测变量：（常量），公司绩效。

　　b. 因变量：前三名薪酬均值取自然对数。

表 5 - 7 和表 5 - 8 检验模型 1 的线性关系是否存在，表 5 - 7 中的模型 R 方是度量线性关系拟合优度的可判决系数，取值在 0 ~ 1，从表 5 - 7 中看到，模型 1 的 *R* 方为 0.013，说明模型中的预测变量公司绩效对经营者薪酬的变化有 1.3% 解释效应量，这说明模型的拟合优度很差，换句话说，也就是用公司绩效来预测经营者薪酬效果并不理想。涉及时间数列的数据还要检验残差的自相关性，Durbin-Watson 用来检测回归分析中的残差项是否存在自相关。根据 Durbin-Watson 检验表，在 95% 置信区间内 96 个样本，1 个解释变量回归的临界值从下限到上限为 1.65 ~ 1.69，这里的 DW 值为 1.51，低于下限值，表明残差项存在自相关关系。

表 5 - 8 的方差分析检验线性回归方程是否成立，通过回归行中 *F* 值所对应的显著性水平，来判断线性回归关系的显著性。表 5 - 8 中的 *F* 值 1.196 所对应的显著性水平为 0.277，意味着自变量与因变量之间不存在线性关系的概率是 27.7%，这个值大于 5%，即 0.05，因此可以确定在 95% 置信区间内自变量和因变量之间是不存线性关系的。图 5 - 2 显示的是经营者薪酬与公司绩效之间的曲线估计图，从中可以看到经营者薪酬与公司绩效之间没有明显的线性关系，文化产业上市公司经营者薪酬用公司绩效来做出解释是不合适的。

为了弄清楚文化产业上市公司经营者薪酬与公司绩效之间的关系，本研究对这两个变量进行了皮尔逊系数的相关性分析，结果显示两者的皮尔逊相关系数为 0.112，说明两者之间确实是正向关系，但 P 值为 0.277，远大于 0.05，正向关系不显著，因此可以认为，文化产业上市公司经营者的薪酬与公司绩效之间不存在明显的正相关关系。假设 1 不能成立。

假设 2 的检验结果如下。

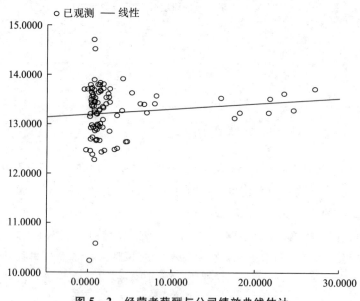

图 5 - 2　经营者薪酬与公司绩效曲线估计

表 5 - 9　经营者薪酬与公司规模回归模型汇总ᵇ

模型	R	R 方	调整 R 方	标准估计的误差	Durbin-Watson
1	0.323ᵃ	0.104	0.095	0.5843325	1.717

注：a. 预测变量：（常量），公司规模取自然对数。

　　b. 因变量：前三名薪酬均值取自然对数。

表 5 - 10　经营者薪酬与公司绩效回归模型 ANOVAᵇ

模型		平方和	df	均方	F	显著性
	回归	3.733	1	3.733	10.932	0.001ᵃ
1	残差	32.092	94	0.341		
	总计	35.828	95			

注：a. 预测变量：（常量），公司规模取自然对数。

　　b. 因变量：前三名薪酬均值取自然对数。

　　表 5 - 9 的 R 方为 0.102，表明公司规模在解释经营者薪酬方面有 10% 左右的解释量，DW 值为 1.733，高于 95% 置信区间内 96 个样本 1 个解释变量回归的临界值上限 1.69，因而不存在拒绝零假设的理由，也就是该模型中残差项不存在明显的自相关关系。

　　表 5 - 10 的方差分析检验线性回归方程的显著性水平为 0.001，意味

着自变量与因变量之间不存在线性关系的概率是 0.1%，这个值小于 5%，即 0.05，因此可以确定在自变量和因变量之间是存在一定的线性关系的，方程总体回归效果显著。

表 5－11　经营者薪酬与公司绩效及公司规模回归分析系数[a]

		非标准化系数		标准系数 Beta	t	显著性
		B	标准误差			
1	（常量）	8.676	1.380		6.285	0.000
	公司规模	0.209	0.063	0.323	3.306	0.001

注：a. 因变量：前三名薪酬均值取自然对数。

　　表 5－9 和表 5－10 的分析结果虽然显示模型 2 的回归方程的线性关系通过了显著性检验，但仅从表 5－9 和表 5－10 中还不能确定自变量与因变量的线性关系是否显著。确定自变量与因变量的关系，需要观察表5－11 中的回归系数和 t 值检验的显著性水平。回归系数有非标准化系数 B 和标准化系数 Beta，非标准化系数 B 值表示自变量每变动一个单位，因变量会产生的变动量，实际上非标准化系数 B 值也就是回归方程中的自变量系数 a_0、a_1 的预测值；标准化系数 Beta 是将非标准化系数 B 值乘以该自变量的标准差再除以因变量的标准差，消除了单位影响后的标准值，它反映的是自变量对因变量的影响程度。从表 5－11 中可以看出，公司规模的非标准化系数 B 值是 0.209，说明它和经营者薪酬之间是正向关系的，t 值为3.306，所对应的显著性水平为 0.001，意味着公司规模同经营者薪酬之间不存在显著线性关系的可能性为 0.1%，小于 5%，即 0.05 置信水平，因此，检验结果表明文化产业上市公司经营者薪酬同公司规模之间存在显著的正相关关系，假设 2 是成立的。

（二）对假设 3 和假设 4 的检验

　　假设 3：存在经营者持股的上市公司绩效要好于不存在经营者持股的上市公司。

　　假设 4：上市公司经营者的持股比例与公司绩效正相关。

　　对于假设 3，本文采用独立样本均值检验的方法来检验，独立样本均值检验用于检验两个独立样本均值是否存在显著差异。本次检验共获取有效样本数据 98 组，首先将 98 组样本公司中经营者持有公司股份的记为 1，未持有公司股份的记为 0，样本中有经营者持股的公司共计 47 组，经营者未持有公司股份的共计 51 组。表 5 – 12 中经营者是否持股统计量中的 N 代表两组数据的样本容量，此外两组样本的均值、标准差和均值的标准误差均显示在表中。从均值的对比可以看出，经营者持有股份的公司的公司绩效均值为 5.63，而经营者未持有股份的公司的公司绩效均值为 0.95，前者好于后者。

表 5 – 12　经营者是否持股统计量

	经营者是否持股	N	均值	标准差	均值的标准误差
公司绩效	1	47	5.630884	7.569988	1.1041963
	0	51	0.954578	0.8992975	0.1259268

表 5 – 13　经营者持股对公司绩效影响的独立样本 t 检验

		方差方程的 Levene 检验		均值方程的 t 检验						
		F	Sig.	t	df	Sig.（双侧）	均值差值	标准误差值	差分的 95% 置信区间	
									下限	上限
公司绩效	假设方差相等	50.48	0.00	– 4.38	96.00	0.00	– 4.68	1.07	– 6.80	– 2.56
	假设方差不相等	—	—	– 4.21	47.20	0.00	– 4.68	1.11	– 6.91	– 2.44

　　但是，这种均值的差异是否显著，仅仅通过对比两者均值的大小而下结论是不科学的，统计分析中 t 值检验通过对比两组数据均值的显著性，可以说明两组数据在特定置信区间的差异是否显著。在进行 t 值检验时，首先要检验两组样本对应的总体方差是否相等，表 5 – 13 中对两组样本数据方差方程的 Levene 检验统计量 F 值为 50.48，对应显著性为 0.00 < 0.05，说明在 5% 的显著性水平上这两组样本对应的总体方差是不相等的，在方差相等不成立的情况下，需要查看假设方差不相等行列的数据，从该行中我们看到，t 值为 – 4.21，其所对应的显著性为 0.00，这意味着两组样本数据不存在显著差异的可能性仅为 0，这就证实了经营者持股的上市公司与经营者未持股的上市公司在公司绩效方面存在显著差异，即经营者持股的上市公司的公司绩效是明显好于经营者未持股的上市公司，假设 3 是成立的。

对于假设 4 的检验，本文采用相关性分析来检验经营者持股比例与公司绩效的相关关系。一般来说，检验两组变量之间的相关关系可以使用皮尔逊相关系数，但是在使用皮尔逊相关系数检验两个变量之间的相关关系时，要求这两个变量都服从正态分布，因此我们对 47 家经营者持股的上市公司进行经营者持股比例数据的正态性检验。

表 5－14　经营者持股比例的正态性检验

	Kolmogorov-Smirnov[a]			Shapiro-Wilk		
	统计量	自由度	显著性	统计量	自由度	显著性
持股百分比	0.256	47	0.000	0.703	47	0.000

注：a. Lilliefors 显著水平修正。

从表 5－14 的结果来看，Kolmogorov-Smirnov 检验和 Shapiro-Wilk 检验显著性均小于 0.05，说明经营者持股比例数据偏度比较显著，不符合正态分布。

从原数据中我们看到，2011～2013 年，在文化产业上市公司持有公司股份的经营者中，有 21 组样本数据显示经营者持股比例不足 1%，10 组样本数据显示经营者持股在 1%～10%，7 组样本数据为 10%～20%，9 组样本数据为 36.88%～63.75%。从经营者持股百分比来看，经营者持股所占百分比呈现比较陡峭的正偏态，因此对两者的相关关系检验不能使用皮尔逊相关系数，需要使用非参数检验的方法，斯皮尔曼相关系数和肯德尔相关系数可以用来检验分析两个定序变量或数值变量之间的相关性，这两种方法的共同之处就是将两个变量分别按照从小到大的顺序排列，得到两组变量的秩，利用秩之间的关系来度量两个变量之间的相关性。

表 5－15　经营者持股比例与公司绩效相关系数

			公司绩效	持股百分比例
Kendall 的 tau_b	公司绩效	相关系数	1.000	0.347 **
		Sig.（双侧）		0.001
		N	47	47
	持股百分比	相关系数	0.347 **	1.000
		Sig.（双侧）	0.001	
		N	47	47

			公司绩效	持股百分比例
Spearman 的 rho	公司绩效	相关系数	1.000	0.533 **
		Sig.（双侧）		0.000
		N	47	47
	持股百分比例	相关系数	0.533 **	1.000
		Sig.（双侧）	0.000	
		N	47	47

注：**，在置信度（双测）为 0.01 时，相关性是显著的。

表 5 - 15 分为上下两个部分，上半部分是以肯德尔（Kendall）相关系数方法分析的结果，下半部分是以斯皮尔曼（Spearman）相关系数方法分析的结果，表中的相关系数表示横列变量与纵列变量之间的相关关系，取值从 - 1 到 1，负值代表负相关，数值越小，负相关度就越高；正值代表正相关，数值越大，正相关度就越高。显著性代表两者相关度的显著性水平，该值小于 0.05，则表示在 0.05 置信水平上横列变量与纵列变量之间的相关关系是显著的，也就是说两者显著相关的可能性超过了 95%。N 代表样本数。从表中可以看出，47 家上市公司的公司绩效与经营者持股比例的肯德尔相关系数为 0.347，显著性水平双侧检验值为 0.001，这一数值远远小于 0.05，说明两者之间存在显著的正相关关系。斯皮尔曼相关系数为 0.533，显著性水平双侧检验值为 0.000，同样远远小于 0.05，同样支持两者正相关的检验结果，这两种方法均显示经营者持股比例同公司绩效之间存在显著的正相关关系。因此假设 4 是成立的。

（三）对假设 5 和假设 6 的检验

假设 5：文化产业上市公司经营者的薪酬差距与公司绩效正相关。

假设 6：经营者的数量同经营者薪酬差距正相关。

由于皮尔逊相关系数的检验方法要求变量数据服从正态分布，而从数据检验来看，经营者薪酬差距变量无论是级差比例还是极差比例均不满足这一条件，故此处用肯德尔相关分析法来检验。由于经营者薪酬数据中缺失 2011 年奥飞动漫和 2012 年天威视讯，故有效样本数据为 96 组，检验结果如表 5 - 16 所示。

表 5 - 16 经营者薪酬差距与公司绩效相关系数

			公司绩效	级差比例	极差比例
Kendall 的 tau_b	经营者薪酬	相关系数	1.000	0.146 *	0.129
		显著性（双侧）		0.036	0.062
		N	96	96	96
	级差比例	相关系数	0.146 *	1.000	0.205 **
		显著性（双侧）	0.036		0.003
		N	96	96	96
	极差比例	相关系数	0.129	0.205 **	1.000
		显著性（双侧）	0.062	0.003	
		N	96	96	96

注：**，在置信度（双侧）为 0.01 时，相关性是显著的。

　　*，在置信度（双侧）为 0.05 时，相关性是显著的。

从表 5 - 16 中看出，公司绩效同经营者薪酬差距中的级差比例之间相关系数为 0.146，对应显著性水平为 0.036，小于 0.05，说明经营者薪酬差距中的级差比例与公司绩效之间存在较为显著的正相关关系，鉴于公司绩效与极差比例的相关系数为 0.129，对应显著性水平为 0.062，微微大于 0.05，虽然在 5% 置信水平时不显著，但在 10% 水平上是显著的，由此，本文认为，经营者薪酬差距中的极差比例与公司绩效之间是有一定的正相关关系的。总的来说，经营者薪酬差距同公司绩效之间存在显著的正相关关系，故假设 5 是成立的。

对假设 6 的检验仍然以肯德尔相关系数来检验，相关分析结果如表5 - 17 所示。

表 5 - 17 经营者薪酬差距与经营者数量相关系数

			经营者数量	级差比例	极差比例
Kendall 的 tau_b	经营者薪酬	相关系数	1.000	- 0.083	0.029
		显著性（双侧）		0.262	0.697
		N	96	96	96
	级差比例	相关系数	- 0.083	1.000	0.205 **
		显著性（双侧）	0.262		0.003
		N	96	96	96

续表

			经营者数量	级差比例	极差比例
Kendall 的 tau_b	极差比例	相关系数	0.029	0.205 **	1.000
		显著性（双侧）	0.697	0.003	
		N	96	96	96

注：**，在置信度（双侧）为 0.01 时，相关性是显著的。

从表 5 – 17 中可以看出，经营者数量同级差比例和极差比例之间相关系数对应显著性均大于 0.05，可以认为，经营者数量与经营者薪酬差距之间不存在相关关系。根据这一检验结果，本文认为假设 6 是不成立的。

（四）对假设 7 的检验

假设 7：经营者来源对薪酬差距有显著影响，经营者来自内部的上市公司薪酬差距小于经营者来自外部的上市公司。

由于级差比例和极差比例两组数据均不服从正态分布，以此数据来检验不同经营者来源的级差比例和极差比例均值是否有显著差异时，结果就容易产生误差，故而本书对于假设 7 的检验采用曼 – 惠特尼 U 检验的方式来检验经营者来源的不同是否会影响经营者薪酬差距，在数据录入上，将总经理来自内部的定义为 1，总经理来自外部的定义为 2，对于两组数据的统计量如表 5 – 18 和表 5 – 19 所示。

表 5 – 18　经营者来源分组后的极差比例与级差比例的秩均值与秩和

	经营者来源	N	秩均值	秩和
级差比例	1	75	49.43	3707.50
	2	21	45.17	948.50
	总数	96		
极差比例	1	75	47.03	3527.00
	2	21	53.76	1129.00
	总数	96		

表 5 – 19　经营者来源与薪酬差距的曼 – 惠特尼 U 检验统计量[a]

	级差比例	极差比例
Mann-Whitney U	717.500	677.000
Wilcoxon W	200.000	3527.000

	级差比例	极差比例
Z	−0.620	−0.979
渐近显著性（双侧）	0.535	0.327

注：a. 分组变量：经营者来源。

从对经营者来源不同的分组统计中我们看到，经营者来自上市公司内部时，级差的均值大于经营者来自外部，而极差的均值却小于经营者来自外部的上市公司，这与假设 7 是部分相符的，两者均值之间的差异是否显著需要看 U 检验结果，从曼 - 惠特尼 U 检验统计量表中可以看到，极差比例和级差比例的 Z 统计量分别为 −0.620 和 −0.979，相伴概率分别为0.535 和 0.327，均大于 0.05，说明总经理来自内部和来自外部对经营者极差和级差的影响并不显著。根据这一检验结果，总经理的来源方式无论对极差还是对级差而言，都没有显著的影响，因此，假设 7 是不成立的。

第二节　非货币激励的实证分析

一　数据来源及变量指标说明

（一）职务消费

职务消费指的是经营者在保持现有职务时，根据职务需要而进行的消费支出，每一个上市公司的经营者都有相应的职务消费，但不同的消费支出反映了经营者在经营活动中代理费用的高低，根据职务消费的高低与公司绩效及经营者薪酬的关系，可以看出职务消费在经营者激励当中起到的作用。

尽管学术界对于职务消费的研究成果很多，但职务消费的这一变量指标的选取，一直是困扰研究深入下去的难点，上市公司对于经营者职务消费的公布常常不够规范和明晰，很多公司在费用项目中并不详细标示哪些费用属于经营者的职务消费，这给研究者获取准确的职务消费数据带来了很多不便。从当前已有的研究成果来看，对职务消费指标的选取大体分为三类，第一种做法是以管理费用作为职务消费的代理变量，如聂祖荣认为在其他方面保持不变的情况下，隐性控制权收益的增加会使管理费用增加，利用管理费用来研究隐性收益是可能的①。刘佳刚在研究中就直接以管理费用的自然对数作为职务消费的变量指标②。但是，以管理费用作为职务消费的变量指标存在的主要问题在于，这一数据很难消除公司资产对于数据的影响，因为管理费用对于资产数量不同的公司而言，差距不言而喻，如果不将这一数值进行处理而直接使用，显然很容易出现公司规模越大管理费用越高的情况，为了消除公司规模对变量的影响，也有研究者用管理费用与营业收入的比值来衡量经营者职务消费和代理成本③，这一数值体现了管理费用所占的比率，较之直接使用管理费用更为科学。第二种做法是用支付的其他与经营活动有关的现金流量来衡量，如刘灿辉和吴斌④就采用这种做法，为避免数值的离散，他们在使用时将这一数值进行了对数处理。第三种做法是从公司年报财务报表项目注释中查找与经营者职务消费有关项目的具体金额，如夏冬林⑤、陈冬华等⑥将可能与企业高管人员在职消费有关的费用项目分为八类：办公费、差旅费、业务招待费、通信费、出国培训费、董事会费、小车费和会议费，这些项目从上市公司年报报表附注中的明细项目中手工收集，将这八类费用合计相加得出在职消费数额，然后除以上市公司的营业收入，由此得出在职消费的数据。由于这种指标选取方式比较科学准确地衡量了经营者职务消费水平，目前，大多数学者在职务消费指标选取上，都采用这种计量方式。

在对职务消费的数据使用上，笔者倾向于使用陈冬华等人的计量方式，但是，在对文化产业上市公司年报报表附注披露的管理费用栏目注释中的办公费、差旅费、业务招待费、通信费、出国培训费、董事会费、小车费和会议费八大类费用的支出项目进行查阅后笔者发现，2011～2013年

① 聂祖荣：《经理人控制权收益研究》，经济管理出版社，2004，第102～103页。
② 刘佳刚：《公司控制权收益问题研究》，中南大学博士学位论文，2006，第69～72页。
③ 王璞、淳伟德：《抑制代理成本提升公司价值了吗？——来自沪、深两市非金融类A股上市公司的经验证据》，《成都理工大学学报》（社会科学版）2011年第2期。
④ 刘灿辉、吴斌：《上市公司代理成本与企业绩效关系研究——来自金融类上市公司证据》，《财会通讯》2009年第24期。
⑤ 夏冬林、李晓强：《在职消费与公司治理机制》，中国会计学会第六届理事会第二次会议暨2004年学术年会，中国陕西西安，2004。
⑥ 陈冬华、陈信元、万华林：《国有企业中的薪酬管制与在职消费》，《经济研究》2005年第2期。

有很多公司并未披露管理费用详细条目，这使笔者无法直接使用可能与职务消费有关的八类费用原数据，因此本书中对职务消费的考察采用第一种指标方式，以管理费用来衡量职务消费，为了消除公司资产规模的影响，我们以管理费用与营业收入的比值即管理费用率作为职务消费变量的最终数据，具体数据参见附录表5。

（二）公司绩效、经营者薪酬、经营者年龄

公司绩效、经营者薪酬使用本章第1节所列数据，此处不再列出。经营者年龄变量采用总经理（总裁）年龄和总经理以外经营者的平均年龄两个指标来衡量。这两组数据从文化产业上市公司年报中手工采集获取。由于天威视讯2012年和奥飞动漫2011年的经营者薪酬数据存在缺失，本次检验共得到有效样本96组。具体数据参见附录表6。

二　检验结果

（一）对假设8的检验

假设8：经营者职务消费与公司绩效和经营者薪酬负相关。

对假设8的检验本书拟采用皮尔逊相关系数的分析方法，该分析方法要求数据服从正态分布，公司绩效前文已经做出检验，满足这一条件，经营者薪酬做了对数处理同样满足这一条件，因此，此处需要对职务消费予以检验，结果如表5-20所示。

表5-20　职务消费数据的正态性检验

	Kolmogorov-Smirnov[a]			Shapiro-Wilk		
	统计量	df	Sig.	统计量	df	Sig.
职务消费	0.151	96	0.000	0.692	37	0.000

注：a. Lilliefors 显著水平修正。

从正态性检验结果来看，Kolmogorov-Smirnov 检验和 Shapiro-Wilk 检验显著性均小于0.05，职务消费并不满足正态性分布的要求。从职务消费数据来看，呈现出明显的正偏态。因此，对假设8的检验需要改用肯德尔（Kendall）或斯皮尔曼（Spearman）相关系数方法，分析结果见表5-21。

表 5 – 21　经营者薪酬与职务消费相关系数

			职务消费	经营者薪酬	公司绩效
Kendall 的 tau_b	职务消费	相关系数	1.000	– 0.140 *	– 0.298 **
		显著性（双侧）	–	0.044	0.000
		N	96	96	96
	经营者薪酬	相关系数	– 0.140 *	1.000	0.042
		显著性（双侧）	0.044	–	0.543
		N	96	96	96
	公司绩效	相关系数	– 0.298 **	0.042	1.000
		显著性（双侧）	0.000	0.543	–
		N	96	96	96
Spearman 的 rho	职务消费	相关系数	1.000	– 0.200	– 0.394 **
		显著性（双侧）	–	0.051	0.000
		N	96	96	96
	经营者薪酬	相关系数	– 0.200	1.000	0.060
		显著性（双侧）	0.051	–	0.563
		N	96	96	96
	公司绩效	相关系数	– 0.394 **	0.060	1.000
		显著性（双侧）	0.000	0.563	–
		N	96	96	96

注：*，在置信度（双侧）为 0.05 时，相关性是显著的。

　　**，在置信度（双侧）为 0.01 时，相关性是显著的。

从表 5 – 21 中肯德尔相关系数方法分析的结果可以看到，职务消费与经营者薪酬之间的相关系数为 – 0.140，表明两者之间为负相关关系，由于显著性为 0.044，＜0.05，所以两者的负相关关系在 5% 的置信水平上是显著的；在职务消费与公司绩效的相关性上，相关系数为 – 0.298，所对应的显著性为 0.000，远远小于 0.05，所以两者的负相关关系在 5% 的置信水平上同样是显著的，公司绩效与职务消费之间存在显著的负相关关系。以斯皮尔曼相关系数方法分析的结果与肯德尔相关系数方法分析的结论相同，此处不再赘述。根据这一验证结果，我们可以认为文化产业上市公司的职务消费与经营者薪酬和公司绩效均存在明显的负相关关系，假设 8 是成立的。

（二）对假设 9 和假设 10 的检验

假设 9：经营者的年龄同公司绩效负相关。

假设 10：经营者的年龄同职务消费正相关。

前文的数据检验表明，职务消费不符合正态分布，因此，对假设 9 和假设 10 的检验直接采用肯德尔相关系数的分析方法，结果如表 5 - 22 所示。

表 5 - 22　经营者年龄与公司绩效、职务消费相关系数

			职务消费	公司绩效	总经理年龄	其他经营者平均年龄
Kendall 的 tau_b	职务消费	相关系数	1.000	- 0.298 **	0.137	0.054
		显著性（双侧）	–	0.000	0.054	0.434
		N	96	96	96	96
	公司绩效	相关系数	- 0.298 **	1.000	- 0.026	- 0.174 *
		显著性（双侧）	0.000	–	0.715	0.012
		N	96	96	96	96
	总经理年龄	相关系数	0.137	- 0.026	1.000	0.000
		显著性（双侧）	0.054	0.715	–	0.000
		N	96	96	96	96
	其他经营者平均年龄	相关系数	0.054	- 0.174 *	0.345 **	1.000
		显著性（双侧）	0.434	0.012	0.000	–
		N	96	96	96	96

注：*，在置信度（双测）为 0.05 时，相关性是显著的。
**，在置信度（双测）为 0.01 时，相关性是显著的。

从表 5 - 22 的分析结果来看，总经理年龄和其他经营者平均年龄与公司绩效之间相关系数均为负值，说明经营者年龄与公司绩效之间确实是负相关关系，总经理年龄与公司绩效之间的显著性为 0.715，说明两者之间的负相关是不显著的；其他经营者平均年龄与公司绩效之间的对应显著性为 0.012，小于 0.05，说明其他经营者平均年龄同公司绩效之间存在显著的负相关关系。值得注意的是，经营者的年龄变量总经理年龄与职务消费之间相关系数为 0.137，对应显著性为 0.054，与 5% 的显著性水平极为接近，可以认为总经理年龄与职务消费之间是存在显著的正向关系的。其他经营者平均年龄与职务消费之间的相关系数为 0.054，对应显著性为

0.434，远远大于 0.05，表明其他经营者年龄与职务消费之间不存在显著的相关关系。根据以上结果，本研究认为经营者年龄同公司绩效之间存在负相关关系，经营者年龄同职务消费之间存在一定的正相关关系，假设 9 和假设 10 是基本成立的。

第三节　本章小结

本章通过对传播文化产业上市公司的数据分析检验了 10 个研究假设，研究结果如下。

一是经营者薪酬与公司绩效不存在相关关系。

二是经营者薪酬高低与公司规模正相关，即公司规模越大，经营者薪酬越高。

三是经营者持股的上市公司的公司绩效明显好于经营者未持股的上市公司的公司绩效。

四是经营者持股比例同公司绩效存在明显的正相关关系。

五是经营者中最高薪酬与最低薪酬之间的差距与公司绩效之间存在一定的正相关关系，在 10% 置信水平上是显著的；经营者中最高薪酬与经营者中次高薪酬之间的差距与公司绩效存在明显的正相关关系。

六是经营者数量与经营者薪酬差距不存在相关关系。

七是总经理的来源方式对薪酬差距没有显著影响，总经理来自上市公司内部还是来自上市公司外部，对经营者的薪酬差距没有影响。

八是职务消费与经营者薪酬和公司绩效均存在明显的负相关关系。

九是经营者年龄与公司绩效存在显著的负相关关系。

十是总经理的年龄与公司职务消费存在明显的正相关关系。

第六章 经营者约束机制实证分析

第一节 内部约束的实证分析

一 数据来源及变量指标说明

(一) 股权集中度

因为股权集中度很难从某一个数据中看出，所以对于股权集中度的衡量不仅需要考虑第一大股东的持股状况，还要考虑前若干名股东的持股情况，由此来判断该上市公司的股权分布状况。从已有的研究成果看，对上市公司股权集中度这一变量，大多选取三个方面的指标来衡量：一是第一大股东持股比例。二是赫芬达（Herfindahl）指数。赫芬达指数指的是前几位大股东持股比例的平方和，该指标的效用在于对持股比例取平方后，会出现马太效应，也就是持股比例较大股东在持股比例平方后与持股比例较小股东的持股比例平方后差距明显拉大，从而突出了股东持股比例之间的差距，该指标越小，表示前几位大股东之间的股权分布越均衡；反之，则表示股权集中度较高，前几名大股东之间的股权分布不均衡。三是 Z 指数。Z 指数指的是第一大股东与第二大股东持股比例的比值，这一数值越大，第一大股东与第二大股东的力量差异就越大，说明第一大股东的优势越明显，这一指标可以反映出上市公司"一股独大"的程度，尤其是当该上市公司第一大股东绝对控股时，Z 指数可以很好地反映其是否具有较高的绝对股权集中度。

在参照前人研究的基础上，本书选取第一大股东持股比例、赫芬达指数和 Z 指数这三个指标作为衡量股权集中度的变量指标，其中赫芬达指数取前五名股东持股比例的平方和，所有数据均从文化产业上市公司年报中手工收集，具体数据见附录表7。

（二）董事会特征与独立董事

本书对董事会特征的变量选取董事会规模和董事会会议次数，董事会规模指的是上市公司年报中公布的董事会成员数，包括董事长、副董事长、董事和独立董事。董事会会议次数为样本公司在当年所召开的董事会会议次数，包括董事会会议和临时会议。对独立董事的变量，本书选取独立董事人数在董事会中所占比例和独立董事报酬两项指标。关于独立董事薪酬，首先将各个独立董事薪酬汇总，然后取其平均数的自然对数。董事会特征数据从文化产业上市公司年报中手工收集，共获取有效数据96组，具体数据参见附录表8。

（三）监事会特征

对于监事会特征，本书选取监事会成员数量、监事会成员薪酬和监事会会议次数三项指标，在监事会成员薪酬方面，因为很多上市公司存在监事不在公司领取薪酬的情况，所以本书只计算在上市公司领取薪酬的成员，计算时对监事薪酬取平均数的对数。在监事薪酬方面，由于多家上市公司年报中存在数据不完整的问题，因此在监事薪酬数据组中共获取有效样本93组，监事会特征的相关数据从上市公司年报中手工收集，具体数据参见附录表9。

（四）公司绩效、经营者薪酬和代理成本

公司绩效和经营者薪酬仍然采用第三章的指标数据。代理成本指的是当公司存在代理问题时，较之由所有者自己经营而产生的损失。代理成本的产生是因为所有权和经营权分离之后，所有者希望经营者能够按所有者利益最大化的目标经营管理公司。但由于经营者与所有者的利益并不完全一致，其更可能从自身的利益出发来经营公司。Jensen 和 Meckling 将代理成本定义为三个方面的内容：一是监督成本，二是契约成本，三是剩余损失[1]。虽然学者都认可代理成本的存在，但用哪些具体的指标来衡量代理成本在实证研究中还存在分歧，在选取代理成本指标时，研究者往往会根据自己的理解来设定。如宋力和韩亮亮[2]用管理费用率、总资产周转率来

---

[1] Jensen M C, Meckling W H. "Theory of the Firm: Managerial Behavior, Agency Costs and Ownership Structure", [J]. *Journal of Financial Economics*, 1976, 3 (4): 305 - 360.

[2] 宋力、韩亮亮：《大股东持股比例对代理成本影响的实证分析》，《南开管理评论》2005年第1期。

计量代理成本；郝臣等①以总资产周转率来度量代理成本，总资产周转率越高，表明经营者对资产的利用率越高，代理成本就会越低，高雷和宋顺林②用资产周转率和费用率（营业费用＋管理费用/销售收入）来计量企业的代理成本。

在参考和借鉴已有研究成果的基础上，本书以管理费用率和固定资产周转率两个指标来计量代理成本。之所以用固定资产周转率而不使用资产周转率是因为文化产业上市公司中很多是近几年新上市的公司，而当年上市对于公司总资产影响很大，而固定资产则不会因为上市发行而产生很大变化。这两项指标中，管理费用率的计算方法为上市公司当年管理费用与营业收入的比值；固定资产周转率为上市公司当年营业收入与固定资产平均净额的比值，固定资产平均净额＝（固定资产期末余额＋固定资产期初余额)/2。管理费用率和固定资产周转率从深圳国泰安数据库中获取，缺失数据利用上市公司年报公布数据手工计算而成。代理成本详细数据参见附录表10。

二 检验结果

（一）对假设 11 的检验

假设 11：股权集中度与公司绩效存在倒 U 型的曲线关系，与经营者薪酬和代理成本之间负相关。

对假设 11 的检验，本书首先通过曲线估计来观测股权集中度与公司绩效及代理成本之间是否存在线性或曲线关系，如果存在曲线关系或线性关系，则采用回归分析的方法检验，如果曲线关系和线性关系方差检验均不明显，则采用肯德尔相关系数分析法。

通过对第一大股东持股比例、赫芬达指数和修正 Z 指数与公司绩效、代理成本及经营者薪酬的曲线估计，发现股权集中度除与经营者薪酬之间方差检验结果比较显著外，与公司绩效和代理成本之间方差检验结果均不显著，也就是说，股权集中度与公司绩效和代理成本之间不存在明显的线性或曲线关系。

---

① 郝臣、宫永建、孙凌霞：《公司治理要素对代理成本影响的实证研究——来自我国上市公司的证据（2000~2007）》，《软科学》2009 年第 10 期。

② 高雷、宋顺林：《董事会、监事会与代理成本——基于上市公司 2002~2005 年面板数据的经验证据》，《经济与管理研究》2007 年第 10 期。

因此，本文采用肯德尔相关系数分析法来检验股权集中度与公司绩效、代理成本及经营者薪酬之间的相关关系，检验结果如表6-1所示。

表6-1 股权集中度与公司绩效、代理成本及经营者薪酬相关分析

			第一大股东持股比例	赫芬达指数	Z指数	公司绩效	经营者薪酬	固定资产周转率	管理费用率
Kendall 的 tau_b	第一大股东持股比例	相关系数	1.000	0.761**	0.368**	-0.081	-0.285**	-0.041	0.028
		Sig.（双侧）	-	0.000	0.000	0.247	0.000	0.556	0.685
		N	96	96	96	96	96	96	96
	赫芬达指数	相关系数	0.761**	1.000	0.355**	-0.092	-0.250**	-0.046	0.063
		Sig.（双侧）	0.000	-	0.000	0.185	0.000	0.504	0.364
		N	96	96	96	96	96	96	96
	Z指数	相关系数	0.368**	0.355**	1.000	-0.194**	-0.062	-0.192**	0.002
		Sig.（双侧）	0.000	0.000	-	0.005	0.375	0.006	0.977
		N	96	96	96	96	96	96	96
	公司绩效	相关系数	-0.081	-0.092	-0.194**	1.000	0.042	0.865**	-0.298**
		Sig.（双侧）	0.247	0.185	0.005	-	0.543	0.000	0.000
		N	96	96	96	96	96	96	96
	经营者薪酬	相关系数	-0.285**	-0.250**	-0.062	0.042	1.000	0.050	-0.140*
		Sig.（双侧）	0.000	0.000	0.375	0.543	-	0.474	0.044
		N	96	96	96	96	96	96	96
	固定资产周转率	相关系数	-0.041	-0.046	-0.192**	0.865**	0.050	1.000	-0.314**
		Sig.（双侧）	0.556	0.504	0.006	0.000	0.474	-	0.000
		N	96	96	96	96	96	96	96
	管理费用率	相关系数	0.028	0.063	0.002	-0.298**	-0.140*	-0.314**	1.000
		Sig.（双侧）	0.685	0.364	0.977	0.000	0.044	0.000	-
		N	96	96	96	96	96	96	96

注：*，在置信度（双侧）为0.05时，相关性是显著的。
**，在置信度（双侧）为0.01时，相关性是显著的。

从表6-1中可以看出，第一大股东持股比例、赫芬达指数和Z指数同公司绩效、经营者薪酬的相关系数均为负值，其中第一大股东持股比例、赫芬达指数同公司绩效的负相关关系显著性并不明显，只有Z指数与公司绩效负相关是比较显著的。股权集中度的三个变量指标中有两个变量同

经营者薪酬相关系数的对应显著性都小于 0.05，表明股权集中度同经营者薪酬之间明显负相关，也就是说当股权集中度高时，经营者薪酬会比较低。从股权集中度与代理成本的相关关系来看，第一大股东持股比例、赫芬达指数及 Z 指数与代理成本变量（固定资产周转率与管理费用率）之间相关系数对应显著性基本上全部大于 0.05（唯有 Z 指数与固定资产周转率明显负相关），表明股权集中度同公司绩效与代理成本的相关关系并不明显。这一检验结果说明随着股权集中度的提高，公司绩效可能会下降，但由于股权集中度提高带来的内部约束力也会增强，所以对于经营者薪酬的控制力会显著增强，由此导致经营者薪酬随股权集中度的提高而降低。

此外，从表 6 - 1 中数据来看，股权集中度的三个变量指标与代理成本变量指标管理费用率之间的正向关系比其与固定资产周转率之间的正向关系略为明显，本书认为股权集中度的提高更有可能增加公司经营的代理成本，而不是抑制代理成本的增加。根据这一检验结果，本文认为假设 11 部分成立，即股权集中度与公司绩效和代理成本之间不存在曲线相关关系，股权集中度与经营者薪酬之间存在显著的负相关关系。

最后，从检验结果中我们也看到，经营者薪酬与管理费用率呈现显著的负相关关系，这表明当经营者薪酬较低时，会增加公司的代理成本，而固定资产周转率与公司绩效明显的正向关系以及与管理费用率之间的负向关系表明，固定资产周转越快，公司绩效越好，同时公司管理费用也比较低；反之，当固定资产周转率低时往往伴随着管理费率的上升，这说明此处用固定资产周转率和管理费用率来衡量公司代理成本是比较有说服力的。

（二）对假设 12 的检验

假设 12：董事会规模应该同公司绩效呈现倒 U 型的曲线关系，即在达到最优董事会规模之前，增加董事会成员与公司绩效正相关，在达到最优董事会规模后，增加董事会成员与公司绩效负相关。假设董事会规模与公司绩效之间可能存在曲线关系，本文构建如下模型：

$$Per = a_1 + a_2 boardsize + a_3 boardsize^2 + \varepsilon \tag{6.1}$$

（6.1）式中 Per 代表公司绩效，是英文 performance 的缩写，a_1 代表常量，$boardsize$ 代表董事会规模，a_2 和 a_3 分别代表董事会规模和董事会规模二次项的系数，ε 代表残差，回归结果如下。

表 6－2　董事会规模与公司绩效回归模型汇总

R	R 方	调整 R 方	估计值的标准误
0.225	0.050	0.030	5.719

注：自变量为董事会规模。

表 6－3　董事会规模与公司绩效回归模型 Anova[a]

	平方和	df	均方	F	Sig.
回归	161.669	2	80.835	2.471	0.090[b]
残差	3041.82	93	32.708		
总计	3203.49	95			

注：a，因变量为公司绩效。

　　b，自变量为董事会规模及董事会规模的平方。

表 6－2 显示该模型的调整 R 方为 0.030，这表明该模型的解释效应度很低，从表 6－3 的方差分析（Anova）中看到，该回归模型对应显著性水平为 0.09，大于 0.05，回归方程未能通过方差检验，由此可知公司绩效与董事会规模并非倒 U 型关系。

对董事会规模与公司绩效之间的关系，通过曲线估计图发现两者存在一定的负向线性关系，为此，本研究对董事会规模与公司绩效再次建立线性模型，检验两者可能存在的关系。

$$Per = a_1 + a_2 boardsize + \varepsilon \tag{6.2}$$

表 6－4　董事会规模与公司绩效的回归分析系数[a]

模型		非标准化系数		标准系数	t	Sig.
		B 值	标准误差	Beta		
1	（常量）	8.266	2.504	－	3.301	0.001
	董事会规模	－0.534	0.258	－0.209	－2.069	0.041

注：a. 因变量为公司绩效，自变量为董事会规模。

表 6－4 中，对应自变量董事会规模与公司绩效的非标准化系数 B 值为 －0.534，说明董事会规模和与公司绩效之间存在负相关关系，t 值检验为 －2.069，对应显著性为 0.041，显著性水平小于 0.05，表明董事会规模

与公司绩效之间负相关关系是显著的。

这一结果表明，在文化产业上市公司中，董事会规模与公司绩效显著负相关，即董事会规模越小，公司绩效越好；董事会规模越大，公司绩效越差，故假设 12 不成立。

对董事会规模与代理成本及经营者薪酬的检验，本文采用肯德尔相关系数分析法，检验结果如表 6-5 所示。

表 6-5　董事会规模与代理成本及经营者薪酬相关系数

			董事会规模	固定资产周转率	管理费用率	经营者薪酬
Kendall 的 tau_b	董事会规模	相关系数	1.000	-0.327**	0.189*	0.162*
		显著性（双侧）	.	0.000	0.011	0.030
		N	96	96	96	96
	固定资产周转率	相关系数	-0.327**	1.000	-0.314**	0.050
		显著性（双侧）	0.000	.	0.000	0.474
		N	96	96	96	96
	管理费用率	相关系数	0.189*	-0.314**	1.000	-0.140*
		显著性（双侧）	0.011	0.000	.	0.044
		N	96	96	96	96
	经营者薪酬	相关系数	0.162*	0.050	-0.140*	1.000
		显著性（双侧）	0.030	0.474	0.044	.
		N	96	96	96	96

注：**，在置信度（双侧）为 0.01 时，相关性是显著的。

*，在置信度（双侧）为 0.05 时，相关性是显著的。

表 6-5 分析结果显示，董事会规模与代理成本变量固定资产周转率的负相关性十分明显，相关系数为 -0.327，对应显著性为 0.000，远远小于 0.05 置信水平，在 1% 水平上也是显著的，同时，董事会规模与管理费用率相关系数为 0.189，对应显著性为 0.011，也小于 0.05 的显著性水平，充分说明了较大的董事会规模常常会伴随着较高的代理成本。此外，董事会规模与经营者薪酬的相关系数为 0.162，对应显著性水平为 0.030，也呈现显著的正相关，意味着较大的董事会规模更有可能给予经营者较高的薪酬。

（三）对假设 13、假设 14 的检验

假设 13：董事会会议次数与公司绩效不存在相关关系，与代理成本负相关。

假设 14a：独立董事比例同公司绩效正相关，同代理成本负相关；

假设 14b：独立董事薪酬同公司绩效和代理成本不相关。

在检验董事会会议次数与独立董事比例及独立董事薪酬与公司绩效、代理成本的关系方面，本书拟采用回归分析的方法，分别将公司绩效、代理成本作为因变量，将董事会会议次数、独立董事薪酬、独立董事比例、监事会人数、监事会成员报酬、监事会会议次数作为自变量，判断因变量同自变量之间线性关系的显著性，通过曲线估计检验后发现，自变量同公司绩效和代理成本之间并无明显的线性关系，因此，对以上各个变量之间的相关性宜采用肯德尔系数相关分析法。分析结果如表 6-6 所示。

表 6-6 董事会特征与公司绩效、代理成本、经营者薪酬相关系数

		董事会会议次数	独立董事比例	独立董事薪酬	公司绩效	固定资产周转率	管理费用率
Kendall 的 tau_b	董事会会议次数	相关系数	1.000	0.043	0.015	0.072	0.056	-0.008
		Sig.（双侧）	-	0.565	0.843	0.316	0.435	0.911
		N	96	96	96	96	96	96
	独立董事比例	相关系数	0.043	1.000	-0.035	0.045	0.021	0.030
		Sig.（双侧）	0.565	-	0.635	0.531	0.774	0.683
		N	96	96	96	96	96	96
	独立董事薪酬	相关系数	0.015	-0.035	1.000	-0.027	-0.048	0.041
		Sig.（双侧）	0.843	0.635	-	0.700	0.498	0.561
		N	96	96	96	96	96	96
	公司绩效	相关系数	0.072	0.045	-0.027	1.000	0.865 **	-0.298 **
		Sig.（双侧）	0.316	0.531	0.700	-	0.000	0.000
		N	96	96	96	96	96	96
	固定资产周转率	相关系数	0.056	0.021	-0.048	0.865 **	1.000	-0.314 **
		Sig.（双侧）	0.435	0.774	0.498	0.000	-	0.000
		N	96	96	96	96	96	96
	管理费用率	相关系数	-0.008	0.030	0.041	-0.298 **	-0.314 **	1.000
		Sig.（双侧）	0.911	0.683	0.561	0.000	0.000	-
		N	96	96	96	96	96	96

注：**，在置信度（双侧）为 0.01 时，相关性是显著的。

*，在置信度（双侧）为 0.05 时，相关性是显著的。

从表 6-6 的分析结果中可以看到，首先，董事会会议次数与公司绩效相关系数为 0.072，对应显著性为 0.316，说明董事会会议次数与公司绩效之间不存在相关关系。

其次，董事会会议次数与代理成本变量之间相关系数所对应的显著性都远远大于 0.05，可以认定董事会会议次数与代理成本之间不存在相关关系。从独立董事方面来看，表中结果显示独立董事比例与公司绩效之间相关系数为 0.045，说明两者之间存在极微弱的正相关关系，由于对应显著性为 0.531，远远大于 0.05，因此，可以认为两者不存在相关关系；独立董事比例同代理成本变量固定资产周转率相关系数为 0.021，对应显著性系数为 0.774，说明两者存在一定的负相关关系，但还不够显著；独立董事比例同代理成本变量与固定资产周转率及管理费用率相关系数所对应的显著性水平均远远大于 0.05 的置信水平，说明独立董事比例与公司代理成本之间没有相关关系。

最后来看独立董事薪酬与公司绩效和代理成本之间的相关关系，独立董事薪酬与公司绩效的相关系数为 -0.027，对应显著性水平为 0.700，说明两者之间不存在相关关系；独立董事薪酬与代理成本（固定资产周转率和管理费用率）之间的相关系数对应显著性水平均远大于 0.05，说明独立董事薪酬与这些变量之间并无相关关系。根据以上检验结果，本书认为，假设 13 部分成立，假设 14a 不成立，假设 14b 成立。即董事会会议次数同公司绩效之间没有明显的相关关系，与代理成本之间不存在明显的相关关系。独立董事比例与独立董事薪酬同公司绩效及代理成本之间也不存在明显的相关关系。对于文化产业上市公司来讲，董事会和独立董事对公司经营者的激励和约束作用比较微弱，独立董事及其薪酬的增加与公司绩效和代理成本之间没有相关关系。

（四）对假设 15、假设 16 的检验

假设 15：监事会会议次数同公司绩效正相关，同代理成本负相关。

假设 16：监事人数和监事薪酬与公司绩效正相关，与代理成本负相关。

对假设 15 和假设 16 的检验主要通过检验监事会会议次数、监事薪酬及监事会人数与公司绩效、代理成本、公司规模之间的相关关系，考察监事会对经营者的约束效果。由于对监事会特征变量的正态分布检验结果显示数据未呈现正态分布，所以本书采用肯德尔相关系数分析法。监事会会

议次数与公司绩效、代理成本检验结果如表 6 - 7 所示。

表 6 - 7   监事会会议次数与公司绩效及代理成本的相关分析

			监事会会议次数	公司绩效	固定资产周转率	管理费用率
Kendall 的 tau_b	监事会会议次数	相关系数	1.000	0.158 *	0.141	− 0.022
		Sig.（双侧）	−	0.032	0.057	0.767
		N	96	96	96	96
	公司绩效	相关系数	0.158 *	1.000	0.865 **	− 0.298 **
		Sig.（双侧）	0.032		0.000	0.000
		N	96	96	96	96
	固定资产周转率	相关系数	0.141	0.865 **	1.000	− 0.314 **
		Sig.（双侧）	0.057	0.000	−	0.000
		N	96	96	96	96
	管理费用率	相关系数	− 0.022	− 0.298 **	− 0.314 **	1.000
		Sig.（双侧）	0.767	0.000	0.000	
		N	96	96	96	96

注：*，在置信度（双侧）为 0.05 时，相关性是显著的。
    **，在置信度（双侧）为 0.01 时，相关性是显著的。

从表 6 - 7 的分析来看，首先，监事会会议次数与公司绩效的相关系数为 0.158，对应显著性水平为 0.032，说明监事会会议次数同公司绩效之间确实存在明显的正相关关系。其次，监事会会议次数和代理成本变量固定资产周转率之间相关系数为 0.141，对应显著性水平为 0.057，略大于 0.05，可以认为两者之间的正相关关系是显著的。需要说明的是，固定资产周转率在代理成本中是一个反向指标，也就是说固定资产周转率越高，代理成本就越小，因此监事会会议次数与固定资产周转率之间的正相关，就意味着其与代理成本之间的负相关。最后，监事会会议次数与管理费用率之间相关系数为负，但由于显著性水平远大于 0.05，表明它与管理费用率之间无明显相关关系。根据表 6 - 7 的检验结果，假设 15 是基本成立的。

对假设 16 的检验采用的是肯德尔相关系数分析法，监事会人数、监事报酬与公司绩效、代理成本检验结果如表 6 - 8 所示。

表 6 - 8 监事会特征与公司绩效及代理成本的相关分析

			监事人数	监事报酬	公司绩效	固定资产周转率	管理费用率
Kendall 的 tau_b	监事人数	相关系数	1.000	0.163*	-0.181*	-0.193*	0.101
		Sig.（双侧）	-	0.048	0.028	0.019	0.222
		N	93	93	93	93	93
	监事报酬	相关系数	0.163*	1.000	-0.180*	-0.147*	0.104
		Sig.（双侧）	0.048	-	0.011	0.038	0.143
		N	93	93	93	93	93
	公司绩效	相关系数	-0.181*	-0.180*	1.000	0.862**	-0.345**
		Sig.（双侧）	0.028	0.011	-	0.000	0.000
		N	93	93	93	93	93
	固定资产周转率	相关系数	-0.193*	-0.147*	0.862**	1.000	-0.366**
		Sig.（双侧）	0.019	0.038	0.000	-	0.000
		N	93	93	93	93	93
	管理费用率	相关系数	0.101	0.104	-0.345**	-0.366**	1.000
		Sig.（双侧）	0.222	0.143	0.000	0.000	-
		N	93	93	93	93	93

注：*，在置信度（双侧）为 0.05 时，相关性是显著的。
　　**，在置信度（双侧）为 0.01 时，相关性是显著的。

从表 6 - 8 的分析来看，监事人数、监事报酬与公司绩效和固定资产周转率均呈现明显的负相关关系。由于固定资产周转率是代理成本的反向指标，所以可以认为，监事人数、监事报酬与代理成本是显著正相关的，由此可以证明假设 16 是不成立的。在这一检验中也意外发现，监事人数与监事报酬之间的正相关关系。对假设 15 和假设 16 的检验结果表明，目前文化产业上市公司监事会对于改善公司绩效作用不明显，在经营者约束方面还未能起到应有作用。

第二节　外部约束的实证分析

一　数据来源及变量指标说明

（一）产品市场竞争程度

对于产品市场竞争程度，一直以来没有公认的较好的指标来计量，根据研究的需要和目的的不同，目前有两类计量方式使用得比较多，第一种是用赫芬达指数来计量，如宋常和黄蕾[1]、蒋荣和陈丽蓉[2]等，在对比多个行业不同的竞争程度对公司治理和经营者激励的影响时，他们用赫芬达指数衡量市场竞争的激烈程度，其表达式为 $HHI = \Sigma \left(\dfrac{x_i}{X} \right)^2$，其中 x_i 为 i 企业的销售额，用主营业务收入替代，$X = \Sigma x_i$；第二种计量方式以市场占有率和主营业务利润率为指标，如牛建波和李维安认为主营业务利润率可以看作一种对市场竞争实力的事后测量。在那些竞争不太激烈的市场上经营的公司可能以更高于边际成本的价格出售其生产的产品，从而获得更高的利润，即产品利润率与公司面临的竞争之间存在着反向的关系[3]。薛舒在产品市场竞争方面采取样本公司所在行业的平均主营业务利润率来描述竞争[4]。谭云清认为，当产业可容纳的企业数目一定时，市场占有率指标越小，一个产业内相同规模的企业就越多，产业内企业之间的竞争越激烈，因此，市场占有率越小，市场竞争强度就越大。但是考虑到在计算市场占有率时仅仅局限于上市公司，结果会存在偏差，他把主营业务利润率作为考察市场竞争程度的主要指标，市场占有率作为辅助指标[5]。

在参考以上学者研究成果的基础上，结合本书的研究对象和目的，笔者认为采用主营业务利润率对于衡量文化产业上市公司的竞争程度是比较可行的，一是本书研究的是同一行业内的上市公司，赫芬达指数虽然是一个度量行业集中度的最佳指标，但对于同行业各个公司的比较而言，不仅凭空增加了运算过程，而且结果可能存在一定的偏差。二是文化产业在上市公司分类中还存在几类性质不同的公司，用主营业务利润率能更准确地衡量这些公司所面临的市场竞争，具体数据参见附录表 11。

---

① 宋常、黄蕾：《产品市场竞争度与公司治理效应的实证分析：基于经理人激励视角》，《财经论丛》2008 年第 3 期。

② 蒋荣、陈丽蓉：《产品市场竞争治理效应的实证研究：基于 CEO 变更视角》，《经济科学》2007 年第 2 期。

③ 牛建波、李维安：《产品市场竞争和公司治理的交互关系研究——基于中国制造业上市公司 1998~2003 年数据的实证分析》，《南大商学评论》2007 年第 1 期。

④ 薛舒：《我国上市公司所有权结构、竞争及公司绩效的实证研究》，厦门大学硕士学位论文，2007，第 50~57 页。

⑤ 谭云清：《产品市场竞争与公司治理有效性：理论与实证研究》，上海交通大学博士学位论文，2008，第 114~118 页。

（二）经理人市场

在经理人市场变量的指标设计方面，能够准确计量经理人市场有效性的指标很少，从已有的研究成果来看，有的学者采用代理变量的方式来计量经理人市场指标，如袁春生和祝建军[①]在经理人市场竞争方面选用了三个代理变量：上市公司数量、经理人变更和经理人类型（是否同时兼任董事长）。他们认为，上市公司数量较多的地方劳动力市场会比较发达，在这种情况下经理人会面临更多潜在竞争者的压力，因此将上市公司数量作为其中一个代理变量。此外，他们还认为在不同的市场条件下，企业可能会采用不同的经营者选任方式，而经营者的职权大小往往也决定了对经营者监督的力度和有效性，所以他们将经理人变更和经理人类型也纳入进来。有的学者则直接根据经理人变动的数据来说明经理人市场存在的问题。如王珺[②]、李新春[③]等，在考察经理人的选任与来源时，他们将获取的数据直接予以对比，从各个数据的不同频次和百分比来检验经理人市场的作用。考虑到本书的研究内容，笔者认为，以上市公司数量来说明经理人市场的竞争程度过于牵强，而以总经理的变更、来源方式及变更原因等数据来描述当前经理人市场的状况，则具有较强的说服力。基于这一考虑，本书采用后一种方式，首先对文化产业上市公司总经理变动信息予以汇总，考察从 2011 年 1 月至 2013 年 7 月这一区间总经理发生变动的文化产业上市公司，共有 20 组数据，所有数据从上市公司年报及和讯财经网获取。具体数据参见附录表 12。

（三）资本市场

1. 股票价格变量与机构投资者持股

对于股票价格的变量指标，已有的研究成果有三种代表性的计量方式：一是用股票价格指数来衡量股价的变动情况，如晏艳阳和胡俊[④]等以股票价格指数为变量指标，检验其与沪深两市上市公司的综合业绩的相关

① 袁春生、祝建军：《经理人市场竞争、经理人激励与上市公司财务舞弊的关系》，《财会月刊》2007 年第 20 期。
② 王珺：《企业经理角色转换中的激励制度研究：兼论国有企业"官员型"经理向企业家型经理的转变》，广东人民出版社，2002，第 191～194 页。
③ 李新春：《经理人市场失灵与家族企业治理》，《管理世界》2003 年第 4 期。
④ 晏艳阳、胡俊：《股票价格与上市公司业绩的关联分析——对中国证券市场的研究》，《系统工程》2006 年第 8 期。

性，李娇①以上证综合指数和深圳成分指数来代表股市整体的价格；二是直接用股票在某一时期的收盘价格来计量，如黄应绘②对每个公司选取了其股票在当年末的价格和次年5月末的价格，来检验其与公司经营业绩之间的相关关系，郭旭芬③也直接选用上市公司股票各个区间的收盘价，利用股价涨跌与财务指标的涨跌幅度进行对比；三是采用市净率的计量方法，如李礼和洪源④认为，由于衡量上市公司业绩的指标是无量纲指标，在研究公司业绩与股票价格的关系时，直接采用具有价值单位的股价是不妥当的，因此，他们用了市净率来代表股票价格。综合对比以上几种计量方式，结合本书的研究对象及研究目的的需要，笔者认为，以市净率作为股票价格的代理变量指标较为合适，一是因为本书中的公司绩效是无量纲指标，股价指标也应当是无量纲的；二是本书的研究对象中很多公司上市时间并不长，无法用公司绩效的纵向指标来对比。从市净率的计算公式来看，市净率 = 股票价格/每股净资产，这一数值消除了每股净资产对股价的影响。众所周知，股票价格和每股净资产关系密切，如果单纯以股票某个时段的收盘价来衡量，不仅发行不同股份数的股票价格差异很大，而且赠送股份对股票的价格影响也很大，而将股票价格除以每股净资产后，就可以消除这两个因素的影响。本书中的市净率数据来源于深圳国泰安数据库，部分缺失数据通过大智慧证券软件获取，上市公司当年市净率计算方法为当年年末（12月31日）股票收盘价格/当年年末每股净资产。

由于目前证券市场上机构投资者的主体主要是证券公司和投资基金，本书中机构投资者持股变量根据上市公司年报中前十大股东中券商和基金持股数量进行统计，以基金持股总数所占比例作为机构投资者持股变量指标。以上两个指标的数据详见附录表13。

2. 债务指标

对于上市公司的债务指标，本书以资产负债率来计量。资产负债率表示公司总资产中有多少是通过负债筹集的，通过对比这一指标与公司绩效的关系，

---

① 李娇：《上市公司业绩与股票价格关系的实证研究》，山东大学硕士学位论文，2008，第19页。
② 黄应绘：《泸市股票价格与上市公司业绩的关联性》，《统计与决策》2003年第6期。
③ 郭旭芬：《上市公司业绩增长与股价涨幅关系的实证研究》，《吉林省经济管理干部学院学报》2004年第1期。
④ 李礼、洪源：《我国上市公司业绩与股票价格之间关系的实证研究》，《经济问题探索》2005年第9期。

以及该指标对公司经营者薪酬、代理成本的影响，可以看出债券市场对公司经营者是否具备约束效果。资产负债率变量指标具体数据参见附录表13。

二 检验结果

（一）对假设17的检验

假设17a：产品市场的竞争程度提高会增强经营者薪酬与公司绩效之间的相关性。

假设17b：产品市场的竞争程度与公司的代理成本负相关。

假设17c：产品市场的竞争程度与公司绩效负相关。

在检验产品市场竞争程度对经营者薪酬与公司绩效的相关关系的影响时，本书根据产品市场竞争程度的变量主营业务利润率的高低，将市场条件分为两组，即竞争程度高组和竞争程度低组，分别检验在不同产品市场竞争条件下，经营者薪酬与公司绩效的关系，了解产品市场竞争程度是否对促进经营者薪酬与公司绩效之间的相关性存在显著影响。对产品市场竞争程度进行分类时，本书首先对主营业务利润率数据进行统计，找出该组数据的中位数，将低于中位数组定为竞争程度高组，高于中位数组定为竞争程度低组，两组检验数据结果如表6-9所示。

表6-9 产品市场竞争程度低组经营者薪酬与公司绩效相关分析

		经营者薪酬	公司绩效
经营者薪酬	Pearson 相关性	1	0.063
	显著性（双侧）	-	0.673
	N	47	47
公司绩效	Pearson 相关性	0.063	1
	显著性（双侧）	0.673	-
	N	47	47

表6-10 产品市场竞争程度高组经营者薪酬与公司绩效相关分析

		公司绩效	经营者薪酬
公司绩效	Pearson 相关性	1	0.488 **
	显著性（双侧）	-	0.000
	N	49	49

续表

		公司绩效	经营者薪酬
经营者薪酬	Pearson 相关性	0.488 **	1
	显著性（双侧）	0.000	
	N	49	49

注：**，在 0.01 水平（双侧）上显著相关。

对比表 6 - 9 和表 6 - 10 的两组数据后可以发现，在产品市场竞争程度比较低时，经营者薪酬同公司绩效之间相关系数为 0.063，由于对应显著性为 0.673，远远大于 0.05，可以认为两者存在着不明显的负相关关系；在产品市场竞争程度比较高时，经营者薪酬同公司绩效之间相关系数为 0.488，对应显著性为 0.000，远远小于 0.05，两者呈现出显著的正相关关系，由此本书认为，产品市场竞争程度的提高，可以显著提高经营者薪酬和公司绩效之间的相关性，结果支持假设 17a。

在检验产品竞争程度的变量指标主营业务利润率与公司绩效、代理成本之间的相关关系时，本书采用肯德尔相关系数分析法，分析结果如表 6 - 11 所示。

表 6 - 11　产品市场竞争程度与代理成本、公司绩效相关分析

			主营业务利润率	固定资产周转率	管理费用率	公司绩效
Kendall 的 tau_b	主营业务利润率	相关系数	1.000	0.176 *	- 0.009	0.206 **
		Sig.（双侧）	-	0.012	0.894	0.003
		N	96	96	96	96
	固定资产周转率	相关系数	0.176 *	1.000	- 0.314 **	0.865 **
		Sig.（双侧）	0.012	-	0.000	0.000
		N	96	96	96	96
	管理费用率	相关系数	- 0.009	- 0.314 **	1.000	- 0.298 **
		Sig.（双侧）	0.894	0.000	-	0.000
		N	96	96	96	96
	公司绩效	相关系数	0.206 **	0.865 **	- 0.298 **	1.000
		Sig.（双侧）	0.003	0.000	0.000	-
		N	96	96	96	96

注：*，在置信度（双侧）为 0.05 时，相关性是显著的。

　　**，在置信度（双侧）为 0.01 时，相关性是显著的。

从表 6 - 11 中可以看出，主营业务利润率与固定资产周转率相关系数为 0.176，对应显著性水平为 0.012，表明两者显著正相关；主营业务利润率与管理费用率相关系数为 - 0.009，对应显著性水平为 0.894，表明两者之间无明显相关关系。由于主营业务利润率是产品竞争程度的反向指标，固定资产周转率是代理成本的反向指标，主营业务利润率与固定资产周转率之间的显著正相关可以理解为产品竞争程度与代理成本显著负相关，这一结果证明了假设 17b 是成立的；主营业务利润率与公司绩效的相关系数为 0.206，对应显著性水平为 0.003，表明两者之间显著正相关，而主营业务利润率与产品竞争程度的反向关系则意味着，主营业务利润率与公司绩效的正相关即产品竞争程度与公司绩效是显著的负相关关系，这表明假设17c 是成立的，这一结果与理论分析中的假设比较吻合，当产品竞争程度低时，由于公司可以获得更多的垄断利润，公司绩效要好于产品市场竞争程度高的公司。根据以上分析结果，假设 17 是成立的。

（二）对假设 18 的检验

假设 18：外部经理人市场的存在有助于提高经营者的自我约束，但在外部经理人市场尚未形成时，国有文化产业上市公司可能从内部选聘经营者，从而形成行政配置下的内部经理人市场，非国有文化产业上市公司则会由所有者自己或聘请具备经营才能的至亲好友担任经营者。

从文化产业上市公司出现总经理变动的样本数据（见附录表 12）中可以看出，总经理候选人全部为职业经理人，说明在文化产业上市公司中，总经理一职大部分是从职业经理人中产生的，职业经理人市场是存在的。从任职年限和继任者来源看，产生变动的总经理任职年限均值为 2.728 年，除天舟文化和广电网络以外，其他变动的总经理任职年限都没有超出 3 年，这可能与总经理的任期年限大多为 3 年有关，这说明总经理的内外部流动性是比较大的。同时，从总经理变动信息亦可以看出，接任总经理职务的基本上都是内部人选，说明外部经理人市场尚未形成或者公司并不认可外部经理人市场；从总经理离职原因来看，任期届满是主要原因，个人原因也是导致总经理变动的一个主要因素。这一数据说明，目前文化产业上市公司总经理变动的原因大多是任期届满导致的工作变动，总经理流动的自主性并不强，政府与组织的因素才是主要的，也就是说，尽管存在着经理人市场，但这一市场是政府组织主导下的经理人市场，并不是由市场主导的经理人市场。

政府组织主导下的经理人市场的总经理选任机制与市场主导的经理人市场不同，一般来说，政府主导下的经理人市场相对狭窄，经理候选人本身并不游离于政府组织之外，在这一点上，黄泰岩和郑江淮有精辟的论述，他们指出，中国当前的经理人市场存在着"二元性经理人市场"，"所谓的'二元性经理性市场'是指在企业经营者的选择和招聘上同时存在着国有部门内部经理市场和外部经理市场。"① 而这种二元性的经理人市场难以保证企业选择到具备企业家性质的经营者。虽然政府组织主导的内部职业经理人市场改变了过去经营者的官员身份，强调经营者的职业经理人身份，在经营者的角色转换上起到了促进作用，但是由于上市公司过多地采用以政府为主导的内部经理人市场，才导致了市场主导的外部经理人市场难以发展和发育不完善。

同时，我们也看到，以上数据都是国有企业的经营者变动数据，对于文化产业非国有上市公司来说，由于一些上市公司上市时间较短，所以还没有出现经营者变动的情况，但作为民营上市公司，其总经理的任命不可能受到政府组织的影响，通过研究这些上市公司的总经理背景，可以更深入地了解当前文化产业上市公司在市场主导的外部职业经理人方面的发展状况究竟如何。表 6-12 是 10 家非国有上市公司 2013 年当年的总经理信息，数据从公司年报中获取。

表 6-12 2013 年部分非国有上市公司总经理信息

上市公司	总经理来源	总经理是否为实际控制人或共同实际控制人	总经理与董事长是否两职合一
华谊兄弟	内部	是	否
华策影视	内部	是	否
蓝色光标	内部	是	是
华谊嘉信	内部	是	是
奥飞动漫	内部	是	是
天舟文化	内部	否	否
中青宝	内部	是	是
新文化	内部	是	是

① 黄泰岩、郑江淮：《企业家行为的制度分析》，《中国工业经济》1998 年第 2 期。

续表

上市公司	总经理来源	总经理是否为实际控制人或共同实际控制人	总经理与董事长是否两职合一
乐视网	内部	是	是
光线传媒	内部	是	是

从非国有文化产业上市公司总经理信息中可以看到，总经理全部来源于公司内部，除了天舟文化外，大多数公司总经理是公司的实际控制人或共同实际控制人，有超过一半的公司总经理和董事长是两职合一的，这充分说明，非国有上市公司在总经理的选任上，并不依赖于外部经理人市场，以市场为主导的经理人市场确实还没有形成。

根据国有上市公司和非国有上市公司的经理人数据结果，本书认为假设18是成立的。而且，当前以市场为导向的职业经理人市场尚未形成的结论和大多数学者的认识是一致的，在以行政化配置为主导的经理人市场中，公司经营者很难感受到外部经理人市场的约束力。

（三）对假设19、假设20的检验

假设19a：文化产业上市公司股价表现与公司绩效和经营者薪酬正相关。

假设19b：机构投资者持股比例与公司绩效正相关，与代理成本负相关。

假设19c：机构投资者持股比例越高，经营者薪酬与公司绩效之间的相关性就越强。

假设20：文化产业上市公司债务水平与公司绩效正相关，与公司代理成本负相关。

对于股票价格变量市净率与公司绩效及经营者薪酬之间的相关性分析，本书采用肯德尔相关系数分析法，分析结果如表6－13所示。

表6－13　股票价格与公司绩效、经营者薪酬相关系数

			市净率	公司绩效	经营者薪酬
Kendall 的 tau_b	市净率	相关系数	1.000	0.284 **	0.206 **
		Sig.（双侧）	－	0.000	0.003
		N	96	96	96

			市净率	公司绩效	经营者薪酬
Kendall 的 tau_b	公司绩效	相关系数	0.284 **	1.000	0.042
		Sig.（双侧）	0.000	–	0.541
		N	96	96	96
	经营者薪酬	相关系数	0.206 **	0.042	1.000
		Sig.（双侧）	0.003	0.541	–
		N	96	96	96

注：**，在置信度（双侧）为 0.01 时，相关性是显著的。

从表 6-13 中可以看出，股票价格变量市净率同公司绩效、经营者薪酬之间的相关系数均为正值，所对应的显著性水平也都远远小于 0.05 的置信水平，可以说文化产业上市公司股价与公司绩效和经营者薪酬存在着显著的正相关关系。所以本书认为，假设 19a 是成立的。在当前情况下，股票价格与公司绩效和经营者之间有较强的相关性，也表明了证券市场对经营者是具有激励与约束作用的。

对于机构投资者持股与公司绩效、经营者薪酬及代理成本之间的相关关系，本书首先检验各个变量之间的相互关系，其次按照样本公司中的机构投资者持股比例的中位数，将数据分为机构投资者持股比例高组和机构投资者持股比例低组，对不同组别的经营者薪酬与公司绩效相关性进行分析，检验机构投资者持股比例高低能否影响经营者薪酬与公司绩效之间的相关性。在使用相关性分析之前，本书首先对机构投资者持股比例的数据进行正态性检验，检验结果发现该组数据不符合正态分布，故采用肯德尔相关系数分析法，分析结果如表 6-14 所示。

表 6-14　机构投资者持股与公司绩效、代理成本相关系数

			机构投资者持股比例	公司绩效	固定资产周转率	管理费用率
Kendall 的 tau_b	机构投资者持股比例	相关系数	1.000	0.057	0.037	0.037
		显著性（双侧）	–	0.414	0.599	0.599
		N	96	96	96	96

续表

			机构投资者持股比例	公司绩效	固定资产周转率	管理费用率
Kendall 的 tau_b	公司绩效	相关系数	.057	1.000	0.865 **	− 0.298 **
		显著性（双侧）	0.414	–	0.000	0.000
		N	96	96	96	96
	固定资产周转率	相关系数	.037	0.865 **	1.000	− 0.314 **
		显著性（双侧）	0.599	0.000	–	0.000
		N	96	96	96	96
	管理费用率	相关系数	.037	− 0.298 **	− 0.314 **	1.000
		显著性（双侧）	0.599	0.000	0.000	–
		N	96	96	96	96

注：*，在置信度（双侧）为 0.05 时，相关性是显著的。

　　**，在置信度（双侧）为 0.01 时，相关性是显著的。

从表 6 - 14 中可以看到，机构投资者持股比例同公司绩效之间的相关系数为 0.057，对应显著性大于 0.05，可以认为文化产业上市公司中机构投资者持股比例对公司绩效没有影响；在代理成本方面，机构投资者持股比例与固定资产周转率及管理费用率之间的相关系数所对应的显著性均远远大于 0.05，说明机构投资者持股比例与公司代理成本之间也不存在明显的相关关系，由此，本书认为检验结果不支持假设 19b，假设 19b 不成立。

在检验机构投资者持股比例高低对经营者薪酬与公司绩效之间的相关性的影响方面，首先，本书对机构投资者持股比例进行分组，找出机构投资者持股比例的中位数，将大于持股比例且大于中位数的编为机构投资者持股比例高组，小于中位数的编为机构投资者持股比例低组，通过对机构投资者持股比例的分组检验，考察在不同条件下，经营者薪酬与公司绩效相关性是否有所改变，结果如表 6 - 15、表 6 - 16 所示。

表 6 - 15　机构投资者持股比例高组经营者薪酬与公司绩效相关系数

			经营者薪酬	公司绩效
Kendall 的 tau_b	经营者薪酬	相关系数	1.000	0.079
		显著性（双侧）	–	0.429
		N	48	48

续表

			经营者薪酬	公司绩效
Kendall 的 tau_b	公司绩效	相关系数	0.079	1.000
		显著性（双侧）	0.429	-
		N	48	48

表 6-16　机构投资者持股比例低组经营者薪酬与公司绩效相关系数

			经营者薪酬	公司绩效
Kendall 的 tau_b	经营者薪酬	相关系数	1.000	-0.055
		显著性（双侧）	-	0.582
		N	48	48
	公司绩效	相关系数	-0.055	1.000
		显著性（双侧）	0.582	-
		N	48	48

　　从两组数据的检验结果来看，对于机构投资者持股比例高组，经营者薪酬与公司绩效相关系数为 0.079，但对应显著性远远大于 0.05，相关关系不明显；在机构投资者持股比例低组中，经营者薪酬与公司绩效相关系数为 -0.055，同样的，对应显著性远远大于 0.05，机构投资者持股比例的高低在促进经营者薪酬与公司绩效之间的相关性方面的作用非常微弱。根据以上的结果，本书认为假设 19c 不成立。在当前的文化产业上市公司中，机构投资者持股对于公司经营者约束效果并不理想。

　　最后，对于假设 20 的检验，即债务水平与公司绩效和代理成本之间的相关关系，本书仍然采用肯德尔系数相关分析法，分析结果如表 6-17 所示。

表 6-17　资产负债率与代理成本、公司绩效相关系数

			资产负债率	管理费用率	固定资产周转率	公司绩效
Kendall 的 tau_b	资产负债率	相关系数	-	0.000	-0.203 **	-0.250 **
		Sig.（双侧）	-	0.995	0.004	0.000
		N	96	96	96	96

续表

			资产负债率	管理费用率	固定资产周转率	公司绩效
Kendall 的 tau_b	管理费用率	相关系数	0.000	1.000	− 0.314 **	− 0.298 **
		Sig.（双侧）	0.995	−	0.000	0.000
		N	96	96	96	96
	固定资产周转率	相关系数	− 0.203 **	− 0.314 **	1.000	0.865 **
		Sig.（双侧）	0.004	0.000	−	0.000
		N	96	96	96	96
	公司绩效	相关系数	− 0.250 **	− 0.298 **	0.865 **	1.000
		Sig.（双侧）	0.000	0.000	0.000	−
		N	96	96	96	96

注：*，在置信度（双侧）为 0.05 时，相关性是显著的。

**，在置信度（双侧）为 0.01 时，相关性是显著的。

表 6 - 17 的结果显示，资产负债率与管理费用率之间无相关关系，与固定资产周转率以及公司绩效之间相关系数均为负值，且对应的显著性都远远小于 0.05，负相关关系非常显著，由于固定资产周转率是代理成本中的逆向变量，所以本研究认为，资产负债率与代理成本之间存在明显的正相关关系，资产负债率与公司绩效存在显著的负相关关系，基于这一检验结果，本研究认为，假设 20 是不成立的。对于文化产业上市公司来说，债券市场非但对经营者没有约束效果，反而有可能伴随着公司的代理成本增加和公司绩效的下降。

第三节　本章小结

本章通过对传播文化产业上市公司的数据分析，共检验了 10 个研究假设，结果如下。

一是股权集中度同公司绩效和代理成本之间不存在相关关系，同经营者薪酬之间存在显著的负相关关系。

二是董事会规模同公司绩效显著负相关。

三是董事会会议次数同公司绩效之间没有明显的相关关系，与代理成本之间也不存在明显的相关关系。

四是独立董事比例与独立董事的薪酬同公司绩效及代理成本之间不存在明显的相关关系。

五是监事会会议次数同公司绩效之间确实存在明显的正相关关系，监事会会议次数与代理成本存在比较明显的负相关关系；监事人数和监事薪酬与公司绩效正相关，与代理成本负相关。

六是产品市场竞争程度的提高，能显著提高经营者薪酬与公司绩效之间的相关性；产品市场的竞争程度与公司绩效和代理成本之间存在着明显的负相关关系。

七是国有上市公司倾向于从内部经理人市场选择经营者，非国有上市公司则倾向于由公司实际控制人或共同控制人担任总经理，目前还没有形成以市场为主导的外部经理人市场。

八是股票价格与公司绩效、经营者薪酬之间存在着明显的正相关关系。

九是机构投资者持股比例同公司绩效、代理成本之间无相关关系。机构投资者持股比例的高低在促进经营者薪酬与公司绩效之间的相关性方面的作用非常微弱。

十是上市公司的债务水平与公司绩效存在显著的负相关关系，与公司代理成本正相关。

第七章　结论与建议

第一节　货币激励

从货币激励的研究结果来看，首先，文化产业上市公司经营者薪酬与公司绩效并不相关，这说明对于该产业经营者的激励机制尚缺乏高效运作的必要条件。其次，在文化产业上市公司中，经营者持股的上市公司经营业绩明显好于经营者未持股的上市公司，且经营者持股比例的多少与公司绩效之间也存在明显的正相关关系。最后，经营者中最高薪酬与最低薪酬之间的差距与公司绩效之间在10%的置信水平时，存在显著的正相关关系；经营者中最高薪酬与经营者中次高薪酬的差距与公司绩效之间存在明显的正相关关系。上市公司经营者数量增加与否，对经营者之间的薪酬差距没有影响；总经理来自内部还是外部与薪酬差距并不存在相关关系。

在经营者薪酬与公司绩效相关性方面，为了寻找文化产业经营者薪酬与公司绩效不相关的原因，本书将文化产业上市公司样本按行业类别进行比较，结果发现，广播影视类上市公司的经营者薪酬均值最高，出版发行类上市公司的经营者薪酬最低，广告与网络文化服务类上市公司居中。

进一步对比三个类别上市公司的公司绩效后可以看出，广告与网络文化服务类上市公司绩效最好，广播影视类上市公司次之，出版发行类上市公司再次之；将经营者薪酬与公司绩效对比后不难发现，由于广播影视类上市公司和广告与网络文化服务类上市公司的经营者薪酬与公司绩效出现了错位，加上出版发行类上市公司经营者薪酬整体偏低，才导致整个文化产业上市公司出现了经营者薪酬与公司绩效的不相关。为了进一步了解其中可能存在的问题，本书分类别对上市公司经营者薪酬与公司绩效的相关关系进行了单独检验，从检验结果来看，出版发行类上市公司、广播影视类上市公司的经营者薪酬与公司绩效之间相关系数均为负数，虽然在统计学上并不显著，但却能从一定程度上说明问题，即广播影视类上市公司经营者薪酬与公司绩效相比有些高了，而出版发行类上市公司经营者薪酬却是有些低了。因此，本研究认为，广播影视类上市公司应适度降低经营者薪酬，而出版发行类上市公司则需要适当提高经营者薪酬，以增加经营者薪酬与公司绩效之间的关联性。

在经营者持股方面，文化产业上市公司中存在经营者持股的有 17 家，其中有 8 家上市公司经营者持股比例不足 1%，5 家持股比例不足 10%，真正持股比例较高的只有 4 家，分别是奥飞动漫（63.75%）、乐视网（54%）、华谊嘉信（36%）和蓝色光标（13.9%），这 4 家上市公司全部是民营企业。

进一步对经营者持股上市公司分析后可以发现两个问题：一是国有企业在实施经营者持股方面明显不如民营企业，从本书研究的 36 家上市公司来看，17 家存在经营者持股的上市公司中有 10 家是民营企业，只有 7 家国有企业实施了经营者持股，而且持股比例极低，如中视传媒还不足 0.0086%，电广传媒的经营者持股比例也只有 0.08%，7 家上市公司中唯一持股比例较高的是博瑞传播，在 2013 年该公司经营者持股达到 0.92%。二是经营者持股在三类上市公司中分布很不均衡。广播影视类上市公司中存在经营者持股的有 8 家，占本类别上市公司数量的 61.54%；广告与网络文化服务类上市公司存在经营者持股的有 5 家，占全部上市公司的 62.5%；出版发行类上市公司存在经营者持股的却只有 4 家，仅占本类别上市公司的 26.67%。由于本书的研究发现经营者持股对公司绩效有明显的正向影响，笔者建议在外部政策环境许可的情况下，文化产业中的国有企业尤其是出版发行类企业可以尝试实施经营者持股，以进一步提高公司绩效。

在经营者薪酬差距方面，本书进一步探究了三个类别的文化产业上市公司在薪酬差距方面的不同之处。从三类上市公司的级差比例和极差比例的均值比较来看，广播影视类上市公司级差比例最大，平均值为 0.43，这意味着在广播影视类上市公司，最高薪酬要比次高薪酬高出将近 50%；极差比例均值最高的是新闻出版类企业，平均值高达 1.88，说明新闻出版类企业的最高薪酬要比最低薪酬高出将近 2 倍。总的来看，新闻出版类上市公司在级差比例上排在最后，也就是新闻出版类上市公司最高薪酬与次高薪酬的经营者之间差距较小，而与最低薪酬经营者之间的差距则比较大，广告与网络文化服务类上市公司无论是级差比例还是极差比例，都处于居中水平，从数值上看，平均最高薪酬要比次高薪酬高出 38%，而最高薪酬比最低薪酬要高出 1 倍左右。由于检验结果表明公司绩效与极差比例呈显著正相关关系，同时公司绩效和极差比例在 10% 置信水平时正相关关系是显著的，这也表明了薪酬差距确实是提高经营者激励强度的重要手段，从文化产业上市公司分类情况来看，新闻出版类上市公司应当适当拉开最高薪酬经营者与次高薪酬经营者的差距，而网络与文化服务类上市公司则应当提升最高薪酬经营者与最低薪酬经营者之间的薪酬差距，合理利用竞争激励，提高激励强度以改善激励效果。

第二节　非货币激励

从非货币激励的研究结果来看，由于经营者薪酬同职务消费之间存在显著的负相关关系，说明职务消费和经营者薪酬之间存在一定的替代作用，当公司给予经营者的薪酬较低时，他们可以通过增加职务消费的方式来提高自己的效用，职务消费确实为经营者提供了非货币的激励。但鉴于职务消费与公司绩效之间存在明显的负相关关系，本研究认为，职务消费这种非货币激励方式非但没有激励效果，反而有可能会为公司绩效带来负面影响，经营者并不会因为获得非货币激励而改善公司绩效。

从声誉激励的研究结果来看，经营者的年龄同公司绩效之间显著的负相关关系说明声誉激励是起作用的，为了获得未来的预期收入，越是年轻的经营者，越是注重自己的声誉，即使其目前的收入不及年龄大的经营者，为了保持自己的声誉，仍然会努力取得好的公司绩效。此外，经营者年龄与职务消费之间的正向关系比较显著，也从一个侧面说明，经营者年龄越大，越倾向于加大职务消费水平，这也必将影响公司绩效。

在职务消费方面，公司应当重视职务消费的作用，加强对职务消费的监管。由于职务消费作为一种非货币激励方式，它与货币激励有很大的不同：一是后者可以累积，而前者不能；二是后者可以使家庭受益，前者则只能使个人受益；三是前者形成了消费，而后者则可以形成财富[①]。因此，

---

① 李良智：《经营者货币报酬激励与控制权激励替代关系研究》，东北财经大学出版社，2005，第 84~93 页。

经营者对职务消费的追求是现期的，如果能够将职务消费货币化，使其具备累积性、共享性和财富性的特点，就可以改变经营者对职务消费的态度。进一步讲，将职务消费货币化后，可以提高公司在职务消费方面信息披露的质量，从理论上讲，职务消费更高的公司会拥有更多的客户和业务，但是因为职务消费的隐蔽性，使得大多数企业无法将职务消费与公司的经营状况挂钩以促进职务消费的激励效果，而职务消费的货币化为解决这一问题提供了可能。

为了探究职务消费与公司绩效不相关的原因，本书同样对文化产业上市公司进行了分类考察，结果发现，广播影视类上市公司职务消费均值最低，新闻出版类上市公司职务消费均值最高，广告与网络文化服务类上市公司位居中。鉴于新闻出版类上市公司的经营者薪酬水平和广告与网络文化服务类上市公司、广播影视类上市公司经营者薪酬水平相比要低，本研究认为，出版发行类上市公司应当在提高经营者薪酬的前提下，控制职务消费水平，改变非货币激励的无效激励方式，将非货币激励转化为货币激励。

在声誉激励方面，考虑到超过55岁就会因为年龄原因而导致经营者不得不退休的可能性极大，而经营者对于未来预期与是否能够继续担任经营者职务密切相关，如果经营者年龄在55岁左右，可以设想经营者会预期到自己与公司会是最后一次博弈，这会使其不再顾忌声誉的因素，优先考虑个人利益而忽视公司的利益，因此，公司所有者可以采取两个方面的措施来解决这一问题：一是注重培养和使用年轻的经营者。因为年轻的经营者会更多考虑未来的收入，从而重视当前的声誉，即使在当前收入较低的情况下，也会优先考虑公司的利益。二是改变特定年龄强制退休的制度。对于企业来说，只要经营者具备企业家才能，能够带领公司不断前进，获得良好的经营业绩，没有必要要求经营者到某个年龄时必须退休，一旦强制做出要求，退休年龄就会成为所有经营者的最后阶段博弈，这实际上限制了经营者对未来的预期。举个例子来说，假如一个经营者现年50岁，公司规定60岁强制退休，公司与经营者两年签一次合同，那么经营者可以马上计算出自己与公司最多可以签5次合同，为了保证最后一次合同可以顺利签订，经营者会在前四期表现良好，而在退休之前的第五次合同期内好好捞一把，虽然公司所有者也可能预期到这一问题，从而在第四期结束不再与经营者签订第五期合同，公司经营者同样可以预料到这一问题的存在，从而在合同第三期就采取利己行为，从博弈论的角度来看，有限次的博弈经过如此循环后，经营者会在第一期时就采取利己行为，从而结束合同。但事实上，我们知道，由于贴现因子的存在，理性的经营者不会采取这样的行为，前边的理论分析我们已经详细讲述了这一问题。当前的主要问题是，如果我们没有60岁强制退休的规定，经营者就不知道公司所有者究竟能和自己签订几次合同，虽然必定有终结之时，但未来并不确定，贴现因子的作用就会更大，这就可以产生无限次重复博弈的效果，除非经营者自己认为不必再签。所以，改变特定年龄强制退休的制度，可以保证经营者的长远预期，提高其对未来收入的预期，从而发挥声誉激励的作用。

第三节　内部约束

首先，从股东约束的研究结果来看，随着大股东持股比例的增加，经营者薪酬会随之下降，两者表现出显著的负相关关系，表明大股东对于经营者薪酬方面的约束力度是比较大的，但股权集中度的提高并没有提高公司绩效，也未能降低公司的代理成本，反映出仅仅依靠大股东来约束经营者效果并不好，反而很可能因为"一股独大"而造成大股东控制力过强，由此损害中小股东利益进而导致上市公司绩效迟滞不前甚至有所下降。

由于股权集中度的提高除了和经营者薪酬负相关外，与公司绩效和代理成本之间没有任何关系，可以认为，企业单纯依靠大股东来对经营者的监督机制是无效的，而第一大股东持股比例过高，容易造成"大股东内部控制"的问题，在这一点上，苏永吉认为："由于企业的大股东比较容易拥有企业的控制权，再加上本身大股东同中小股东由于所持股份比例不同而导致权力不平等，大股东就有可能通过损害企业中小股东的利益来为个人或本团体谋利，这就产生了大股东控制问题。"① 由于股东的权力是通过股东大会来行使的，而一股一权的投票机制，使得控股大股东很容易通过股东大会来把持董事会和挑选经营者，在这种情况下，无论是公司董事还是经营者都需要听命于控股股东，缺乏讨价还价的能力，经营者的薪酬就可能会因为控股大股东的存在而较股权分散的上市公司低。从第二章对股

① 苏永吉：《大股东内部人控制问题研究》，《山东经济》2006年第2期。

东监督的博弈分析中，我们知道适度集中的股权结构可以解决股东监督经营者时因为中小股东"搭便车"而带来的大股东"寻租"行为，同时，多个大股东的存在，可以在股东之间形成制衡力量，迫使大股东关心公司利益而不仅仅是自身利益，从本书的96个样本数据来看，公司绩效前十名的上市公司，第一大股东平均持股比例为32.5%，而公司绩效位于后十名的上市公司，第一大股东平均持股比例为51%，比前者高出近20%。由此，本书认为，上市公司应当着力改变当前股权集中度过高的状况，逐步构建适度集中的股权结构。

此外，通过对不同类别上市公司第一大股东持股比例的比较，研究发现，出版发行类上市公司在文化产业上市公司中，股权集中度最高，平均值约为56%，从三类上市公司股权集中度的两两比较结果来看，新闻出版类公司与广播影视类公司、广告与网络文化服务类公司差异十分显著。基于此，本书建议新闻出版类上市公司逐步降低第一大股东持股比例，避免因为一股独大而造成"大股东内部控制"的问题，不仅损害中小股东利益，而且对公司长远发展形成不利影响。

其次，根据董事会对经营者约束的研究结果，本书认为文化产业上市公司应当尽可能地缩小董事会规模，因为较小的董事会规模能够显著提升公司绩效。鉴于董事会会议次数、独立董事所占比例与公司绩效之间不存在明显的相关关系，本书认为，董事会监督的效率并不取决于董事会会议或者独立董事所占的比例，尤其是独立董事制度在文化产业上市公司中，还未能起到应有的作用，即使为独立董事提供较高薪酬的上市公司，其作用依然十分微弱，董事会对于经营者的约束力有待于进一步提高。

本书在董事会约束方面有两点建议：一方面要精减董事成员数，另一方面要提高独立董事在董事会中的监督作用。实证分析结果发现，董事会规模与公司绩效存在着负相关关系，加上董事会规模同代理成本之间还存在显著的负相关关系，扩大董事会规模必然会增加代理成本，因此缩小董事会规模，精减董事会成员在降低公司代理成本方面更加可行。从独立董事方面来看，独立董事的增加也带来了代理成本的增加，这在另一个角度说明了独立董事在公司内部管理上的约束作用并不大。事实上，从召开的董事会会议方面我们可以看到，大多数上市公司平均1~2个月召开一次董事会会议，除去以通信方式召开的董事会外，独立董事每年参与公司内部管理的时间和次数都微乎其微，因此，独立董事应该加强对公司内部代理成本控制的监督。鉴于独立董事薪酬与公司绩效之间不存在明显的相关关系，本书认为，独立董事如何体现独立性的问题应当引起上市公司的重视。因为目前在强调独立董事的独立性时，往往以独立董事从所服务的上市公司中获取的利益作为衡量标准，这直接导致目前独立董事的薪酬变成了带有象征性的固定津贴，而且无论独立董事在董事会中的分工是什么，其报酬均完全相同，这对于独立董事来说显然有失公平，分工不同，其工作量必然有不同，给各个独立董事完全相同的报酬，反映出制度上的缺陷。独立董事要发挥作用，固然需要具备相应的独立性和自主性，但其独立性更应该体现在独立董事的产生机制上，如果独立董事在选聘上不能实现真正的独立，而仅仅在薪酬上体现其独立性，就很难指望独立董事有所作为。

再次，在监事会的约束方面，研究结果表明，监事会会议次数与公司绩效存在明显的正相关关系，这意味着监事会的勤勉履责在公司绩效中是可以体现的，而且监事会会议次数同时与公司代理成本下降密切相关，进一步说明了监事会在公司中的作用是值得肯定的。从监事人数和监事报酬的情况来看，较多的监事会成员与监事报酬，也和较高的公司绩效、较低的代理成本相关，说明当监事人数和监事报酬增加时有可能约束经营者，提升公司运营效率，对于文化产业上市公司而言，监事会是可以承担起自身的约束作用的。在提高监事会对经营者的约束作用方面，可以考虑通过增加监事报酬的方式来激励监事提高工作效率，降低公司代理成本，从三类公司监事报酬的均值比较来看，广告与网络文化服务类上市公司的监事报酬明显低于广播影视类和出版发行类上市公司，建议广告与网络文化服务类上市公司提高监事报酬水平。

同时，监事会成员数也是一个值得深思的问题，在我们的96组样本数据中，有66组样本中监事会人数为3人，占全部样本的68.75%，这说明大多数公司在监事人数上基本是为了满足《公司法》的要求，监事会成员数与公司规模之间的正相关关系不够明显，也反映了对于监事会的设立，很多公司仍然不够重视，没有根据公司自身的情况来合理安排监事会成员。

最后，我们也必须清醒地看到，监事会人数、监事会会议次数及监事报酬同管理费用率之间相关性极其微弱，说明监事会目前在监督经营者降低管理费用方面还缺乏约束力，这可能是监事会力量较弱的原因。尽管我国的《公司法》保证了监事会成员和董事会成员同样是从股东大会选举产生（职工监事由职工选举产生）的，同时董事会成员不得担任监事，表面上看似乎监事会与董事会是同级的，但我国的监事会真的与董事会平行吗？对于这一点，姚德年[①]认为，我国上市公司监事会与董事会相比，显然董事会与股东之间关系更近，因为监事会成员虽然也是由股东大会选举产生的，但其中还包含有职工监事，并不完全代表股东利益，如果再考虑到监事人选由董事会推荐，监事报酬也由董事会拟订方案的一些现实因素的话，实际上我国上市公司中监事会是位于董事会之下的，监事会和董事会与股东大会之间呈现倒序分布：股东大会—董事会—监事会。其实，从监事会人员的构成中，我们也不难看出，大多数上市公司监事会成员在公司中的职位均处于董事会成员和经营者之下，让下级去监督上级，其效果可想而知。因此，监事会要完全发挥作用，还有很长的路要走。

第四节　外部约束

从产品市场来看，在产品市场竞争度比较低时，公司绩效会比较好。当产品市场竞争度提高时，一方面可以有效地提升经营者薪酬与公司绩效之间的关联度，另一方面会降低公司的代理成本。虽然产品市场竞争程度提高会导致公司绩效的下降，但其同样可以降低公司的代理成本，尤其是在提升经营者薪酬与公司绩效方面作用明显。随着文化产业进入门槛的政策松动，市场竞争越来越激烈是未来的必然趋势，文化产业上市公司不可能一直享受低竞争下的垄断利润，应当学会如何在市场竞争激烈的环境下充分发挥产品市场竞争带来的正面效应，通过提高公司内部管理水平尤其是通过对经营者的激励和约束来获得更好的公司绩效。这可能需要一个过程，考虑到目前公司绩效与产品竞争程度的正相关度比较高，对文化产业进入政策应当采取逐步放宽的原则，以使其有一个适应的过程。

在经理人市场方面，当前还没有形成以市场为导向的外部经理人市场，国有上市公司倾向于在行政化配置的内部经理人市场中选择经营者，非国有上市公司则倾向于自己经营或者在自己公司内部选择经营者，所以

---

① 姚德年：《我国上市公司监事会制度研究》，中国法制出版社，2006，第 79～86 页。

不存在外部经理人市场的约束效果。要培育以市场为导向的经理人市场，国有文化产业上市公司应当逐步摒弃从内部经理人市场选任经营者的做法。众所周知，市场依赖于需求，没有需求就不可能有市场，尤其是当前的文化产业上市公司，其主体是国有的，如果这些上市公司的经营者仍然是以行政化配置为主导，那么就很难指望形成外部经理人市场。在这种情况下，经营者就"感受不到经理人市场的压力，只能感受到职位更换的压力，更关心上级的评价"①。所以，对文化产业上市公司来说，根本的问题并非缺乏具备经营能力的经理人，而是缺乏外部经理人的生存环境。既然企业经营者根本不是市场说了算，如何能够形成以市场为主导的经理人市场呢？而对于政府和企业来说，既然没有外部经理人市场，又如何从外部选任经理人呢？这就形成了恶性循环，本书认为，在这个问题上，需要政府首先做出让步，外部经理人市场尚未形成，并不代表不存在合格的外部经理人，指望首先形成了强大的外部经理人市场再从外部选任经理人，是本末倒置的，只有首先从外部经理人中选任经营者，才能刺激和发展外部经理人市场的形成。

在资本市场方面，首先，股票价格基本可以反映当前的公司绩效，而且与经营者薪酬关系密切，这说明资本市场对于公司经营管理的作用还是比较明显的，应当充分利用资本市场的力量来激励和约束经营者，建议文化产业上市公司逐步实施股权激励，以进一步提升外部资本市场的影响力。其次，机构投资者持股及持股比例与公司绩效和代理成本之间不存在相关关系，机构投资者持股比例的提高并不能促进经营者薪酬与公司绩效之间的相关性，这说明机构投资者在外部监督中并未起到应有的作用。最后，鉴于债务水平与公司绩效之间存在显著的负相关关系，且与公司代理成本之间存在正相关关系，本书认为债券市场对经营者没有起到约束作用。

针对资本市场存在的问题，本书认为，既然股票市场能够从一定程度上反映公司的经营绩效，可以从股权激励入手，将经营者的报酬与股票价格变动联系起来，发挥股票市场的激励和约束效果。在外部资本对公司经营者约束方面，由于机构投资者持股比例比较低，决定了机构投资者在公司经营中还不能发挥自己的影响力，而机构投资者持股比例与公司绩效及

---

① 叶迎：《经理人市场隐性激励问题研究》，首都经济贸易大学出版社，2009，第177页。

代理成本之间的不相关，则进一步说明目前机构投资者在约束经营者方面未能发挥作用，机构投资者持股更多的可能是投机性的投资，其本身对企业的经营管理并不太关心，所以，企业通过外部资本来改善公司治理的市场条件还不够成熟。那么如何才能改善机构投资者对公司经营者的监督效果呢？蔡玉龙认为，"机构投资者参与公司治理的途径主要是通过提起股东议案和代表流通股股东利益参与公司独立董事的选举，并以此形成对公司经理层和控股股东的共谋行为进行必要的制衡。"① 因此，本书建议文化产业上市公司应当从制度上保证流通股股东的权利，鼓励机构投资者参与公司治理，以实现对经营者的监督约束。在债券市场的约束方面，公司举债非但不能对经营者形成压力，反而会增加代理成本，对公司绩效造成负面影响，这充分暴露了债券市场尤其是我国的银行对企业的软约束。因此，要加强银行在公司治理中的作用，从制度上保证银行能够以债权人的身份参与公司治理，约束经营者的经营行为，进而提高债券市场的有效性。

① 蔡玉龙：《论机构投资者与上市公司治理的关系》，《经济问题》2005 年第 8 期。

参考文献

［1］张维迎：《企业的企业家》，上海人民出版社，1995。

［2］吕鹏：《多任务锦标赛激励与上市公司管理层薪酬差距》，中国市场出版社，2010。

［3］卢锐：《管理层权力、薪酬激励与绩效》，经济科学出版社，2008。

［4］王珺：《企业经理角色转换中的激励制度研究：兼论国有企业"官员型"经理向企业家型经理的转变》，广东人民出版社，2002。

［5］夏冬林、李晓强：《在职消费与公司治理机制》，中国会计学会第六届理事会第二次会议暨2004年学术年会，中国陕西西安，2004。

［6］刘佳刚：《公司控制权收益问题研究》，中南大学出版社，2006。

［7］张维迎：《博弈论与信息经济学》，上海人民出版社，1996。

［8］黄群慧：《企业家激励与约束机制与国有企业改革》，中国人民大学出版社，2000。

［9］余鑫：《企业家声誉机制探析》，湖南大学出版社，2002。

［10］陈幸：《我国上市公司高管声誉激励效果研究》，西南财经大学出版社，2010。

［11］孙永祥：《公司治理结构：理论与实证研究》，上海人民出版社，2002。

［12］李伟：《不确定性和董事会监督对经营者薪酬激励的影响研究》，湖南大学，2006。

［13］张国源：《上市公司董事会特征与业绩关系的实证研究》，山东大学出版社，2010。

［14］谭劲松：《独立董事与公司治理：基于我国上市公司的研究》，中国财政经济出版社，2003。

［15］肖上贤：《管理层持股、董事会结构与公司绩效》，汕头大学出版社，2008。

[16] 王砚书：《我国上市公司监事会统合监控模式研究》，河北人民出版社，2010。

[17] 朱慈蕴：《公司内部监督机制》，法律出版社，2007。

[18] 徐林：《中国职业经理人市场的理论与实证研究》，浙江大学出版社，2004。

[19] 叶迎：《经理人市场隐性激励问题研究》，首都经济贸易大学出版社，2009。

[20] 柏培文：《我国上市公司经营者参与企业收益分配问题研究》，厦门大学出版社，2008。

[21] 刘嫣：《上市公司总经理变动与经营业绩关系的实证研究》，浙江工商大学出版社，2008。

[22] 郎唯群：《机构投资者与公司治理》，华东师范大学出版社，2003。

[23] 罗栋梁：《我国机构投资者与上市公司治理的实证研究》，西南财经大学出版社，2007。

[24] 周惠媛：《商业银行参与公司治理研究》，首都经济贸易大学出版社，2004。

[25] 苗春健：《债权人参与公司治理问题研究》，西南政法大学出版社，2008。

[26] 孙婷婷：《债权人参与公司治理法律问题探析》，华东政法大学出版社，2008。

[27] 陈俊：《高新技术上市公司高管薪酬影响因素的实证分析》，首都经济贸易大学出版社，2008。

[28] 高明华等：《中国上市公司高管薪酬指数报告》，经济科学出版社，2010。

[29] 曾思琦：《高管薪酬差距影响因素的实证研究》，暨南大学出版社，2007。

[30] 刘静怡：《高管薪酬差距及其影响因素的实证研究》，东北财经大学出版社，2010。

[31] 邱京忠：《国有传媒企业的委托代理关系研究》，华东师范大学出版社，2008。

[32] 石群峰：《沪深两市传媒上市公司公司治理研究》，北京工业大学出版社，2006。

［33］季宸东：《传媒上市公司经营者激励与约束机制研究》，华东师范大学出版社，2009。

［34］李阳：《以人为本的出版企业激励机制研究》，湖南师范大学出版社，2007。

［35］胡誉耀：《我国出版集团公司治理研究》，武汉大学出版社，2010。

［36］张小灵：《中国传媒业发展途径研究》，西南财经大学出版社，2007。

［37］韩琳：《我国图书出版产业组织研究》，西北大学出版社，2007。

［38］孔梓耀：《非对称信息条件下公司制企业的委托代理分析》，吉林大学出版社，2009。

［39］宋增基、卢溢洪、杨柳：《银行高管薪酬与绩效关系的实证研究》，《重庆大学学报》（社会科学版）2009 年第 4 期。

［40］莫海云：《论国有企业经营者的声誉激励》，《北方经济》2005 年第 10 期。

［41］高愈湘、张秋生、杨航、张金鑫：《中国上市公司控制权市场公司治理效应的实证分析》，《北京交通大学学报》（社会科学版）2004 年第 2 期。

［42］雷海波：《试论我国职业经理人制度及其供求均衡的条件》，《北京市经济管理干部学院学报》2005 年第 1 期。

［43］高雷、宋顺林：《董事会、监事会与代理成本——基于上市公司 2002～2005 年面板数据的经验证据》《经济与管理研究》2007 年第 10 期。

［44］李春琦：《国有企业经营者的声誉激励问题研究》，《财经研究》2002 年第 12 期。

［45］唐跃军、肖国忠：《独立董事制度的移植及其本土化——基于对 500 家中国上市公司的问卷调查》，《财经研究》2004 年第 2 期。

［46］李曜：《我国上市公司监事会制度研究》，《财经研究》2002 年第 4 期。

［47］司伟：《公司监督机制的制度契合——我国上市公司监事会制度完善刍议》，《财贸研究》2002 年第 4 期。

［48］刘远航：《我国职业经理人市场发展难点分析》，《长白学刊》2003 年第 6 期。

［49］马瑞洁：《不应忽视声誉机制——浅析对出版社经营者的精神激励》，《出版参考》2003 年第 3 期。

［50］周百义、肖新兵：《出版集团公司治理现状分析及对策研究》，《出版发行研究》2010 年第 1 期。

［51］梁萍：《市场化必然带来对出版职业经理人的思考——专访长江出版传媒集团副总裁周百义》，《出版广角》2010 年第 10 期。

［52］高树军：《职业经理人制度是出版产业繁荣发展的必由之路》，《出版广角》2010 年第 10 期。

［53］李岩：《出版单位之间的竞争战略选择》，《出版广角》2002 年第 11 期。

［54］马强：《出版社为什么难以长大？——我国出版社制度性成长障碍分析》，《出版广角》2007 年第 9 期。

［55］张美娟、张海莲：《关于我国出版上市企业发展的思考》，《出版科学》2008 年第 4 期。

［56］李松林、赵曙光：《透析中美上市媒介的激励机制设计》，《传媒观察》2003 年第 4 期。

［57］王永乐、吴继忠：《中华文化背景下薪酬差距对我国企业绩效的影响——兼对锦标赛理论和行为理论适用对象的确认》，《当代财经》2010 年第 9 期。

［58］姚佳、陈国进：《公司治理、产品市场竞争和企业绩效的交互关系——基于中国制造业上市公司的实证研究》，《当代财经》2009 年第 8 期。

［59］陈志广：《高级管理人员报酬的实证研究》，《当代经济科学》2002 年第 5 期。

［60］李开甫：《简论我国公司监事会制度的不足与完善》，《法学评论》2005 年第 2 期。

［61］殷伟、王明照：《公司治理中的大、小股东监督行为分析》，《工业技术经济》2002 年第 6 期。

［62］姚先国、郭东杰：《改制企业劳动关系的实证分析》，《管理世界》2004 年第 5 期。

［63］罗宏、黄文华：《国企分红、在职消费与公司业绩》，《管理世界》2008 年第 9 期。

［64］石水平、林斌：《上市公司监事会特征及其经营绩效实证分析》，《贵州财经学院学报》2007 年第 4 期。

［65］刘哲：《论监事会监督机制的立法完善》，《哈尔滨工业大学学报》（社会科学版）2005年第2期。

［66］刘友芝、陈岱、朱江波：《我国传媒上市公司内部人控制问题研究》，《湖南大众传媒职业技术学院学报》2011年第1期。

［67］范敏：《谈国有图书发行企业高效激励机制的建立》，《华东经济管理》2005年第9期。

［68］李增泉：《激励机制与企业绩效——一项基于上市公司的实证研究》，《会计研究》2000年第1期。

［69］杨清香、俞麟、陈娜：《董事会特征与财务舞弊——来自中国上市公司的经验证据》，《会计研究》2009年第7期。

［70］谢德仁：《审计委员会制度与中国上市公司治理创新》，《会计研究》2006年第7期。

［71］刘仲文、刘迪：《国企高管层激励与约束机制的实证分析——基于央企股权激励与绩效数据的实证分析（下篇）》，《会计之友》（中旬刊）2009年第4期。

［72］邵昀波、邵昀涓：《基于契约视角的媒传经理人激励刍议》，《技术经济与管理研究》2006年第1期。

［73］徐国强：《论股份有限公司股东监督机制的完善》，《江西社会科学》2002年第11期。

［74］孙敬水：《论我国独立董事与监事会的关系架构》，《江西社会科学》2002年第9期。

［75］沈红波：《我国上市公司债权人治理弱化及其对策》，《金融理论与实践》2005年第10期。

［76］李常青、赖建清：《董事会特征影响公司绩效吗？》，《金融研究》2004年第5期。

［77］张正堂、李欣：《高层管理团队核心成员薪酬差距与企业绩效的关系》，《经济管理》2007年第2期。

［78］刘茂平、曾令泰：《大股东监督、小股东"搭便车"及其利益保护》，《经济经纬》2010年第3期。

［79］蒋荣、陈丽蓉：《产品市场竞争治理效应的实证研究：基于CEO变更视角》，《经济科学》2007年第2期。

［80］欧阳志刚：《上市公司股东监督行为分析》，《经济师》2004年第

2 期。

[81] 卓敏：《资本市场作用机制下的公司治理研究》，《经济问题》2008年第 2 期。

[82] 周权雄、朱卫平：《国企锦标赛激励效应与制约因素研究》，《经济学》（季刊）2010 年第 2 期。

[83] 吴永明、袁春生：《股东监督效率及其依存性》，《经济学动态》2009 年第 3 期。

[84] 杨继绳：《均衡和激励》，《经济研究》1984 年第 8 期。

[85] 钱颖一：《企业的治理结构改革和融资结构改革》，《经济研究》1995 年第 1 期。

[86] 张维迎：《控制权损失的不可补偿性与国有企业兼并中的产权障碍》，《经济研究》1998 年第 7 期。

[87] 何浚：《上市公司治理结构的实证分析》，《经济研究》1998 年第 5 期。

[88] 刘小玄：《现代企业的激励机制：剩余支配权》，《经济研究》1996年第 5 期。

[89] 林毅夫、李周：《现代企业制度的内涵与国有企业改革方向》，《经济研究》1997 年第 3 期。

[90] 魏刚：《高级管理层激励与上市公司经营绩效》，《经济研究》2000年第 3 期。

[91] 林浚清、黄祖辉、孙永祥：《高管团队内薪酬差距、公司绩效和治理结构》，《经济研究》2003 年第 4 期。

[92] 权小锋、吴世农、文芳：《管理层权力、私有收益与薪酬操纵》，《经济研究》2010 年第 11 期。

[93] 陈冬华、陈信元、万华林：《国有企业中的薪酬管制与在职消费》，《经济研究》2005 年第 2 期。

[94] 王跃堂、赵子夜、魏晓雁：《董事会的独立性是否影响公司绩效?》，《经济研究》2006 年第 5 期。

[95] 杨洁：《非对称信息条件下企业家激励与约束机制的构建》，《决策咨询通讯》2009 年第 5 期。

[96] 傅华文：《出版单位要建立科学的激励机制》，《科技与出版》2005年第 6 期。

［97］ 孙凌姗、刘健:《机构投资者在公司治理中的作用——基于中国上市公司的实证研究》,《兰州商学院学报》2006年第3期。

［98］ 张媛:《建立国有企业经营者行为声誉激励机制》,《辽宁经济》2001年第8期。

［99］ 牛建波、李维安:《产品市场竞争和公司治理的交互关系研究——基于中国制造业上市公司1998～2003年数据的实证分析》,《南大商学评论》2007年第1期。

［100］ 宋敏、张俊喜、李春涛:《股权结构的陷阱》,《南开管理评论》2004年第1期。

［101］ 高明华、马守莉:《独立董事制度与公司绩效关系的实证分析——兼论中国独立董事有效行权的制度环境》,《南开经济研究》2002年第2期。

［102］ 杨蕙馨、王胡峰:《国有企业高层管理人员激励与企业绩效实证研究》,《南开经济研究》2006年第4期。

［103］ 王亮:《股票期权——未来对媒体高级管理层的激励方式》,《宁波职业技术学院学报》2010年第6期。

［104］ 丁富国:《我国经理人市场的九大问题》,《企业活力》2003年第1期。

［105］ 袁江天:《要素市场化与经理人市场的隐性激励》,天津大学,2004。

［106］ 曹鹏:《传媒业:让市场培养企业家》,《青年记者》2011年第16期。

［107］ 钟胜、汪贤裕:《企业的内部治理机制与外部治理机制》,《软科学》2000年第2期。

［108］ 谢永珍:《中国上市公司董事会独立性与监督效率关系实证研究》,《山东大学学报》(哲学社会科学版)2007年第4期。

［109］ 霍爱玲:《我国职业经理人存在的问题及改进措施》,《陕西经贸学院学报》2002年第2期。

［110］ 甘立志、谢娟:《增强我国公司监事会监督有效性的几点建议》,《商业经济与管理》2003年第10期。

［111］ 谭云清、朱荣林:《产品市场竞争、监督与公司治理的有效性》,《上海交通大学学报》2007年第7期。

［112］ 方谋耶、潘佳佳:《中国上市公司高管薪酬与公司绩效的相关性实证研究》,《市场周刊》(理论研究)2008年第4期。

[113] 卿石松：《监事会特征与公司绩效关系实证分析》，《首都经济贸易大学学报》2008 年第 3 期。

[114] 靳云汇、李克成：《董事会结构与公司业绩关系的实证研究》，《数量经济技术经济研究》2002 年第 8 期。

[115] 严建苗、万建军：《国有企业间经理人市场的声誉机制分析》，《数量经济技术经济研究》2002 年第 3 期。

[116] 李维安、常永新：《中国传媒集团公司治理模式探析》，《天津社会科学》2003 年第 1 期。

[117] 曹玉贵、杨忠直：《公司治理中股东监督行为的博弈分析》，《西北农林科技大学学报》（社会科学版）2005 年第 1 期。

[118] 杨敬儒：《房地产上市公司高管薪酬与公司业绩的实证研究》，《西部金融》2009 年第 3 期。

[119] 李亚静、朱宏泉、黄登仕、周应峰：《董事会控制、经理报酬与公司经营绩效》，《系统工程理论与实践》2005 年第 2 期。

[120] 向志强、彭祝斌：《传媒领导双重博弈中的激励与行为——对我国传媒业同质化现象的一种解释》，《现代传播》2008 年第 5 期。

[121] 苏歌：《高管薪酬激励与约束机制对策探析》，《现代商业》2008 年第 9 期。

[122] 彭朝晖：《构建职业经理人市场的激励和约束机制》，《湘潭大学社会科学学报》2002 年第 4 期。

[123] 常永新：《中国传媒集团激励机制探索》，《新闻传播》2007 年第 7 期。

[124] 金哲夫：《股权结构和上市传媒公司治理》，《新闻界》2004 年第 6 期。

[125] 孙晓丹：《浅析中国媒体职业经理人的激励问题》，《新闻知识》2007 年第 3 期。

[126] 牛雯雯：《垄断竞争——我国传媒集团化的趋势》，《新闻知识》2005 年第 1 期。

[127] 曾庆宾：《中国出版企业家的激励和约束机制研究》，《学术研究》2004 年第 2 期。

[128] 胡婉丽、汤书昆、肖向兵：《上市公司高管薪酬和企业业绩关系研究》，《运筹与管理》2004 年第 6 期。

[129] 吴淑琨、柏杰、席酉民：《董事长与总经理两职的分离与合———中国上市公司实证分析》，《经济研究》1998 年第 8 期。

[130] 郑芳芳：《上市公司高管薪酬与公司经营绩效——基于中国上市房地产公司的实证分析》，《中国商界》（下半月）2010 年第 10 期。

[131] 杨瑞龙、周业安：《相机治理与国有企业监控》，《中国社会科学》1998 年第 3 期。

[132] 宋清华：《资本市场与公司治理》，《中南财经政法大学学报》2004 年第 1 期。

[133] 杨伟文、刘梦雨：《经理市场的隐性激励约束效应分析及对策》，《中南工业大学学报》（社会科学版）2001 年第 4 期。

[134] 张宗益、宋增基：《上市公司经理持股与公司绩效实证研究》，《重庆大学学报》（社会科学版）2002 年第 6 期。

[135] 宋增基、张宗益：《上市公司经营者报酬与公司绩效实证研究》，《重庆大学学报》（自然科学版）2002 年第 11 期。

[136] 宋明：《我国上市公司内部监督机制研究》，华东政法学院出版社，2007。

[137] 施东晖：《中国上市公司的所有权和控制权研究》，上海交通大学出版社，2004。

[138] 徐源：《董事会特征与公司绩效关系研究——基于制造业上市公司的经验数据》，西南财经大学出版社，2008。

[139] 杨怡：《我国垄断行业上市公司董事会特征与综合业绩的相关性研究》，西南财经大学出版社，2008。

[140] 钟明霞：《论股东的监督作用及其完善》，《政治与法律》2003 年第 3 期。

[141] 常风：《激励：一个出版社必须高度重视的问题》，《中国出版》2003 年第 11 期。

[142] 廖理、廖冠民、沈红波：《经营风险、晋升激励与公司绩效》，《中国工业经济》2009 年第 8 期。

[143] 赵昌文、蒲自立：《资本市场对公司治理的作用机理及若干实证检验》，《中国工业经济》2002 年第 9 期。

[144] 吕莎莎：《上市公司绩效与董事会治理的实证分析——基于我国西北地区上市公司》，《中国管理信息化》2009 年第 17 期。

［145］陈震、张鸣：《高管层内部的级差报酬研究》，《中国会计评论》2006 年第 1 期。

［146］纪伟：《上市公司高管薪酬及在职消费对经营绩效的影响》，《中国科技信息》2008 年第 10 期。

［147］杨淑君、王丽静、黄群慧：《建立有效的国有企业经营者激励约束机制》，《中国软科学》2000 年第 6 期。

［148］于东智、谷立日：《上市公司管理层持股的激励效用及影响因素》，《经济理论与经济管理》2001 年第 9 期。

［149］胡晓阳、李少斌、冯科：《我国上市公司董事会行为与公司绩效变化的实证分析》，《中国软科学》2005 年第 6 期。

［150］彭斌：《建立有中国特色的现代出版企业制度》，对外经济贸易大学出版社，2004。

［151］朱静雯：《中国出版集团股权制度研究》，《出版发行研究》2001 年第 6 期。

［152］汤中文：《中国上市公司监事会治理水平对公司绩效影响的实证研究》，《企业技术开发》（下半月）2009 年第 9 期。

［153］沈艺峰、张俊生：《ST 公司董事会治理失败若干成因分析》，《证券市场导报》2002 年第 3 期。

［154］吴淑琨：《股权结构与公司绩效的 U 型关系研究——1997～2000 年上市公司的实证研究》，《中国工业经济》2002 年第 1 期。

［155］宋德舜：《国有控股、最高决策者激励与公司绩效》，《中国工业经济》2004 年第 3 期。

［156］Neale G, O'Connor F J D J., "The Impact of Political Constraints and Formal Incentive Systems on the Performance of Chinese State-owned Enterprises", *Journal of Strategy and Management*, 2011, 23（1）: 6 – 33.

［157］Makri M, Lane P J, Gomez-Mejia L R. "CEO Incentives, Innovation, and Performance in Technology-intensive Firms: A Reconciliation of Outcome and Behavior-based Incentive schemes"［J］. *Strategic Management Journal*, 2006, 27（11）: 1057 – 1080.

［158］He Z. "A Model of Dynamic Compensation and Capital Structure"［J］. *Journal of Financial Economics*, 2011, 100（2）: 351 – 366.

[159] Gillan S L, Hartzell J C, Parrino R. "Explicit versus Implicit Contracts: Evidence from CEO Employment Agreements" [J]. *The Journal of Finance*, 2009, 64 (4): 1629 – 1655.

[160] Hueth B, Marcoul P. "Incentive Pay for CEOs in Cooperative Firms" [J]. *American Journal of Agricultural Economics*, 2009, 91 (5): 1218 – 1223.

[161] Marino A M, Zábojník J. "Work-Related Perks, Agency Problems, and Optimal Incentive Contracts" [J]. The RAND Journal of Economics, 2008, 39 (2): 565 – 585.

[162] Maug E. "Large Shareholders as Monitors: Is There a Trade-Off between Liquidity and Control?" [J]. *The Journal of Finance*, 1998, 53 (1): 65 – 98.

[163] Dutta S. "Managerial Expertise, Private Information, and Pay-Performance Sensitivity" [J]. *Management Science*, 2008, 54 (3): 429 – 442.

[164] Ming-Jen L. "External Market Condition and Tournaments: Theory and evidence" [J]. *Economics Letters*, 2008, 99 (1): 75 – 78.

[165] Sanders W G, Mason A C. "Internationalization and Firm Governance: The Roles of CEO Compensation, Top Team Composition, and Board Structure" [J]. *The Academy of Management Journal*, 1998, 41 (2): 158 – 178.

[166] Hueth B, Marcoul P. "Incentive Pay for CEOs in Cooperative Firms" [J]. *American Journal of Agricultural Economics*, 2009, 91 (5): 1218 – 1223.

[167] Nikos V. "Board Meeting Frequency and Firm Performance" [J]. *Journal of Financial Economics*, 1999, 53 (1): 113 – 142.

[168] Jason, Zezhong X, Jay D, et al. "A Grounded Theory Exposition of the Role of the Supervisory Board in China" [J]. *British Journal of Management*, 2004, 15 (1): 39 – 55.

[169] Englmaier F, Filipi A, Singh R. "Incentives, Reputation and the Allocation of Authority" [J]. *Journal of Economic Behavior & Organization*, 2010, 76 (2): 413 – 427.

[170] Larmou S, Vafeas N. "The Relation between Board Size and Firm Performance in Firms with a History of Poor Operating Performance" [J].

Journal of Management and Governance, 2010, 14 (1): 61 –85.

[171] III C A O, Main B G, Crystal G S. "CEO Compensation as Tournament and Social Comparison: A Tale of Two Theories" [J]. *Administrative Science Quarterly*, 1988, 33 (2): 257 –274.

[172] Marin M. "CEO Compensation And Company Performance A Case Study of The U. S. Automative Sector" [D]. Capella University, 2010.

[173] "Alberto Bennardo P C A J. Perks as Second Best Optimal Compensations" [Z]. Centre for Studies in Economics and Finance (CSEF), University of Naples, Italy: 2010.

[174] Andrews A B, Linn S C, Yi H. "Corporate Governance and Executive Perquisites: Evidence from the New SEC Disclosure Rules: AAA 2009 Financial Accounting and Reporting Section (FARS) Paper, 2009" [C].

[175] Yehuda Y G D W. "Perks and Excess: Evidence from the New Executive Compensation Disclosure Rules" [J]. Working Paper, 2008.

[176] Rajan R, J W. "Are Perks Purely Managerial Excess?" [J]. *Journal of Financial Economics*, 2006, 79 (1): 1 –33.

[177] Svejnar J. "Codetermination and Productivity: Empirical Evidence from the Federal Republic of Germany" [M] . in Jones D. C. and SvejnarJ. (eds.) *Participatory and Self-managed Firms: Evaluating Economic Performance*, Lexington: Lexington Books, 1982.

[178] Dahya J, Karbhari Y, Xiao J Z. "The Supervisory Board in Chinese Listed Companies: Problems, Causes, Consequences and Remedies" [J]. *Asia Pacific Business Review*, 2002, 9 (2): 118 –137.

[179] FitzRoy F, Kraft K. "Co-determination, Efficiency and Productivity" [J]. *British Journal of Industrial Relations*, 2005, 43: 233 –248.

[180] Becker B E, Huselid M A. "The Incentive Effects of Tournament Compensation Systems" [J]. *Administrative Science Quarterly*, 1992, 37 (2): 336 –350.

[181] Porac J F, Wade J B, Pollock T G. "Industry Categories and the Politics of the Comparable Firm in CEO Compensation" [J]. *Administrative Science Quarterly*, 1999, 44 (1): 112 –144.

［182］ Adithipyangkul P, Alon I, Zhang T. "Executive Perks: Compensation and Corporate Performance in China" ［J］. *Asia Pacific Journal of Management*, 2011, 28 (2): 401 – 425.

［183］ M L, Lorsch J. "A Modest Proposal for Improved Corporate Govemance" ［J］. *Business Lawyer*, 1992.

［184］ Kato T, Long C. "Tournaments and Managerial Incentives in China's Listed Firms: New Evidence" ［J］. *China Economic Review*, 2011, 22 (1): 1 – 10.

［185］ Stefan B, Markus M. Schmid, Gabrielle W. "Product Market Competition, Managerial Incentives and Firm Valuation" ［J］. *European Financial Management*, 2011, 17 (2): 331 – 366.

［186］ Velte P. "The Link between Supervisory Board Reporting and Firm Performance in Germany and Austria" ［J］. *European Journal of Law and Economics*, 2010, 29 (3): 295 – 331.

［187］ Zhang Y. "Are Debt and Incentive Compensation Substitutes in Controlling the Free Cash Flow Agency Problem?" ［J］. *Financial Management*, 2009, 38 (3): 507 – 541.

［188］ Rappaport A. "Executive Incentives vs. Corporate Growth" ［J］. *Harvard business review*, 1978, 56 (4): 81 – 88.

［189］ Murphy K J. "Corporate, Performance and Managerial Remuneration: An Empirical Analysis" ［J］. *Journal of Accounting and Economics*, 1985, 7 (1 – 3): 11 – 42.

［190］ Antle R, Smith A. "Measuring Executive Compensation: Methods and an Application" ［J］. *Journal of Accounting Research*, 1985, 23 (1): 296 – 325.

［191］ Sun J, Cahan S F, Emanuel D. "Compensation Committee Governance Quality, Chief Executive Officer Stock Option Grants, and Future Firm Performance" ［J］. *Journal of Banking & Finance*, 2009, 33 (8): 1507 – 1519.

［192］ Hart O. "Financial Contracting" ［J］. *Journal of Economic Literature*, 2001, 39: 1079 – 1100.

［193］ Kenneth A. Borokhovich, Robert Parrino, Trapani T. "Outside Directors and CEO Selection" [J]. *Journal of Financial and Quantitative Analysis*, 1996, 31 (3): 337 – 355.

[194] Mehran H. "Executive Compensation Structure, Ownership, and Firm Performance" [J]. *Journal of Financial Economics*, 1995, 38 (2): 163 – 184.

[195] Jensen M C, Meckling W H. "Theory of the firm: Managerial Behavior, Agency Costs and Ownership Structure" [J]. *Journal of Financial Economics*, 1976, 3 (4): 305 – 360.

[196] Yermack D. "Flights of Fancy: Corporate Jets, CEO Perquisites, and Inferior Shareholder Returns" [J]. *Journal of Financial Economics*, 2006, 80 (1): 211 – 242.

[197] David Y. "Higher Market Valuation of Companies with a Small Board of Directors" [J]. *Journal of Financial Economics*, 1996, 40 (2): 185 – 211.

[198] Eisenberg T, Sundgren S, Wells M T. "Larger Board Size and Decreasing Firm Value in Small Firms" [J]. *Journal of Financial Economics*, 1998, 48 (1): 35 – 54.

[199] Byrd J W, Hickman K A. "Do Outside Directors Monitor Managers?: Evidence from Tender Offer Bids" [J]. *Journal of Financial Economics*, 1992, 32 (2): 195 – 221.

[200] Duchin R, Matsusaka J G, Ozbas O. "When Are Outside Directors Effective?" [J]. *Journal of Financial Economics*, 2010, 96 (2): 195 – 214.

[201] Harris M, Raviv A. "Corporate Governance: Voting Rights and Majority Rules" [J]. *Journal of Financial Economics*, 1988, 20 (88): 203 – 235.

[202] DeAngelo H, DeAngelo L. "Proxy Contests and the Governance of Publicly Held Corporations" [J]. *Journal of Financial Economics*, 1989, 23 (1): 29 – 59.

[203] Knoeber C R, Thurman W N. "Testing the Theory of Tournaments: An Empirical Analysis of Broiler Production" [J]. *Journal of Labor Economics*, 1994, 12 (2): 155 – 179.

[204] Main B G M, III C A O, Wade J. "Top Executive Pay: Tournament or

Teamwork?" [J]. *Journal of Labor Economics*, 1993, 11 (4): 606 – 628.

[205] Guadalupe. "Product market competition, returns to skill and wage inequality" [J]. *Journal of Labor Economics*, 2007, 25: 439 – 474.

[206] Fama E F, Jensen M C. "Agency Problems and Residual Claims" [J]. *Journal of Law and Economics*, 1983, 26 (2): 327 – 349.

[207] Tosi H L, Werner S, Katz J P, et al. "How Much Does Performance Matter? A Meta-Analysis of CEO Pay Studies" [J]. *Journal of Management*, 2000, 26 (2): 301 – 339.

[208] Duffhues P, Kabir R. "Is the Pay-performance Relationship Always Positive?: Evidence from the Netherlands" [J]. *Journal of Multinational Financial Management*, 2008, 18 (1): 45 – 60.

[209] Ehrenberg R G, Bognanno M L. "Do Tournaments Have Incentive Effects?" [J]. *Journal of Political Economy*, 1990, 98 (6): 1307 – 1324.

[210] Manne H G. "Mergers and the Market for Corporate Control" [J]. *Journal of Political Economy*, 1965, 73 (2): 110 – 120.

[211] Lazer R. "Rank-order tournaments as optimum labor contracts" [J]. *Journal of Political Economy*, 1981, 89 (5): 841 – 864.

[212] Gorton G, Schmid F A. "Capital, Labor, and the Firm: A Study of German Codetermination" [J]. *Journal of the European Economic Association*, 2004, 2 (5): 863 – 905.

[213] Cuñat V, Guadalupe M. "How Does Product Market Competition Shape Incentive Contracts?" [J]. *Journal of the European Economic Association*, 2005, 3 (5): 1058 – 1082.

[214] Anderson M C, Banker R D, Ravindran S. "Executive Compensation in the Information Technology Industry" [J]. *Management Science*, 2000, 46 (4): 530 – 547.

[215] Hall B J, Liebman J B. "Are CEOs Really Paid Like Bureaucrats?" [J]. *Quarterly Journal of Economics*, 1998, 113 (3): 653 – 691.

[216] Schmidt K M. "Managerial Incentives and Product Market Competition" [J]. *Review of Economic Studies*, 1997, 64 (2): 191 – 213.

[217] Beasley M S. "An Empirical Analysis of the Relation between the Board of Director Composition and Financial Statement Fraud" [J]. *The Accounting Review*, 1996, 71 (4): 443 – 465.

[218] Jensen M C. "Agency Costs of Free Cash Flow, Corporate Finance, and Takeovers" [J]. *The American Economic Review*, 1986, 76 (2): 323 – 329.

[219] Nalebuff B J, Stiglitz J E. "Information, Competition, and Markets" [J]. *The American Economic Review*, 1983, 73 (2): 278 – 283.

[220] Williamson O E. "Managerial Discretion and Business Behavior" [J]. *The American Economic Review*, 1963, 53 (5): 1032 – 1057.

[221] Grossman S J, Hart O D. "Takeover Bids, The Free-Rider Problem, and the Theory of the Corporation" [J]. *The Bell Journal of Economics*, 1980, 11 (1): 42 – 64.

[222] Hart O D. "The Market Mechanism as an Incentive Scheme" [J]. *The Bell Journal of Economics*, 1983, 14 (2): 366 – 382.

[223] Holmstrom B. "Moral Hazard in Teams" [J]. *The Bell Journal of Economics*, 1982, 13 (2): 324 – 340.

[224] Main B G M, Bruce A, Buck T. "Total Board Remuneration and Company Performance" [J]. *The Economic Journal*, 1996, 106 (439): 1627 – 1644.

[225] Mayers D, Smith C W. "Executive Compensation in the Life Insurance Industry" [J]. *The Journal of Business*, 1992, 65 (1): 51 – 74.

[226] Benelli G, Loderer C, Lys T. "Labor Participation in Corporate Policy-Making Decisions: West Germany's Experience with Codetermination" [J]. *The Journal of Business*, 1987, 60 (4): 553 – 575.

[227] Kale J R, Reis E, Anand V. "Rank-Order Tournaments and Incentive Alignment: The Effect on Firm Performance" [J]. *The Journal of Finance*, 2009, 64 (3): 1479 – 1512.

[228] Jensen M C. "The Modern Industrial Revolution, Exit, and the Failure of Internal Control Systems" [J]. *The Journal of Finance*, 1993, 48 (3): 831 – 880.

[229] Martin K J, McConnell J J. "Corporate Performance, Corporate Take-

overs, and Management Turnover" [J]. *The Journal of Finance*, 1991, 46 (2): 671 – 687.

[230] Agrawal A, Knoeber C R. "Firm Performance and Mechanisms to Control Agency Problems between Managers and Shareholders" [J]. *The Journal of Financial and Quantitative Analysis*, 1996, 31 (3): 377 – 397.

[231] Demsetz H, Lehn K. "The Structure of Corporate Ownership: Causes and Consequences" [J]. *The Journal of Political Economy*, 1985, 93 (6): 1155 – 1177.

[232] Jensen M C, Murphy K J. "Performance Pay and Top-Management Incentives" [J]. *The Journal of Political Economy*, 1990, 98 (2): 225 – 264.

[233] Fama E F. "Agency Problems and the Theory of the Firm" [J]. *The Journal of Political Economy*, 1980, 88 (2): 288 – 307.

[234] Scharfstein D. "Product-Market Competition and Managerial Slack" [J]. *The RAND Journal of Economics*, 1988, 19 (1): 147 – 155.

[235] Kumar P, Sivaramakrishnan K. "Who Monitors the Monitor? The Effect of Board Independence on Executive Compensation and Firm Value" [J]. *The Review of Financial Studies*, 2008, 21 (3): 1371 – 1401.

[236] Su D. State Ownership, "Corporate Tournament and Executive Comensation: Evidence from Public Listed Firms in China" [J]. *The Singapore Economic Review*, 2011, 56 (3): 307 – 326.

[237] Abowd J M. "Does Performance-Based Managerial Compensation Affect Corporate Performance?" [J]. *Industrial and Labor Relations Review*, 1990, 43 (3): 52S – 73S.

[238] Chhaochharia V, Grinstein Y. "CEO Compensation and Board Structure" [J]. *The Journal of Finance*, 2009, 64 (1): 231 – 261.

附　录

表 1　经营者薪酬

单位：元

上市公司	年份	经营者薪酬均值	公司规模
中文传媒	2011	626400	7586159956
中视传媒	2011	772700	2319623937
中青宝	2011	238700	969172634
中南传媒	2011	678947	10893220836
粤传媒	2011	269733	1406201139
新华传媒	2011	699000	5362872025
皖新传媒	2011	430933	4808960462
天舟文化	2011	250000	577527201
天威视讯	2011	835167	1954421209
时代出版	2011	403367	4100836624
省广股份	2011	738733	2047612380
乐视网	2011	460000	1774387093
蓝色光标	2011	900000	1507337148
吉视传媒	2011	433333	3958522171
华谊兄弟	2011	905033	2463757404
华谊嘉信	2011	263333	562983573
华闻传媒	2011	2441633	5220003457
华录百纳	2011	556900	424792574
华策影视	2011	555800	1472973485
广电网络	2011	409967	3328857567
光线传媒	2011	666333	1893147578
歌华有线	2011	918600	11117433902

上市公司	年份	经营者薪酬均值	公司规模
凤凰传媒	2011	515000	12353601875
电广传媒	2011	648967	11227888076
大地传媒	2011	215000	2253294631
出版传媒	2011	316667	2410958575
博瑞传播	2011	684833	2764000136
中文传媒	2012	755933	8405024565
中视传媒	2012	633633	1859498419
中青宝	2012	258160	979059541
中南传媒	2012	837540	11849164659
浙报传媒	2012	879700	2630036380
长江传媒	2012	385900	4517351256
粤传媒	2012	338093	4087800165
新文化	2012	750000	1031219981
新华传媒	2012	631333	5990885978
皖新传媒	2012	446000	5357769362
天舟文化	2012	322167	600780278
时代出版	2012	439100	4693780357
省广股份	2012	821161	2641207337
人民网	2012	761600	2444838047
乐视网	2012	560000	2901149532
蓝色光标	2012	1104333	2565445131
吉视传媒	2012	976667	5537866126
华谊兄弟	2012	976199	4137944745
华谊嘉信	2012	382133	659745177
华闻传媒	2012	2023533	6064701982
华数传媒	2012	836133	3383570966
华录百纳	2012	586855	1089997150
华策影视	2012	830247	1767275574
广电网络	2012	543467	4000480424
光线传媒	2012	668435	2156836481
歌华有线	2012	891633	10427703902

续表

上市公司	年份	经营者薪酬均值	公司规模
凤凰传媒	2012	515000	13280904082
电广传媒	2012	687233	13357594171
大地传媒	2012	395000	2596316851
出版传媒	2012	39500	2468777116
博瑞传播	2012	798933	3135706647
百视通	2012	1017430	3882897747
奥飞动漫	2012	525200	1924874098
中文传媒	2013	664100	11940984043
中视传媒	2013	692633	1536335997
中青宝	2013	310000	317813690
中南传媒	2013	856276	13012608021
浙报传媒	2013	979933	6562171927
长江传媒	2013	545933	6377580743
粤传媒	2013	416733	4292772131
新文化	2013	500000	1171630627
新华传媒	2013	561043	6203077176
皖新传媒	2013	482633	6249287736
天舟文化	2013	316667	638604006
天威视讯	2013	770467	2065122093
时代出版	2013	419633	5467407648
省广股份	2013	902267	3090506802
人民网	2013	686867	2788090762
乐视网	2013	813333	5020324966
蓝色光标	2013	783200	6729456652
吉视传媒	2013	28000	6315956086
华谊兄弟	2013	991380	7212350494
华谊嘉信	2013	309000	1001222784
华闻传媒	2013	749470	6495679605
华数传媒	2013	917400	5084532540
华录百纳	2013	557200	1145647843
华策影视	2013	579567	2105331361

上市公司	年份	经营者薪酬均值	公司规模
湖北广电	2013	326067	3313504113
广电网络	2013	256900	2031806270
光线传媒	2013	658833	2590643886
歌华有线	2013	897100	10317663302
凤凰传媒	2013	585333	16941417651
电广传媒	2013	720367	16941417651
大地传媒	2013	594533	2933658285
出版传媒	2013	413333	433521894
博瑞传媒	2013	1080000	4837381135
百视通	2013	874066	3100054151
奥飞动漫	2013	612633	3242717976
ST 传媒	2013	261167	125894719

表 2　经营者持股

上市公司	年份	经营者是否持股	持股百分比（％）
ST 传媒	2013	否	0.000
奥飞动漫	2011	是	63.750
奥飞动漫	2012	是	63.750
奥飞动漫	2013	是	63.750
百视通	2013	否	0.000
百视通	2012	否	0.000
博瑞传播	2012	是	1.000
博瑞传播	2011	是	1.000
博瑞传媒	2013	是	0.919
长江传媒	2013	否	0.000
长江传媒	2012	否	0.000
出版传媒	2013	否	0.000
出版传媒	2012	否	0.000
出版传媒	2011	否	0.000
大地传媒	2013	否	0.000
大地传媒	2012	否	0.000

续表

上市公司	年份	经营者是否持股	持股百分比（%）
大地传媒	2011	否	0.000
电广传媒	2013	是	0.082
电广传媒	2012	是	0.119
电广传媒	2011	是	0.036
凤凰传媒	2013	否	0.000
凤凰传媒	2012	否	0.000
凤凰传媒	2011	否	0.000
歌华有线	2013	否	0.000
歌华有线	2012	否	0.000
歌华有线	2011	否	0.000
光线传媒	2013	是	9.183
光线传媒	2012	是	9.183
光线传媒	2011	是	7.906
广电网络	2013	否	0.000
广电网络	2012	否	0.000
广电网络	2011	否	0.000
湖北广电	2013	否	0.000
华策影视	2013	是	0.346
华策影视	2012	是	0.422
华策影视	2011	是	0.562
华录百纳	2013	是	6.818
华录百纳	2012	是	15.000
华录百纳	2011	是	20.000
华数传媒	2013	否	0.000
华数传媒	2012	否	0.000
华闻传媒	2013	否	0.000
华闻传媒	2012	否	0.000
华闻传媒	2011	否	0.000
华谊嘉信	2013	是	36.880
华谊嘉信	2012	是	43.437
华谊嘉信	2011	是	43.437

上市公司	年份	经营者是否持股	持股百分比（%）
华谊兄弟	2013	是	7.035
华谊兄弟	2012	是	8.392
华谊兄弟	2011	是	8.468
吉视传媒	2013	否	0.000
吉视传媒	2012	否	0.000
吉视传媒	2011	否	0.000
蓝色光标	2013	是	13.907
蓝色光标	2012	是	17.315
蓝色光标	2011	是	19.082
乐视网	2013	是	54.036
乐视网	2012	是	56.773
乐视网	2011	是	56.700
人民网	2013	否	0.000
人民网	2012	否	0.000
省广股份	2013	是	7.764
省广股份	2012	是	13.064
省广股份	2011	是	14.736
时代出版	2013	否	0.000
时代出版	2012	否	0.000
时代出版	2011	否	0.000
天威视讯	2013	否	0.000
天威视讯	2012	否	0.000
天威视讯	2011	是	0.000
天舟文化	2013	是	0.197
天舟文化	2012	是	0.263
天舟文化	2011	是	0.593
皖新传媒	2013	否	0.000
皖新传媒	2012	否	0.000
皖新传媒	2011	否	0.000
新华传媒	2013	是	0.009
新华传媒	2012	是	0.009

续表

上市公司	年份	经营者是否持股	持股百分比（%）
新华传媒	2011	是	0.009
新文化	2013	是	1.172
新文化	2012	是	1.563
粤传媒	2013	否	0.000
粤传媒	2012	否	0.000
粤传媒	2011	否	0.000
浙报传媒	2013	否	0.000
浙报传媒	2012	否	0.000
中南传媒	2013	否	0.000
中南传媒	2012	否	0.000
中南传媒	2011	否	0.000
中青宝	2013	否	0.000
中青宝	2011	否	0.000
中青宝	2012	否	0.000
中视传媒	2013	是	0.009
中视传媒	2012	是	0.009
中视传媒	2011	是	0.009
中文传媒	2013	是	0.025
中文传媒	2012	是	0.009
中文传媒	2011	否	0.000

表 3　经营者薪酬差距

上市公司	年份	级差（万元）	极差（万元）	级差比例（%）	极差比例（%）
中文传媒	2011	12.660	27.560	21.135	61.244
中视传媒	2011	1.670	14.040	2.155	21.554
中青宝	2011	5.630	8.440	25.544	43.890
中南传媒	2011	11.258	26.259	16.813	50.540
粤传媒	2011	7.260	18.260	25.726	106.039
新华传媒	2011	1.500	19.090	2.013	33.544
皖新传媒	2011	5.170	5.170	12.497	12.497
天舟文化	2011	0.000	10.000	0.000	66.667

上市公司	年份	级差（万元）	极差（万元）	级差比例（%）	极差比例（%）
天威视讯	2011	16.200	23.980	20.737	34.092
时代出版	2011	2.810	4.120	7.057	10.699
省广股份	2011	13.250	35.310	17.250	64.493
乐视网	2011	0.000	27.000	0.000	128.571
蓝色光标	2011	80.000	100.000	114.286	200.000
吉视传媒	2011	10.000	10.000	25.000	25.000
华谊兄弟	2011	153.490	178.900	321.042	798.661
华谊嘉信	2011	4.000	17.000	15.936	140.496
华闻传媒	2011	150.040	242.570	71.779	208.215
华录百纳	2011	15.180	16.950	29.637	34.277
华策影视	2011	17.310	39.870	33.842	139.454
广电网络	2011	2.240	2.240	5.565	5.565
光线传媒	2011	0.000	27.100	0.000	68.262
歌华有线	2011	8.200	15.290	9.114	18.448
凤凰传媒	2011	0.000	9.250	0.000	21.893
电广传媒	2011	9.010	34.000	14.111	87.494
大地传媒	2011	24.900	24.900	125.758	125.758
出版传媒	2011	5.000	15.000	16.667	75.000
博瑞传播	2011	11.470	29.310	16.917	58.667
中文传媒	2012	17.090	23.130	23.766	35.115
中视传媒	2012	14.490	30.130	24.025	67.450
中青宝	2012	4.350	6.010	17.400	25.800
中南传媒	2012	46.160	55.470	66.426	92.173
浙报传媒	2012	11.130	16.800	13.161	21.293
长江传媒	2012	2.900	14.160	7.345	50.177
粤传媒	2012	4.690	12.810	14.003	50.462
新文化	2012	0.000	32.000	0.000	177.778
新华传媒	2012	11.800	11.800	19.932	19.932
皖新传媒	2012	5.360	5.360	12.512	12.512
天舟文化	2012	15.950	19.600	56.863	80.328
时代出版	2012	4.470	11.890	10.538	33.971

续表

上市公司	年份	级差（万元）	极差（万元）	级差比例（%）	极差比例（%）
省广股份	2012	18.060	43.690	21.342	74.041
人民网	2012	17.400	34.800	24.700	65.710
乐视网	2012	6.000	38.400	11.111	177.778
蓝色光标	2012	128.000	132.700	182.857	203.216
吉视传媒	2012	29.000	43.000	32.955	58.108
华谊兄弟	2012	155.530	161.640	325.278	387.590
华谊嘉信	2012	19.930	36.570	61.135	229.135
华闻传媒	2012	79.420	185.070	40.801	207.944
华数传媒	2012	11.840	48.840	14.439	108.533
华录百纳	2012	21.310	45.430	41.305	165.451
华策影视	2012	33.800	86.250	46.814	436.774
广电网络	2012	8.150	8.650	15.782	16.914
光线传媒	2012	0.040	0.050	0.063	0.076
歌华有线	2012	3.730	12.290	4.170	15.195
凤凰传媒	2012	0.000	12.700	0.000	32.732
电广传媒	2012	9.550	36.040	14.125	87.646
大地传媒	2012	4.300	45.450	10.214	478.421
出版传媒	2012	5.000	5.000	15.600	15.600
博瑞传播	2012	14.080	44.560	17.079	85.758
百视通	2012	15.690	62.760	14.700	51.472
奥飞动漫	2012	1.110	19.800	2.019	54.546
中文传媒	2013	1.800	37.080	2.735	121.454
中视传媒	2013	26.510	30.840	43.674	54.710
中青宝	2013	30.140	6.170	17.867	28.790
中南传媒	2013	44.753	53.554	60.567	82.278
浙报传媒	2013	10.750	32.590	11.387	44.908
长江传媒	2013	7.600	10.850	14.440	21.972
粤传媒	2013	3.140	66.400	3.941	404.631
新文化	2013	10.000	20.000	20.000	50.000
新华传媒	2013	11.161	29.525	21.306	86.787
皖新传媒	2013	4.840	5.140	10.353	11.066

上市公司	年份	级差（万元）	极差（万元）	级差比例（%）	极差比例（%）
天舟文化	2013	7.000	20.000	21.875	80.000
天威视讯	2013	17.780	17.780	25.000	25.000
时代出版	2013	6.790	6.790	17.203	17.203
省广股份	2013	22.330	32.270	23.149	121.682
人民网	2013	15.580	23.320	24.512	41.777
乐视网	2013	50.000	82.400	75.758	245.238
蓝色光标	2013	108.000	131.360	120.000	197.119
吉视传媒	2013	16.780	46.890	9.878	864.898
华谊兄弟	2013	159.290	158.600	333.173	348.571
华谊嘉信	2013	3.000	15.300	10.033	86.932
华闻传媒	2013	0.590	99.590	0.275	86.420
华数传媒	2013	13.220	53.220	14.689	106.440
华录百纳	2013	1.170	9.470	2.130	20.304
华策影视	2013	1.280	62.960	1.803	676.989
湖北广电	2013	5.930	5.930	19.360	19.360
广电网络	2013	8.870	9.180	15.309	15.929
光线传媒	2013	0.040	40.870	0.060	156.951
歌华有线	2013	0.030	79.690	0.034	814.826
凤凰传媒	2013	5.650	19.620	9.974	45.970
电广传媒	2013	8.950	32.460	12.659	68.786
大地传媒	2013	22.510	49.330	42.028	184.480
出版传媒	2013	5.000	5.000	13.514	13.514
博瑞传媒	2013	32.000	72.000	29.358	104.348
百视通	2013	23.620	79.720	18.616	112.631
奥飞动漫	2013	1.300	30.900	1.954	83.672
ST 传媒	2013	3.150	25.200	12.281	700.000

表 4　经营者数量及总经理来源

上市公司	年份	经营者数量（人）	总经理来源
中文传媒	2011	7	内部
中视传媒	2011	5	外部

上市公司	年份	经营者数量（人）	总经理来源
中青宝	2011	5	内部
中南传媒	2011	9	内部
粤传媒	2011	6	内部
新华传媒	2011	5	内部
皖新传媒	2011	3	内部
天舟文化	2011	4	外部
天威视讯	2011	6	内部
时代出版	2011	4	内部
省广股份	2011	7	内部
乐视网	2011	7	内部
蓝色光标	2011	3	内部
吉视传媒	2011	7	内部
华谊兄弟	2011	3	内部
华谊嘉信	2011	4	内部
华闻传媒	2011	5	外部
华录百纳	2011	3	内部
华策影视	2011	5	外部
广电网络	2011	5	内部
光线传媒	2011	4	内部
歌华有线	2011	6	外部
凤凰传媒	2011	5	内部
电广传媒	2011	9	内部
大地传媒	2011	3	内部
出版传媒	2011	5	外部
博瑞传播	2011	6	内部
中文传媒	2012	7	内部
中视传媒	2012	5	外部
中青宝	2012	4	内部
中南传媒	2012	8	内部
浙报传媒	2012	8	内部
长江传媒	2012	5	内部

上市公司	年份	经营者数量（人）	总经理来源
粤传媒	2012	4	内部
新文化	2012	4	内部
新华传媒	2012	5	内部
皖新传媒	2012	3	内部
天舟文化	2012	4	外部
时代出版	2012	7	内部
省广股份	2012	6	内部
人民网	2012	6	内部
乐视网	2012	7	内部
蓝色光标	2012	3	内部
吉视传媒	2012	7	内部
华谊兄弟	2012	3	内部
华谊嘉信	2012	5	内部
华闻传媒	2012	5	外部
华数传媒	2012	9	内部
华录百纳	2012	5	内部
华策影视	2012	5	外部
广电网络	2012	7	内部
光线传媒	2012	4	内部
歌华有线	2012	6	外部
凤凰传媒	2012	6	内部
电广传媒	2012	9	内部
大地传媒	2012	6	内部
出版传媒	2012	7	外部
博瑞传播	2012	6	内部
百视通	2012	6	内部
奥飞动漫	2012	5	内部
中文传媒	2013	6	内部
中视传媒	2013	4	外部
中青宝	2013	5	内部
中南传媒	2013	8	内部

上市公司	年份	经营者数量（人）	总经理来源
浙报传媒	2013	8	内部
长江传媒	2013	4	内部
粤传媒	2013	6	外部
新文化	2013	3	内部
新华传媒	2013	5	内部
皖新传媒	2013	3	内部
天舟文化	2013	5	外部
天威视讯	2013	4	内部
时代出版	2013	6	内部
省广股份	2013	6	内部
人民网	2013	6	内部
乐视网	2013	13	内部
蓝色光标	2013	2	内部
吉视传媒	2013	7	内部
华谊兄弟	2013	3	内部
华谊嘉信	2013	6	内部
华闻传媒	2013	5	外部
华数传媒	2013	9	内部
华录百纳	2013	3	内部
华策影视	2013	5	外部
湖北广电	2013	5	外部
广电网络	2013	7	内部
光线传媒	2013	4	内部
歌华有线	2013	7	外部
凤凰传媒	2013	6	内部
电广传媒	2013	9	内部
大地传媒	2013	5	内部
出版传媒	2013	6	外部
博瑞传媒	2013	6	内部
百视通	2013	10	内部
奥飞动漫	2013	7	内部

上市公司	年份	经营者数量（人）	总经理来源
ST 传媒	2013	6	外部

表 5　职务消费数据

上市公司	年份	管理费用（元）	营业收入（元）	管理费用率
中文传媒	2011	629860036.400	6981359397.000	0.090
中视传媒	2011	48736480.240	1289484634.000	0.038
中青宝	2011	35912214.490	132011102.800	0.272
中南传媒	2011	919046513.500	5856569991.000	0.157
浙报传媒	2011	131511775.800	1342276878.000	0.098
粤传媒	2011	35566843.780	332597352.100	0.107
新华传媒	2011	142241100.030	2110985187.970	0.067
皖新传媒	2011	263542477.810	3047480300.680	0.086
天舟文化	2011	18412462.590	277601529.000	0.066
天威视讯	2011	99786865.410	849541305.820	0.117
时代出版	2011	200815239.370	2438178354.000	0.082
省广股份	2011	62613837.370	3716939533.000	0.062
乐视网	2011	30508708.300	598555886.310	0.051
蓝色光标	2011	81047774.120	1266058301.000	0.064
吉视传媒	2011	227470891.300	1514822686.000	0.150
华谊兄弟	2011	78449617.010	892383400.700	0.088
华谊嘉信	2011	42139698.280	1011422960.000	0.042
华闻传媒	2011	254729726.400	3793891666.000	0.067
华录百纳	2011	13611551.560	287285991.400	0.047
华策影视	2011	28176175.650	403068202.500	0.070
广电网络	2011	191801943.800	1419179117.000	0.135
光线传媒	2011	36254488.210	697925090.300	0.052
歌华有线	2011	97342073.630	1897836982.000	0.051
凤凰传媒	2011	142898480.800	6025301962.000	0.024
电广传媒	2011	554349064.200	2845476024.000	0.195
大地传媒	2011	187644744.500	1791844818.000	0.105
出版传媒	2011	180762618.000	1392997557.000	0.130

续表

上市公司	年份	管理费用（元）	营业收入（元）	管理费用率
博瑞传播	2011	132293444.400	1305959325.000	0.101
奥飞动漫	2011	122272779.800	1050782127.000	0.116
中文传媒	2012	668912332.310	10003371536.930	0.067
中视传媒	2012	54235816.150	1228647824.730	0.044
中青宝	2012	48378515.260	184988422.160	0.262
中南传媒	2012	1016761375.470	6930363207.120	0.147
浙报传媒	2012	153021276.710	1437957163.640	0.106
长江传媒	2012	508754652.620	3485692096.440	0.146
粤传媒	2012	142392889.280	1880732906.150	0.076
新文化	2012	11544501.540	386057084.350	0.030
新华传媒	2012	130578057.740	1795491076.980	0.073
皖新传媒	2012	282440849.600	3643115128.000	0.078
天舟文化	2012	27163738.450	279907785.500	0.097
时代出版	2012	218145732.800	3139507285.230	0.069
省广股份	2012	93723830.760	4626647073.310	0.020
人民网	2012	87699159.310	708023608.720	0.124
乐视网	2012	57784961.580	1167307146.720	0.050
蓝色光标	2012	126960588.660	2175378052.400	0.058
吉视传媒	2012	314438373.630	1763603529.560	0.178
华谊兄弟	2012	79394374.570	1386401582.400	0.057
华谊嘉信	2012	63718758.220	1237824496.590	0.051
华闻传媒	2012	269946378.820	4095420022.650	0.066
华数传媒	2012	192724011.700	1508605816.800	0.128
华录百纳	2012	14818387.630	393402965.370	0.038
华策影视	2012	81482419.120	720911505.470	0.113
广电网络	2012	258911300.370	1724003641.860	0.150
光线传媒	2012	49511664.450	1033855314.500	0.048
歌华有线	2012	98319504.900	2202089690.590	0.045
凤凰传媒	2012	194871145.870	3242723033.930	0.060
电广传媒	2012	722460218.660	4063675177.320	0.178
大地传媒	2012	211820707.970	2271518382.560	0.093

上市公司	年份	管理费用（元）	营业收入（元）	管理费用率
出版传媒	2012	191192519.890	1268057997.700	0.151
博瑞传播	2012	166844385.900	1349800795.570	0.124
百视通	2012	236770095.230	2027748375.100	0.117
奥飞动漫	2012	142701407.960	1291164910.400	0.111
中文传媒	2013	741618480.880	11386776458.380	0.065
中视传媒	2013	58599626.430	1240325127.980	0.047
中青宝	2013	75674573.360	324475994.230	0.233
中南传媒	2013	1128830114.980	8033049349.150	0.141
浙报传媒	2013	291404037.780	2355749206.420	0.124
长江传媒	2013	567771413.780	4208068450.830	0.135
粤传媒	2013	121645147.180	1671006919.740	0.073
新文化	2013	17723664.590	481712435.380	0.037
新华传媒	2013	134334745.810	1847477710.550	0.073
皖新传媒	2013	301922309.170	4595756211.160	0.066
天舟文化	2013	32591006.530	327948371.930	0.099
天威视讯	2013	136523025.310	929999895.880	0.147
时代出版	2013	236223053.290	4324070402.370	0.055
省广股份	2013	127861604.800	3090506802.190	0.041
人民网	2013	121783736.400	1027906694.000	0.118
乐视网	2013	89988324.290	2361244730.860	0.038
蓝色光标	2013	228119797.210	3583998130.400	0.064
吉视传媒	2013	348400129.970	1921271411.990	0.181
华谊兄弟	2013	94617542.220	2013963791.470	0.047
华谊嘉信	2013	81734137.730	1755241139.660	0.047
华闻传媒	2013	302668766.340	3749558004.830	0.081
华数传媒	2013	224774037.100	1801184780.910	0.125
华录百纳	2013	20140801.300	377883277.490	0.053
华策影视	2013	75962890.810	920465725.540	0.083
湖北广电	2013	188379870.250	1153629257.170	0.163
广电网络	2013	307518460.580	2031806269.520	0.151
光线传媒	2013	50079598.670	904171794.580	0.055

上市公司	年份	管理费用（元）	营业收入（元）	管理费用率
歌华有线	2013	134619866.260	2249613733.690	0.060
凤凰传媒	2013	214937387.650	7315871142.640	0.029
电广传媒	2013	876199943.050	5102784558.370	0.172
大地传媒	2013	223479018.490	2885321108.190	0.077
出版传媒	2013	181197643.570	1327869522.500	0.136
博瑞传媒	2013	188294033.880	1518096430.300	0.124
百视通	2013	351469528.910	2637350919.150	0.133
奥飞动漫	2013	200032354.080	1553010630.050	0.129
ST 传媒	2013	16203230.930	26280915.010	0.617

表6　经营者年龄

上市公司	年份	总经理年龄（岁）	总经理以外平均年龄（岁）
中文传媒	2011	47	50.833
中视传媒	2011	48	50.000
中青宝	2011	47	35.500
中南传媒	2011	47	47.250
粤传媒	2011	55	41.600
新华传媒	2011	32	47.250
皖新传媒	2011	43	55.500
天舟文化	2011	43	41.000
天威视讯	2011	47	49.400
时代出版	2011	55	48.333
省广股份	2011	50	49.500
乐视网	2011	38	38.000
蓝色光标	2011	42	45.000
吉视传媒	2011	48	53.700
华谊兄弟	2011	41	38.250
华谊嘉信	2011	38	35.600
华闻传媒	2011	49	44.500
华录百纳	2011	46	44.000
华策影视	2011	53	45.800

上市公司	年份	总经理年龄（岁）	总经理以外平均年龄（岁）
广电网络	2011	54	40.545
光线传媒	2011	47	41.667
歌华有线	2011	49	49.600
凤凰传媒	2011	44	49.500
电广传媒	2011	54	50.875
大地传媒	2011	54	51.000
出版传媒	2011	54	50.250
博瑞传播	2011	48	44.000
中文传媒	2012	48	51.571
中视传媒	2012	49	51.000
中青宝	2012	37	44.000
中南传媒	2012	48	48.714
浙报传媒	2012	43	45.428
长江传媒	2012	55	49.500
粤传媒	2012	44	44.000
新文化	2012	52	53.333
新华传媒	2012	33	41.800
皖新传媒	2012	44	56.500
天舟文化	2012	44	42.000
时代出版	2012	56	49.333
省广股份	2012	51	45.600
人民网	2012	49	45.000
乐视网	2012	39	39.000
蓝色光标	2012	43	46.000
吉视传媒	2012	49	52.600
华谊兄弟	2012	42	42.500
华谊嘉信	2012	39	36.600
华闻传媒	2012	50	45.500
华数传媒	2012	39	41.625
华录百纳	2012	47	39.750
华策影视	2012	54	44.600

续表

上市公司	年份	总经理年龄（岁）	总经理以外平均年龄（岁）
广电网络	2012	40	44.500
光线传媒	2012	47	44.750
歌华有线	2012	50	50.600
凤凰传媒	2012	45	52.200
电广传媒	2012	55	52.000
大地传媒	2012	55	50.250
出版传媒	2012	55	51.286
博瑞传播	2012	49	45.000
百视通	2012	54	45.430
奥飞动漫	2012	43	38.667
中文传媒	2013	46	53.250
中视传媒	2013	50	52.000
中青宝	2013	46	38.400
中南传媒	2013	49	49.710
浙报传媒	2013	46	45.750
长江传媒	2013	56	52.330
粤传媒	2013	50	46.860
新文化	2013	53	56.330
新华传媒	2013	34	45.000
皖新传媒	2013	45	57.500
天舟文化	2013	45	48.250
天威视讯	2013	49	49.000
时代出版	2013	57	50.400
省广股份	2013	49	43.000
人民网	2013	50	47.400
乐视网	2013	40	37.770
蓝色光标	2013	44	48.000
吉视传媒	2013	50	49.800
华谊兄弟	2013	43	43.500
华谊嘉信	2013	40	37.600
华闻传媒	2013	51	49.000

续表

上市公司	年份	总经理年龄（岁）	总经理以外平均年龄（岁）
华数传媒	2013	40	42.630
华录百纳	2013	48	40.500
华策影视	2013	55	47.200
湖北广电	2013	45	47.750
广电网络	2013	41	48.780
光线传媒	2013	48	45.750
歌华有线	2013	51	50.140
凤凰传媒	2013	46	53.200
电广传媒	2013	56	52.380
大地传媒	2013	56	52.750
出版传媒	2013	56	50.630
博瑞传媒	2013	50	46.000
百视通	2013	55	45.560
奥飞动漫	2013	44	40.000
ST传媒	2013	50	44.800

表7　股权集中度

上市公司	年份	第一大股东持股比例（%）	赫芬达指数	修正Z指数
中文传媒	2011	74.000	0.548	36.816
中视传媒	2011	54.370	0.296	61.784
中青宝	2011	25.500	0.108	1.667
中南传媒	2011	61.460	0.381	16.978
浙报传媒	2011	64.620	0.429	6.621
粤传媒	2011	37.730	0.143	15.153
新华传媒	2011	30.580	0.153	1.302
皖新传媒	2011	75.400	0.574	11.007
天舟文化	2011	65.170	0.425	144.822
天威视讯	2011	59.370	0.363	6.095
时代出版	2011	58.220	0.348	6.384
省广股份	2011	23.520	0.059	7.711
乐视网	2011	46.810	0.226	7.430

续表

上市公司	年份	第一大股东持股比例（%）	赫芬达指数	修正 Z 指数
蓝色光标	2011	9.790	0.038	1.061
吉视传媒	2011	51.250	0.273	6.806
华谊兄弟	2011	26.140	0.082	3.167
华谊嘉信	2011	37.920	0.190	1.941
华闻传媒	2011	19.650	0.078	11.837
华录百纳	2011	40.000	0.227	4.000
华策影视	2011	35.680	0.200	1.399
广电网络	2011	36.070	0.132	10.161
光线传媒	2011	54.050	0.298	12.541
歌华有线	2011	44.980	0.203	46.854
凤凰传媒	2011	72.100	0.524	12.241
电广传媒	2011	21.520	0.047	15.824
大地传媒	2011	75.780	0.576	25.776
出版传媒	2011	70.640	0.500	27.811
博瑞传播	2011	23.620	0.070	2.128
中文传媒	2012	74.000	0.548	36.816
中视传媒	2012	54.370	0.296	64.726
中青宝	2012	27.390	0.101	1.790
中南传媒	2012	61.460	0.381	16.978
浙报传媒	2012	64.620	0.428	6.621
长江传媒	2012	65.760	0.433	38.682
粤传媒	2012	49.400	0.281	2.588
新文化	2012	31.250	0.180	1.093
新华传媒	2012	30.580	0.152	1.302
皖新传媒	2012	75.420	0.574	11.010
天舟文化	2012	65.170	0.425	52.136
天威视讯	2012	59.370	0.363	6.095
时代出版	2012	54.880	0.351	6.408
省广股份	2012	23.040	0.058	5.552
人民网	2012	47.840	0.238	5.550
乐视网	2012	46.820	0.226	7.432

上市公司	年份	第一大股东持股比例（%）	赫芬达指数	修正 Z 指数
蓝色光标	2012	8.890	0.031	1.062
吉视传媒	2012	39.960	0.166	6.807
华谊兄弟	2012	26.140	0.082	3.161
华谊嘉信	2012	37.920	0.189	1.941
华闻传媒	2012	19.650	0.051	2.620
华数传媒	2012	54.300	0.332	3.521
华录百纳	2012	30.000	0.128	2.000
华策影视	2012	35.680	0.198	1.399
湖北广电	2012	20.190	0.079	1.582
广电网络	2012	36.070	0.131	29.089
光线传媒	2012	54.040	0.297	12.541
歌华有线	2012	44.980	0.203	46.854
凤凰传媒	2012	72.100	0.524	12.241
电广传媒	2012	18.950	0.037	8.276
大地传媒	2012	75.780	0.581	25.952
出版传媒	2012	67.990	0.463	27.305
博瑞传播	2012	23.620	0.069	2.128
百视通	2012	41.920	0.181	7.367
奥飞动漫	2012	51.000	0.290	4.000
中文传媒	2013	63.720	0.410	15.466
中视传媒	2013	54.370	0.296	64.726
中青宝	2013	27.390	0.100	1.790
中南传媒	2013	61.460	0.380	19.028
浙报传媒	2013	49.760	0.256	7.048
长江传媒	2013	56.330	0.319	25.839
粤传媒	2013	49.400	0.281	2.588
新文化	2013	39.960	0.180	1.093
新华传媒	2013	43.869	0.100	1.302
皖新传媒	2013	75.730	0.578	11.055
天舟文化	2013	65.170	0.425	122.962
天威视讯	2013	46.570	0.460	6.095

续表

上市公司	年份	第一大股东持股比例（%）	赫芬达指数	修正 Z 指数
时代出版	2013	47.343	0.341	7.067
省广股份	2013	20.680	0.046	5.094
人民网	2013	17.130	0.016	2.464
乐视网	2013	49.760	0.223	7.427
蓝色光标	2013	7.590	0.021	1.066
吉视传媒	2013	39.960	0.166	6.807
华谊兄弟	2013	23.900	0.066	3.444
华谊嘉信	2013	54.370	0.133	2.759
华闻传媒	2013	25.580	0.043	6.469
华数传媒	2013	54.637	0.295	9.275
华录百纳	2013	54.968	0.120	2.000
华策影视	2013	56.330	0.191	1.399
湖北广电	2013	57.740	0.014	1.582
广电网络	2013	30.000	0.899	8.494
光线传媒	2013	59.370	0.297	12.541
歌华有线	2013	44.980	0.202	46.854
凤凰传媒	2013	63.637	0.030	259.921
电广传媒	2013	17.130	0.033	5.255
大地传媒	2013	64.364	0.575	27.861
出版传媒	2013	67.990	0.463	27.305
博瑞传媒	2013	23.320	0.065	2.286
百视通	2013	41.920	0.178	15.642
奥飞动漫	2013	51.000	0.282	4.000
ST 传媒	2013	75.780	0.388	1.420

表8　董事会特征

上市公司	年份	董事会规模（人）	董事会会议次数（次）	独立董事比例（%）	独立董事薪酬（万元）
中文传媒	2011	13	3	38.462	6.000
中视传媒	2011	9	7	33.333	5.000
中青宝	2011	9	8	33.333	5.710

续表

上市公司	年份	董事会规模（人）	董事会会议次数（次）	独立董事比例（％）	独立董事薪酬（万元）
中南传媒	2011	9	10	33.333	10.000
粤传媒	2011	9	11	44.444	8.000
新华传媒	2011	11	6	45.455	4.288
皖新传媒	2011	8	11	37.500	4.980
天舟文化	2011	5	5	40.000	8.000
天威视讯	2011	12	9	33.333	6.000
时代出版	2011	11	9	36.364	6.250
省广股份	2011	9	11	33.333	6.000
乐视网	2011	5	20	40.000	13.840
蓝色光标	2011	9	12	33.333	8.800
吉视传媒	2011	11	5	36.364	7.000
华谊兄弟	2011	9	12	33.333	6.000
华谊嘉信	2011	8	10	37.500	5.000
华闻传媒	2011	8	14	37.500	4.030
华录百纳	2011	8	9	37.500	4.367
华策影视	2011	6	11	42.857	6.000
广电网络	2011	8	8	50.000	4.000
光线传媒	2011	8	9	37.500	6.000
歌华有线	2011	14	6	35.714	8.000
凤凰传媒	2011	11	6	50.000	6.140
电广传媒	2011	13	11	38.462	18.000
大地传媒	2011	8	7	37.500	5.400
出版传媒	2011	12	8	33.333	5.000
博瑞传播	2011	9	12	33.333	8.570
奥飞动漫	2011	7	10	42.857	0.000
中文传媒	2012	16	11	43.750	6.000
中视传媒	2012	9	6	33.330	5.000
中青宝	2012	8	9	37.500	5.710
中南传媒	2012	10	6	30.000	10.000
浙报传媒	2012	9	10	44.440	8.000

续表

上市公司	年份	董事会规模（人）	董事会会议次数（次）	独立董事比例（%）	独立董事薪酬（万元）
长江传媒	2012	9	13	33.330	7.263
粤传媒	2012	8	6	37.500	7.992
新文化	2012	7	9	42.857	6.000
新华传媒	2012	9	7	33.330	7.140
皖新传媒	2012	8	11	37.500	6.250
天舟文化	2012	5	5	40.000	8.000
天威视讯	2012	11	11	36.364	8.000
时代出版	2012	12	13	41.667	9.500
省广股份	2012	9	8	33.330	6.000
人民网	2012	12	7	33.333	5.667
乐视网	2012	5	12	40.000	13.120
蓝色光标	2012	9	10	33.330	9.600
吉视传媒	2012	11	5	36.364	7.000
华谊兄弟	2012	9	17	33.333	6.000
华谊嘉信	2012	8	14	33.333	5.500
华闻传媒	2012	9	14	33.333	4.800
华数传媒	2012	12	15	33.333	5.290
华录百纳	2012	9	8	33.333	1.786
华策影视	2012	7	11	42.857	4.443
广电网络	2012	9	11	33.333	6.000
光线传媒	2012	8	7	37.500	4.333
歌华有线	2012	14	6	35.714	8.000
凤凰传媒	2012	11	8	36.364	5.363
电广传媒	2012	13	14	38.462	18.000
大地传媒	2012	9	12	33.333	10.000
出版传媒	2012	12	10	26.667	5.000
博瑞传播	2012	9	7	33.333	8.570
百视通	2012	9	11	33.333	10.000
奥飞动漫	2012	8	6	50.000	8.000
中文传媒	2013	15	9	40.000	6.090

续表

上市公司	年份	董事会规模（人）	董事会会议次数（次）	独立董事比例（％）	独立董事薪酬（万元）
中视传媒	2013	9	12	33.333	5.000
中青宝	2013	8	9	37.288	5.340
中南传媒	2013	10	7	40.000	7.500
浙报传媒	2013	10	5	40.000	8.000
长江传媒	2013	8	11	37.500	5.360
粤传媒	2013	11	11	33.333	6.000
新文化	2013	7	6	42.857	6.000
新华传媒	2013	9	6	33.333	7.140
皖新传媒	2013	8	11	37.500	6.250
天舟文化	2013	5	8	40.000	7.000
天威视讯	2013	11	8	36.364	5.505
时代出版	2013	12	11	33.333	9.125
省广股份	2013	9	7	33.333	6.000
人民网	2013	12	7	33.333	6.000
乐视网	2013	5	24	40.000	13.180
蓝色光标	2013	9	19	33.333	9.600
吉视传媒	2013	11	8	33.676	7.000
华谊兄弟	2013	9	18	33.333	6.000
华谊嘉信	2013	8	16	37.500	6.000
华闻传媒	2013	9	17	40.000	6.300
华数传媒	2013	12	9	33.333	7.000
华录百纳	2013	9	7	33.333	7.370
华策影视	2013	7	14	42.857	5.000
湖北广电	2013	11	8	36.364	5.544
广电网络	2013	9	12	37.500	4.000
光线传媒	2013	8	6	37.500	6.000
歌华有线	2013	15	7	33.333	4.000
凤凰传媒	2013	11	7	36.364	6.050
电广传媒	2013	13	10	38.462	18.000
大地传媒	2013	9	8	33.333	10.000

续表

上市公司	年份	董事会规模（人）	董事会会议次数（次）	独立董事比例（%）	独立董事薪酬（万元）
出版传媒	2013	12	5	37.500	5.340
博瑞传媒	2013	9	8	33.333	6.190
百视通	2013	9	12	40.000	7.120
奥飞动漫	2013	7	14	55.556	5.170
ST 传媒	2013	10	14	50.000	2.300

表 9　监事会特征

上市公司	年份	监事人数（人）	监事会会议次数（次）	监事报酬（元）
中文传媒	2011	5	6	277000
中视传媒	2011	3	9	332200
中青宝	2011	3	5	86600
中南传媒	2011	5	8	367941
粤传媒	2011	3	4	104700
新华传媒	2011	4	4	444150
皖新传媒	2011	4	6	249525
天舟文化	2011	3	11	244000
天威视讯	2011	3	6	535350
时代出版	2011	3	8	243800
省广股份	2011	3	7	345250
乐视网	2011	4	7	54300
蓝色光标	2011	3	8	618333
吉视传媒	2011	7	2	142250
华谊兄弟	2011	3	6	161330
华谊嘉信	2011	3	6	174000
华闻传媒	2011	4	4	146375
华录百纳	2011	3	2	79800
华策影视	2011	5	7	145150
广电网络	2011	3	6	168000
光线传媒	2011	4	4	207750
歌华有线	2011	5	5	496800

上市公司	年份	监事人数（人）	监事会会议次数（次）	监事报酬（元）
凤凰传媒	2011	3	3	数据缺失
电广传媒	2011	3	4	504550
大地传媒	2011	3	4	175900
出版传媒	2011	3	5	110000
博瑞传播	2011	5	9	145100
中文传媒	2012	5	7	234900
中视传媒	2012	3	5	297200
中青宝	2012	3	8	150000
中南传媒	2012	5	7	437403
浙报传媒	2012	3	8	343800
长江传媒	2012	5	6	177640
粤传媒	2012	3	5	206160
新文化	2012	3	4	102000
新华传媒	2012	3	3	420600
皖新传媒	2012	4	4	265000
天舟文化	2012	3	5	400000
时代出版	2012	3	6	229520
省广股份	2012	3	9	378873
人民网	2012	3	4	339500
乐视网	2012	3	4	125400
蓝色光标	2012	3	6	199000
吉视传媒	2012	7	5	392350
华谊兄弟	2012	3	10	212000
华谊嘉信	2012	3	8	189800
华闻传媒	2012	5	5	323900
华数传媒	2012	3	8	450000
华录百纳	2012	3	4	101850
华策影视	2012	3	6	232531
广电网络	2012	3	5	239650
光线传媒	2012	3	6	261543
歌华有线	2012	5	4	488267

续表

上市公司	年份	监事人数（人）	监事会会议次数（次）	监事报酬（元）
凤凰传媒	2012	3	5	数据缺失
电广传媒	2012	3	4	451533
大地传媒	2012	5	2	227600
出版传媒	2012	3	3	125000
博瑞传播	2012	5	6	265400
百视通	2012	3	4	467300
奥飞动漫	2012	3	4	163533
中文传媒	2013	6	4	122483
中视传媒	2013	3	5	99600
中青宝	2013	3	9	73000
中南传媒	2013	5	7	473703
浙报传媒	2013	3	4	295767
长江传媒	2013	5	5	330260
粤传媒	2013	3	7	189400
新文化	2013	3	5	93700
新华传媒	2013	3	3	130960
皖新传媒	2013	4	4	254025
天舟文化	2013	3	5	200533
天威视讯	2013	3	7	126133
时代出版	2013	3	6	228100
省广股份	2013	3	5	223867
人民网	2013	3	7	241266
乐视网	2013	3	13	49333
蓝色光标	2013	3	9	121000
吉视传媒	2013	7	5	280000
华谊兄弟	2013	3	5	141333
华谊嘉信	2013	3	8	152667
华闻传媒	2013	5	4	176240
华数传媒	2013	3	8	166667
华录百纳	2013	3	6	154400
华策影视	2013	3	7	235867

上市公司	年份	监事人数（人）	监事会会议次数（次）	监事报酬（元）
湖北广电	2013	5	3	数据缺失
广电网络	2013	3	5	232233
光线传媒	2013	3	6	280700
歌华有线	2013	4	5	268400
凤凰传媒	2013	3	5	数据缺失
电广传媒	2013	3	5	315933
大地传媒	2013	5	6	250250
出版传媒	2013	3	4	86667
博瑞传媒	2013	5	7	319200
百视通	2013	3	5	583806
奥飞动漫	2013	3	8	241167
ST 传媒	2013	3	5	64333

表 10　代理成本

上市公司	年份	固定资产周转率	管理费用率
中文传媒	2011	8.147	0.090
中视传媒	2011	3.040	0.038
中青宝	2011	3.896	0.272
中南传媒	2011	5.040	0.157
粤传媒	2011	0.695	0.107
新华传媒	2011	4.376	0.067
皖新传媒	2011	5.738	0.086
天舟文化	2011	8.632	0.066
天威视讯	2011	1.233	0.117
时代出版	2011	3.926	0.082
省广股份	2011	128.536	0.062
乐视网	2011	3.910	0.051
蓝色光标	2011	13.388	0.064
吉视传媒	2011	0.813	0.150
华谊兄弟	2011	9.593	0.088
华谊嘉信	2011	17.874	0.042

上市公司	年份	固定资产周转率	管理费用率
华闻传媒	2011	3.391	0.067
华录百纳	2011	102.942	0.047
华策影视	2011	40.083	0.070
广电网络	2011	0.577	0.135
光线传媒	2011	34.502	0.052
歌华有线	2011	0.374	0.051
凤凰传媒	2011	0.037	0.024
电广传媒	2011	0.694	0.195
大地传媒	2011	3.486	0.105
出版传媒	2011	6.031	0.130
博瑞传播	2011	2.594	0.101
中文传媒	2012	10.941	0.067
中视传媒	2012	2.824	0.044
中青宝	2012	4.050	0.233
中南传媒	2012	6.010	0.147
浙报传媒	2012	2.698	0.106
长江传媒	2012	3.775	0.146
粤传媒	2012	2.313	0.076
新文化	2012	93.165	0.030
新华传媒	2012	4.043	0.073
皖新传媒	2012	6.922	0.078
天舟文化	2012	6.119	0.097
时代出版	2012	5.101	0.069
省广股份	2012	137.485	0.020
人民网	2012	12.288	0.124
乐视网	2012	6.781	0.050
蓝色光标	2012	22.215	0.058
吉视传媒	2012	0.702	0.178
华谊兄弟	2012	7.107	0.057
华谊嘉信	2012	14.408	0.051
华闻传媒	2012	3.728	0.066

上市公司	年份	固定资产周转率	管理费用率
华数传媒	2012	1.120	0.128
华录百纳	2012	145.045	0.038
华策影视	2012	29.739	0.113
广电网络	2012	0.636	0.150
光线传媒	2012	44.210	0.048
歌华有线	2012	0.396	0.045
凤凰传媒	2012	0.035	0.060
电广传媒	2012	0.837	0.178
大地传媒	2012	4.736	0.093
出版传媒	2012	6.250	0.151
博瑞传播	2012	2.264	0.124
百视通	2012	6.796	0.117
奥飞动漫	2012	18.995	0.111
中文传媒	2013	10.235	0.065
中视传媒	2013	2.842	0.047
中青宝	2013	6.860	0.262
中南传媒	2013	7.159	0.141
浙报传媒	2013	4.192	0.124
长江传媒	2013	4.519	0.135
粤传媒	2013	2.146	0.073
新文化	2013	102.524	0.037
新华传媒	2013	4.338	0.073
皖新传媒	2013	8.836	0.066
天舟文化	2013	7.861	0.099
天威视讯	2013	1.333	0.147
时代出版	2013	6.427	0.055
省广股份	2013	159.853	0.041
人民网	2013	12.960	0.118
乐视网	2013	13.186	0.038
蓝色光标	2013	45.658	0.064
吉视传媒	2013	0.616	0.181

续表

上市公司	年份	固定资产周转率	管理费用率
华谊兄弟	2013	6.830	0.047
华谊嘉信	2013	25.262	0.047
华闻传媒	2013	3.380	0.081
华数传媒	2013	1.020	0.125
华录百纳	2013	127.710	0.053
华策影视	2013	22.900	0.083
湖北广电	2013	0.610	0.163
广电网络	2013	0.665	0.151
光线传媒	2013	38.240	0.055
歌华有线	2013	0.424	0.060
凤凰传媒	2013	3.250	0.029
电广传媒	2013	0.919	0.172
大地传媒	2013	5.990	0.077
出版传媒	2013	6.920	0.136
博瑞传媒	2013	2.600	0.124
百视通	2013	6.740	0.133
奥飞动漫	2013	9.460	0.129
ST 传媒	2013	0.930	0.617

表 11 产品市场竞争程度变量主营业务利润率

上市公司	年份	主营业务利润率
中青宝	2011	-0.010
歌华有线	2011	-0.010
出版传媒	2011	0.020
省广股份	2011	0.040
粤传媒	2011	0.050
华谊嘉信	2011	0.050
中文传媒	2011	0.060
大地传媒	2011	0.070
中视传媒	2011	0.080
广电网络	2011	0.090

上市公司	年份	主营业务利润率
新华传媒	2011	0.100
时代出版	2011	0.100
凤凰传媒	2011	0.100
天威视讯	2011	0.120
中南传媒	2011	0.130
皖新传媒	2011	0.140
蓝色光标	2011	0.140
天舟文化	2011	0.160
华闻传媒	2011	0.160
吉视传媒	2011	0.240
电广传媒	2011	0.260
乐视网	2011	0.270
华谊兄弟	2011	0.270
光线传媒	2011	0.300
华录百纳	2011	0.380
博瑞传播	2011	0.410
华策影视	2011	0.480
歌华有线	2012	−0.050
中青宝	2012	0.020
出版传媒	2012	0.020
中文传媒	2012	0.040
华谊嘉信	2012	0.040
中视传媒	2012	0.050
新华传媒	2012	0.060
省广股份	2012	0.060
长江传媒	2012	0.070
大地传媒	2012	0.070
时代出版	2012	0.080
华数传媒	2012	0.080
广电网络	2012	0.090
天舟文化	2012	0.100

续表

上市公司	年份	主营业务利润率
凤凰传媒	2012	0.110
中南传媒	2012	0.120
皖新传媒	2012	0.140
粤传媒	2012	0.150
蓝色光标	2012	0.150
华闻传媒	2012	0.160
奥飞动漫	2012	0.160
乐视网	2012	0.170
电广传媒	2012	0.170
华谊兄弟	2012	0.180
浙报传媒	2012	0.190
吉视传媒	2012	0.220
博瑞传播	2012	0.270
百视通	2012	0.270
新文化	2012	0.290
人民网	2012	0.300
华录百纳	2012	0.360
华策影视	2012	0.360
光线传媒	2012	0.360
ST传媒	2013	-1.020
歌华有线	2013	-0.020
出版传媒	2013	0.010
新华传媒	2013	0.040
华谊嘉信	2013	0.050
中文传媒	2013	0.060
时代出版	2013	0.060
中视传媒	2013	0.070
长江传媒	2013	0.080
天舟文化	2013	0.080
省广股份	2013	0.080
广电网络	2013	0.080

上市公司	年份	主营业务利润率
大地传媒	2013	0.090
乐视网	2013	0.100
华数传媒	2013	0.110
凤凰传媒	2013	0.120
电广传媒	2013	0.120
中南传媒	2013	0.130
皖新传媒	2013	0.130
蓝色光标	2013	0.150
湖北广电	2013	0.150
天威视讯	2013	0.160
奥飞动漫	2013	0.170
中青宝	2013	0.190
粤传媒	2013	0.190
吉视传媒	2013	0.190
浙报传媒	2013	0.210
华闻传媒	2013	0.250
百视通	2013	0.270
新文化	2013	0.290
人民网	2013	0.290
博瑞传媒	2013	0.320
华策影视	2013	0.330
华录百纳	2013	0.400
华谊兄弟	2013	0.410
光线传媒	2013	0.430

表 12　总经理变动数据

上市公司	变更日期	变更职位	变更类型	姓名	离职原因	离职年龄（岁）	任职年限（年）	继任来源	侯选选择
ST 传媒	2011 - 7 - 5	总经理	离任	刘保华	个人原因	37	2.08		
ST 传媒	2011 - 7 - 11	总经理	继任	董立冬				内部	职业经理人
ST 传媒	2013 - 12 - 12	总经理	离任	董立冬	个人原因	54	2.5		

续表

上市公司	变更日期	变更职位	变更类型	姓名	离职原因	离职年龄（岁）	任职年限（年）	继任来源	候选选择
ST 传媒	2013 - 12 - 18	总经理	继任	刘郁文				外部	职业经理人
广电网络	2011 - 12 - 19	总经理	离任	杜金科	任届期满	54	3.5		
广电网络	2011 - 12 - 20	总经理	继任	刘进				内部	职业经理人
省广股份	2014 - 1 - 27	总经理	离任	陈钿隆	任期届满	53	3		
省广股份	2014 - 1 - 27	总经理	继任	丁邦清				内部	职业经理人
天舟文化	2011 - 9 - 7	总经理	离任	赵伟立	个人原因	63	3.3		
天舟文化	2011 - 9 - 10	总经理	继任	李文君				内部	职业经理人
中青宝	2011 - 4 - 13	总经理	离任	张云霞	任期届满	48	3		
中青宝	2011 - 4 - 13	总经理	继任	李瑞杰				内部	职业经理人
华数传媒	2012 - 9 - 19	总经理	离任	马武	任届期满	39	3		
华数传媒	2012 - 9 - 19		继任	励怡青				内部	职业经理人
粤传媒	2012 - 6 - 29	总经理	离任	李学锋	任届期满	56	2		
粤传媒	2012 - 6 - 29		继任	赵文华				外部	职业经理人
浙报传媒	2013 - 8 - 26	总经理	离任	蒋国兴	改选	44	2		
浙报传媒	2013 - 8 - 26	总经理	继任	张雪南				内部	职业经理人
中文传媒	2013 - 10 - 23	总经理	离任	曾少雄	改选	49	2.9		
中文传媒	2013 - 10 - 23	总经理	继任	傅伟中				内部	职业经理人

表 13　股票价格、机构投资者持股比例及资产负债率

上市公司	年份	市净率	前十名股东中机构投资者持股比例（%）	资产负债率（%）
中文传媒	2011	2.443	1.860	48
中视传媒	2011	4.473	3.220	54
中青宝	2011	1.850	0.230	6
中南传媒	2011	2.102	0.950	27
粤传媒	2011	3.168	4.540	14
新华传媒	2011	2.422	1.570	54
皖新传媒	2011	2.646	0.600	21
天舟文化	2011	4.533	0.450	9
天威视讯	2011	4.054	8.100	28
时代出版	2011	2.054	3.990	27

上市公司	年份	市净率	前十名股东中机构投资者 持股比例（%）	资产负债率（%）
省广股份	2011	3.189	10.640	43
乐视网	2011	5.985	1.430	40
蓝色光标	2011	5.590	5.430	29
吉视传媒	2011	7.350	0.000	52
华谊兄弟	2011	5.667	6.110	31
华谊嘉信	2011	3.068	0.000	18
华闻传媒	2011	2.852	2.960	32
华录百纳	2011	2.463	0.000	49
华策影视	2011	5.045	4.050	11
广电网络	2011	3.902	11.820	56
光线传媒	2011	3.721	5.830	6
歌华有线	2011	1.595	3.770	52
凤凰传媒	2011	2.452	9.970	28
电广传媒	2011	2.352	8.280	66
大地传媒	2011	3.871	2.340	31
出版传媒	2011	2.623	0.080	32
博瑞传播	2011	3.769	13.370	21
中文传媒	2012	2.070	4.650	52
中视传媒	2012	2.943	0.840	42
中青宝	2012	1.637	2.420	6
中南传媒	2012	1.898	4.230	27
浙报传媒	2012	5.649	2.140	40
长江传媒	2012	2.165	4.500	33
粤传媒	2012	1.649	1.620	12
新文化	2012	2.951	0.000	17
新华传媒	2012	2.004	0.000	57
皖新传媒	2012	2.281	1.250	22
天舟文化	2012	2.865	0.430	11
时代出版	2012	1.533	1.420	31
省广股份	2012	3.550	17.820	47

上市公司	年份	市净率	前十名股东中机构投资者持股比例（%）	资产负债率（%）
人民网	2012	4.862	3.580	11
乐视网	2012	6.305	4.800	56
蓝色光标	2012	6.628	5.540	43
吉视传媒	2012	2.537	2.000	26
华谊兄弟	2012	4.071	7.170	49
华谊嘉信	2012	2.261	6.620	24
华闻传媒	2012	3.000	4.400	36
华数传媒	2012	4.784	28.700	75
华录百纳	2012	3.790	6.060	13
华策影视	2012	4.352	8.170	14
广电网络	2012	2.363	3.400	60
光线传媒	2012	4.241	1.300	8
歌华有线	2012	1.291	2.510	47
凤凰传媒	2012	1.899	10.450	28
电广传媒	2012	2.505	9.320	68
大地传媒	2012	2.393	3.300	32
出版传媒	2012	2.022	3.130	31
博瑞传播	2012	2.685	7.390	18
百视通	2012	5.730	3.480	19
奥飞动漫	2012	5.233	7.190	18
中文传媒	2013	2.053	5.680	49
中视传媒	2013	4.647	0.000	25
中青宝	2013	6.805	1.650	29
中南传媒	2013	2.138	3.290	27
浙报传媒	2013	5.096	10.970	36
长江传媒	2013	2.068	6.830	29
粤传媒	2013	1.908	1.410	10
新文化	2013	5.389	0.910	20
新华传媒	2013	3.739	2.330	60
皖新传媒	2013	2.455	0.980	25

上市公司	年份	市净率	前十名股东中机构投资者持股比例（%）	资产负债率（%）
天舟文化	2013	7.156	0.890	15
天威视讯	2013	2.700	3.290	20
时代出版	2013	2.442	0.000	36
省广股份	2013	9.343	13.990	45
人民网	2013	9.383	4.310	13
乐视网	2013	20.367	5.990	59
蓝色光标	2013	6.383	4.420	43
吉视传媒	2013	2.877	2.540	32
华谊兄弟	2013	8.534	1.880	45
华谊嘉信	2013	3.371	10.010	41
华闻传媒	2013	4.950	0.000	35
华数传媒	2013	6.137	0.880	64
华录百纳	2013	4.452	7.160	9
华策影视	2013	10.528	9.610	14
湖北光电	2013	1.834	1.540	30
广电网络	2013	2.503	1.040	62
光线传媒	2013	8.352	1.260	14
歌华有线	2013	1.430	0.430	44
凤凰传媒	2013	2.556	4.600	31
电广传媒	2013	2.432	21.590	42
大地传媒	2013	2.537	0.810	30
出版传媒	2013	2.079	2.840	33
博瑞传媒	2013	3.336	6.350	19
百视通	2013	11.069	4.880	25
奥飞动漫	2013	11.833	7.740	45
ST传媒	2013	2.349	25.580	97

后　记

本书是在我的博士学位论文基础上修改完成的，博士期间我参与了导师朱静雯教授的国家社科基金项目"体制改革与出版企业微观运行机制研究"，并以此为出发点形成了博士学位论文。在武汉大学信息管理学院期间的学习是我人生中最为丰富的一段经历，信息管理学院有着严谨而又纯净的学术传统，各位老师、学长、同学们都给我很多帮助，使我学到了很多东西，在茫茫的求知道路上，遇到他们是我的荣幸，非常感谢他们给我的提携、帮助和鼓励。

首先要感谢我的恩师朱静雯教授，读博期间，朱老师要求门下学生定期上交读书笔记，定期座谈学习心得，这种习惯的养成使我至今受益。博士论文从选题确立到具体写作，朱老师给予我的帮助和启发让我在山穷水尽之时柳暗花明，朱老师不仅在学业上给我指点迷津，引领我真正步入学术殿堂，在生活上对我也关怀备至。朱老师举止优雅，处世得体大方，三年里，朱老师的言传身教，使我受益匪浅。

在武汉大学学习期间，还有幸得到信息管理学院出版科学系罗紫初、方卿、黄先蓉、吴平、徐丽芳、张美娟等各位老师的教导，对我帮助很大。在论文开题中很多老师都提出了宝贵意见，使我深受启发，论文的完善得益于各位老师的深刻见解和无私帮助。此外，还要感谢沈阳老师、吴永贵老师、王清老师、姚永春老师、王晓光老师，他们认真负责的教学态度和热忱忘我的科研精神，都使我由衷地敬佩。

在博士论文写作期间，与学长和同学之间的交流也帮助我攻克了理论分析和实证检验中的许多难题，与赵礼寿、刘向、苏小波、李新祥、吴亮芳、徐媛、王海伎等同学之间的沟通和交流，让我产生了不少新的思路和观点。在此，我衷心地感谢这些给我提供帮助的同学和朋友。

当然，我还要感谢我的家人，他们这些年一直在背后默默地支持我，为我付出很多，是他们的支持和期望，使我能够在学业和事业上不断前行。

　　最后要说明的是，在本书修改完善中，虽然理论基础和基本框架没有改变，但由于上市公司数据的更新，特别是文化产业上市公司数量近几年急剧增加，使本书的研究对象和时间区间发生了变化，实证分析部分变动较大，有不少检验结果与博士论文检验结果完全不同，结论和建议因此也做了新修改，在数据搜集和整理过程中，我的同事苏士梅老师、王萱老师和我的学生王珂珂、李佳、姚爽、孟丽媛、王莹等付出辛勤劳动，在此向她们表示感谢！特别要感谢社会科学文献出版社王绯老师、周琼老师，她们的工作态度一丝不苟，帮助我修正了诸多疏漏，提出的修改意见令我深受启发并为之感动。文中若出现错误，皆由本人负责。

刘志杰

2015 年 3 月

图书在版编目（CIP）数据

文化产业上市公司经营者激励与约束机制/刘志杰著.—北京：
社会科学文献出版社,2015.8
（明伦新闻传播学研究书系）
ISBN 978 - 7 - 5097 - 7968 - 2

Ⅰ.①文… Ⅱ.①刘… Ⅲ.①文化产业 - 上市公司 - 管理人
员 - 激励 - 研究 - 中国 ②文化产业 - 上市公司 - 管理人员 - 约
束 - 研究 - 中国 Ⅳ.①F279.246

中国版本图书馆 CIP 数据核字（2015）第 194423 号

明伦新闻传播学研究书系
文化产业上市公司经营者激励与约束机制

著　　者/刘志杰

出 版 人/谢寿光
项目统筹/王　绯
责任编辑/尹传红　周　琼

出　　版/社会科学文献出版社·社会政法分社(010)59367156
　　　　　地址：北京市北三环中路甲29号院华龙大厦　邮编：100029
　　　　　网址：www.ssap.com.cn
发　　行/市场营销中心（010）59367081　59367090
　　　　　读者服务中心（010）59367028
印　　装/三河市东方印刷有限公司

规　　格/开　本：787mm×1092mm　1/16
　　　　　印　张：17.25　字　数：289千字
版　　次/2015年8月第1版　2015年8月第1次印刷
书　　号/ISBN 978 - 7 - 5097 - 7968 - 2
定　　价/69.00元